國家古籍整理出版專項經費資助項目

傅山全書

清·傅山 著 尹協理 主編

第十三冊

山西出版傳媒集團
山西人民出版社

傅山編著西漢書姓名韻刻本（山西書局一九三六年刻印）

西漢書姓名韻 平聲

太原傅山公之它甫編輯 子眉壽毛同抄較 姪仁壽元

六皆

戚鰓

功臣表臨轅堅侯初從為郎以都尉守蘄城以都尉侯五百戶

高武侯鰓

高紀秦二年七月沛公至丹水高武侯鰓降 晉灼曰即戚鰓師古曰戚鰓初從即為郎非至丹水乃降日即戚鰓 此自一人耳不知姓

陳開

功臣表紀信匡侯之子高后三年嗣諡夷

劉開

王子侯表湖鄉侯劉開元始元年以東平思王孫封八年免

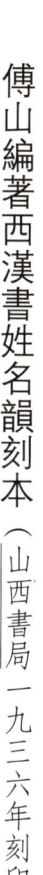

翟宣

外戚恩澤侯表高陵侯方進之子綏和二年嗣居攝元年弟東郡太守義舉兵欲討莽滅其宗 方進傳

長子宇太伯亦明經篤行君子人也及方進在至南郡太守義舉兵莽殺之

咸宣

百官公卿表元封六年御史中丞咸宣為左內史 師古曰咸音減 酷吏傳楊人也為御史中丞治主父偃及淮南反獄殺者甚衆又為左內史治米鹽難以為經中廢為右扶風自殺互見信訟 張湯傳李文事下咸宣與湯有隙窮竟其事 石奮傳慶欲請治九卿咸宣不能服反受其過

第十三冊 目錄

卷一百六十四 西漢書姓名韻（一）

兩漢書姓名韻序 .... 一

平聲

一東 .... 二

二支 .... 三一

三齊 .... 四七

四魚 .... 五一

五模 .... 六四

卷一百六十五 西漢書姓名韻（二） .... 七五

平聲

六皆 .... 七五

七灰 .... 七六

八眞 .... 八二

九寒 .... 一一一

十刪 .... 一一六

卷一百六十六 西漢書姓名韻（三）

平聲

十一先 …………………………………… 一二一

十二蕭 …………………………………… 一三一

十三爻 …………………………………… 一四〇

十四歌 …………………………………… 一四五

十五麻 …………………………………… 一五一

十六遮 …………………………………… 一五五

十七陽 …………………………………… 一六一

卷一百六十七 西漢書姓名韻（四）

平聲

十八庚 …………………………………… 二一一

十九尤 …………………………………… 二一一

二十侵 …………………………………… 二五三

二十一覃 ………………………………… 二六四

二十二鹽 ………………………………… 二七三

…………………………………………… 二八三

卷一百六十八　西漢書姓名韻（五）……二八五

上聲……二八五

一董……二八五

二紙……二八七

三薺……三〇八

四語……三一〇

五姥……三一八

六解……三一八

七賄……三一九

八軫……三二〇

九旱……三二二

十產……三二三

卷一百六十四　西漢書姓名韻[一]（一）

兩漢書姓名韻序

先大夫爲古文好班氏漢書，先居士乃獨好檀弓，刻檀弓批點於家，[二]以教愚兄弟，而仍復以先大夫手澤漢書置授塾中，[三]山幼不知讀也。後聽先子由兄誦毘大夫言兵事，如欲解之，乃一略尋毘錯傳談兵事疏外，仍不知好也。尋又見演東方生金門記，歸而讀東方朔傳，頗好之矣。以是漸次卒業，回復讀之，始不能釋。見諸傳中附見諸人最有奇節高行，愈益好之矣。且同姓名如安國武侯王陵著矣，[四]而又有沛公至丹水襄侯陵降之王陵；東陵侯召平著矣，而又有爲陳勝狗廣陵與齊相者召平；彈冠之貢禹著矣，而前有高祖時舉冬之貢禹；紅陵侯召平著矣，而又有衞尉王莽，長孺韓安國著矣，而復有定襄太守韓安國；紅休侯劉歆著矣，而前有高頵伯奉頵項後之劉歆之類，不一二數。因比而輯之，[五]編以洪武正韻，名下略綴一半句，便參考焉。兒眉請曰：「范氏東漢書較班書詳於班書，蓋班書終無釋手之時，范書則取其史顧遠矣，然中興大業，不可廢也。」遂亦編之。綴范詳於班書，蓋班書終無釋手之時，范書則取其記事而已。編成示眉抄之，曰：「何如？」眉曰：「是吾家讀書一法也。」然哉！韻以正，遵王制

[一] 此篇錄自山西書局一九三六年十月排印本，由張靜點校，此次重編，由張靜重校。
[二] 「家」，兩漢書姓名韻山西書局本作「塾」，霜紅龕集各本作「家」，細繹其文，當以「家」爲正。
[三] 「置授塾中」，霜紅龕集各本作「授之塾」。
[四] 「王陵」，山西書局本脫，據霜紅龕集各本補。
[五] 「比」，霜紅龕集各本作「此」。

也。壬午八月傅山記。[二]

平聲

一東

1 呂公 高紀，單父人呂公善沛令，辟仇，從之客，因家焉。上召見，言布形勢，上善之，封千戶。

2 呂公 外戚恩澤侯表，封臨泗侯。

3 呂公 樓護傳，有故人呂公，養之終身。

4 薛公 高紀，又籍傳，爲彭越殺羽將。

5 薛公 高紀，淮南反，滕公言故楚令尹薛公有籌策。詳見英布傳。與前薛公同姓稱。

6 滕公 高紀，即夏侯嬰，有傳。

7 董公 高紀，三老遮說於新城。

8 樅公 高紀，註不知名，守滎陽，爲項羽殺。又見項籍傳。

9 終公 高紀，羽將。

10 侯公 高紀，漢使說羽與漢約中分。亦見籍傳。

[二]「壬午八月傅山記」，霜紅龕集各本作「壬午八月書」。

11 豐公 高紀，豐公，蓋太上皇父。

12 申公 武紀。又五行志、藝文志、楚元王傳、田蚡傳。楚元王少與魯申公同受詩於浮丘伯。爲楚中大夫。

13 申公 儒林傳，申公恥爲楚王戊胥靡，退居家，終身不出門，獨王召之乃往。弟子自遠至受業者千餘人。

14 吳公 公孫卿言受禮書於申公，申公與安期生通，受黃帝言。與儒林申公同姓稱。

15 次公 孝文元年，河南守吳公爲廷尉。又見賈誼傳。

16 張次公 功臣侯表，岸頭侯張次公。衞青傳，以都尉從擊匈奴，後坐與淮南王女陵姦，受財物免。義縱傳，縱與張次公攻剽爲盜。

17 杜文公 功臣表，以匈奴歸義王降，封爲瞭侯。

18 南公 藝文志，陰陽家杜文公五篇，六國時。

19 太公 藝文志，陰陽家南公三十一篇，六國時。

20 皇公 藝文志，道家太公二百三十七篇。

21 黃公 藝文志，天文家皇公雜子星二十二卷。

22 黃公〔二〕 藝文志，名家四篇。名疵，見支韻「疵」下。王貢傳序，四皓之一。

〔二〕「黃公」，漢書爲「夏黃公」。

23 園　公　王貢傳序，四皓之一。

24 蔡　公　藝文志，衛人，事周王孫。

25 賨　公　藝文志，孝文時得魏文侯之樂人賨公。丁寬、齊服生、皆著易傳數篇，是漢人也。

26 淳于公　奇之，問之，曰「臣年十三失明」云云。師古引新論曰，公年百八十歲，兩目盲，文帝

27 白　公　刑法志，太倉令淳于公，即倉公。

　　　　溝洫志，太始二年，趙中大夫白公奏穿渠，引涇水，溉田四千五百餘頃，民得其饒，因曰白渠。

28 丁　公　郊祀志，齊人丁公年九十餘，曰：封禪者，古不死之名也。

29 丁　公　季布傳，布母弟丁公，爲羽將，窘漢王。後謁漢王，漢王斬之。晉灼曰：楚漢春秋云薛人，名固。

30 元城建公　元后傳，王翁孺徙元城委粟里，爲三老，魏人德之。元城建公曰：「春秋沙麓崩，晉史卜之，曰：『陰爲陽雄，土火相乘，後六百四十五年，宜有聖女興。』其齊乎！翁孺徙，正值其地，日月當之。後八十年，當有貴女興天下」云。

31 毛　公　藝文志，毛公之學，自謂子夏所傳，河間獻王好之，未得立。[三]儒林傳，毛公，趙人

　　[二]「授」，山西書局本脫，據漢書補。
　　[三]「得」，山西書局本作「治」，據漢書改。

32 嬴　　公

〈儒林傳〉，太子私問穀梁而善之，其後寖微，唯魯榮廣與王孫皓星公二人受焉。

33 王孫皓星公

〈儒林傳〉，太子私問穀梁而善之，其後寖微，唯魯榮廣與王孫皓星公二人受焉。

34 食子公

〈儒林傳〉，胡母生弟子，有東平嬴公，守學不失師法。眭弘傳，弘從嬴公受春秋。嬴公為昭帝諫大夫。又曰貢禹事嬴公。

35 博士江公

〈儒林傳〉，蔡誼受同郡食子公為魯詩宗，至江公著孝經說，為丞相者。

36 瑕丘江公

〈儒林傳〉，博士江公世為魯詩宗，至江公著孝經說，為丞相者。誼即義。

公謂歌吹諸生曰：「歌驪駒」式曰云云。江公曰：「何狗曲也！」

武五子傳，戾太子從瑕丘江公受穀梁。儒林傳亦曰大江公，公訥於口。又曰申公以詩、春秋授，而瑕丘江公盡能傳之，徒衆最甚。韋賢治詩，事大江公。又曰受穀梁及詩於魯申公，傳子至孫為博士，武帝時公孫弘本為公羊學，比輯其義，卒用董生而已。

37 免中徐公

〈儒林傳〉，免中，邑名也。申公弟子，守學教授。

38 徐　　公

〈儒林傳〉，范陽䑛通說其令徐公降武信君，又說武信君以侯印封范陽令。

39 甘　　公

〈陳餘傳〉，甘公曰：「漢王之入關，五星聚東井。井，秦分也。先至必王。」索隱曰齊甘公，〈藝文志〉楚甘公，劉歆七略云公一名德。

40 泄　　公

〈陳餘傳〉，上使泄公持節，往問貫高。
「善說星者，甘氏也。」

41 魯國桓公 劉歆傳，孝成帝閔學殘文缺，乃陳發祕藏，較理舊文，得三事，以考學官所傳，經或脫簡，傳或間編，傳問民間，則有魯國桓公。

42 趙國貫公 劉歆傳，與桓公同時。儒林傳，賈誼爲左傳訓詁，授趙人貫公，爲河間獻王博士。

43 樂鉅公 田叔傳，學黃老術於樂鉅公。

44 翟公 元光五年，廷尉翟公。鄭當時傳，先是下邽翟公爲廷尉，賓客塡門，及廢，門外可設雀羅。後復爲廷尉，賓客欲往，翟公大署其門云云。

45 翟公 方進傳，父翟公，好學，爲郡文學。

46 鄧公 鼂錯傳，錯已死，謁者僕射鄧公爲校尉，擊吳楚爲將。還，上問「聞錯死，吳楚罷不」云云。帝曰：「公言善。」拜鄧公爲城陽中尉。鄧公，城固人，多奇計。

47 戚公 曹參傳，還圍趙別將戚公於鄔城中。戚公走出，追斬之。鄔城，太原縣也。

48 蓋公 曹參傳，膠西蓋公，善治黃老言。

49 留公 灌嬰傳，攻龍且、留公於假密。

50 郟公 灌嬰傳，項羽使薛公、郟公復定淮北。

51 于公 定國父，決獄平。

52 任公 淄川人，亦受顏安樂公羊學，爲少府。

53 趙人方與公 周昌傳，趙人方與公謂昌曰：君之史趙堯，年雖少，然奇士，君必異之，是且代君之位。

54 九江被公 王襃傳，宣帝徵能爲楚詞九江被公。

55 勝屠公 周陽由傳，由爲河東都尉，與守勝屠公爭權，相告言，勝屠公當抵罪，自殺。

56 茂陵守令 原涉傳，茂陵守令尹公新視事，涉未謁也，遣吏脅涉，捕奴，涉窘迫，肉袒箭貫耳謝，尹公許之。後尹公爲申屠建主簿，涉使客殺之。互見申屠建下。

57 尹公 原涉傳，祁太伯同母弟王游公素嫉涉，〔二〕教尹公隳涉塚舍，〔三〕得真令。

58 王游公 莽傳，平林、新市、下江兵將王常、朱鮪等共立世祖族兄劉聖公爲帝，年號更始。

59 劉聖公 南粵傳，趙嬰齊遣子次公入宿衞。

60 紀通 紀，注：紀城之子。〔三〕高后紀，尚符節，矯納勃北軍。又文紀。功臣表，封襄平侯。

61 蒯通 高紀。藝文志有蒯子五篇。陳餘傳。自有傳。

62 叔孫通 高紀。公卿表。禮樂志。自有傳。

63 馬通 武紀。又作莽通，征和三年以四萬騎出酒泉，後與莽何羅謀反。功臣侯表，以獲如侯劉屈氂傳，莽通追捕如侯，斬之。金日磾傳。匈奴傳，馬通將四萬騎出酒泉千餘里。〔四〕又見車師後國傳。車師國傳。

〔二〕「嫉」，山西書局本作「疾」，據漢書改。
〔三〕「隳」，山西書局本作「隋」，據漢書改。
〔三〕「子」，山西書局本作「父」，據漢書注改。
〔四〕漢書車師前國傳無馬通，當爲渠犂傳之誤。

64 呂通　呂后紀，呂臺子。外戚傳，封呂通爲燕王。

65 呂通　外戚表，〔二〕高后三年，睡王呂通，〔二〕呂王嘉弟也。

66 劉通　王子侯表，高后三年，頃侯通嗣德哀侯。公卿表，孝景三年，德侯劉通爲宗正。又見濞傳，濞反，吳王弟子德侯爲宗正，輔親戚。使至吳，諭吳王拜受詔。

67 劉通　建始三年，宗正劉通。與前孝景三年宗正同名。

68 丁通　功臣表，孝文十一年，宣曲侯丁通有罪，後復封爲發婁侯。

69 周通　功臣表，孝文後二年，隆慮侯周通嗣。

70 旅通　功臣表，孝文十五年，昌圉侯旅通嗣。

71 公上通　功臣表，孝文十四年，〔三〕康侯公上通嗣。

72 樂通　功臣表，元康四年，愼陽侯樂說玄孫之子長安公士樂通詔復家。

73 奚通　功臣表，元康四年，奚意曾孫奚通詔復家。

74 鄧通　食貨志，申屠嘉傳。

75 孫通　五行志，成帝河平元年，泰山山桑谷有鳶焚其巢，男子孫通等往視云云。

〔一〕「外戚表」，山西書局本作「外戚傳」，據漢書改。
〔二〕「睡王」，山西書局本作「睡王」，據漢書改。
〔三〕「年」字下，山西書局本衍一「沒」字，據漢書刪。

76 殷通 項藉傳，會稽假守通素賢項梁，乃召與計事。梁眴藉，拔劍斬通。

77 邊通 張湯傳，邊通學短長，剛暴人也，與朱買臣、王朝皆害湯，所云三長史之一。

78 辛通 慶忌子，爲護羌校尉，見慶忌傳。

79 孟通 莽傳，煇光謝囂奏武功長孟通浚井得白石，上圓下方，有丹書著石，文曰：告安漢公莽爲皇帝。

80 李通 莽傳，世祖與宛人李通等帥舂陵子弟數千人，招致朱鮪、陳牧等合攻拔棘陽。

81 鄭忠 高紀，爲郎中，勸漢王高壘深塹。

82 楊忠 宣紀，楊敞之子也，見楊敞傳。

83 董忠 宣紀，甘露三年，遣長樂衞尉高昌侯忠等送單于。功臣表，高昌壯侯董忠，以期門告霍禹謀反云云。霍光傳。匈奴傳，遣長樂衞尉董忠與車騎都尉韓昌將騎萬六千，送單于出鷄鹿塞。詔忠等留衞單于，助誅不服。外戚表，元平元年安平頃侯楊忠嗣。

84 董忠 莽傳，嚴尤免歸故郡，[二]以降符伯董忠爲大司馬。又使董忠養士習射。王涉以西門君惠言告大司馬董忠，數至國師殿中廬，後莽以斬馬釗之。互見覃韻王咸下。與前宣帝時董忠同名。

85 尹忠 成紀，建始四年十月，御史大夫尹忠以河決不憂職，自殺。公卿表，初元四年，廷尉

[二]「嚴尤」，山西書局本作「嚴太」，據漢書改。

86 張
忠

魏郡尹忠。又建始三年，以光祿大夫爲御史大夫。[二]韋玄成傳，廷尉忠以爲武帝宜爲世宗之廟。師古曰：尹忠也。

成紀，陽朔二年，御史大夫張忠卒。公卿表，建始四年，東平相張忠爲少府，十一月又爲御史大夫。王尊傳御史大夫張忠奏尊暴虐不改，外爲大言，倨嫚妯上云云。孫寶傳，忠爲孫寶除舍，令授子經，寶自劾去，忠心不平。

87 丁
忠

哀紀，卽位，追謚爲平周懷侯，舅子丁滿之父也。外戚傳，丁姬爲帝太后，兩兄忠、明。

88 劉忠 王子侯表，廣望節侯劉忠，中山靖王子。

89 劉忠 王子侯表，代恭王子，正月壬戌封濕成侯，後改爲端氏侯。

90 劉忠 王子侯表，繁安夷侯劉忠，齊孝王子。

91 劉忠 王子侯表，地節四年，煬侯劉忠嗣栗侯。傅山曰：同名四。

92 靳忠 王子侯表，元康四年，彊玄孫靳忠詔復家。

93 黃極忠 功臣表，邟嚴侯黃極忠以羣盜長爲臨江將，已而爲漢云云。

94 郭忠 功臣表，安成嚴侯郭忠以張掖屬國都尉匈奴入寇與戰，斬黎汗王，侯，七百二十四戶。

95 稱忠 功臣表，新山侯稱忠，以捕得反者樊並云云。又見匈奴傳。

〔二〕「以」，山西書局本作「爲」，據文意改。

96 呂忠 涅陽侯呂騰玄孫之子涅陽不更，元康四年詔復家所忠。

97 所忠 郊祀志，齊人公孫卿因所忠云云。食貨志，所忠言：「世家子弟富人或鬬雞走狗馬，弋獵博戲，亂齊民。」廼徵諸犯令，相引數千人，名曰「株送徒」。[二]財者得補郎，郎選衰矣。又見景十三王廣川王傳、司馬相如傳、石奮傳，請治上近臣所忠云云。

98 李忠 藝文志，衞士令李忠賦二篇。

99 杜忠 曆家有杜忠算術十六卷。

100 車忠 黃門倡車忠等歌詩十五篇。

101 男子忠 趙后傳，解光奏，案永光三年，男子忠等發長陵傅夫人冢事，元帝下詔曰：此朕所不當得赦也。

102 衞尉忠 神爵二年，衞尉忠，不見姓。

103 少府忠 匡衡傳，少府忠行廷尉事，劾奏衡監臨盜所主守直十金以上。

104 光祿大夫忠 傅介子傳，詔曰：樓蘭殺略光祿大夫忠等三輩。

忠

105 孔忠 孔安國之父。

106 黃忠 黃霸傳，黃霸之孫嗣爲建成侯，訖莽乃絕。

107 王忠 蕭望之傳，下御史中丞王忠，並詰問望之。

108 王忠 匈奴傳，副光祿大夫王忠使西國，忠戰死。與前望之傳中御史中丞同名。

〔二〕「徒」，山西書局本作「從」，據漢書改。

109 文忠 西域罽賓傳，漢使關都尉文忠送其使，其王欲害忠，忠覺之，迺與容屈王子陰末赴合謀，攻罽賓，殺其王。

110 成忠 渠犁傳，輪台詔中有曰：乃至郡屬國都尉成忠、趙破奴等，皆以虜自縛其馬，不祥甚哉！

111 劉宗 元紀，初元三年，〔三〕立長沙煬王弟宗爲王。景十三王傳作元帝初元三年立，是爲孝王，五年薨。表作三年薨也。

112 劉宗 王子侯表，陽山節侯劉宗，長沙孝王子。傅山曰：節侯劉宗既云長沙孝王子，前孝即名宗，豈有父子同名之理？

113 劉宗 王子侯表，樂陽侯劉宗嗣。

114 劉宗 王子侯表，平度孝侯劉宗嗣。傅山曰：同名四。

115 劉奉宗 王子侯表，五鳳三年，頃侯劉奉宗嗣夫夷侯。

116 劉代宗 王子侯表，初元三年，海昏釐侯劉代宗紹封。昌邑王傳，元帝即位，復封賀子代宗爲海昏侯，傳子至孫，今見爲侯。

117 曹宗 功臣表，參六世孫嗣平陽侯，征和二年，坐與中人姦，闌入宮掖門，贖城旦。又見參傳，戶二萬三千。

118 酈世宗 功臣表，繆懷侯酈世宗嗣。

119 張蓋宗 功臣表，元康四年，張蒼玄孫之子張蓋宗詔復家。

〔二〕「三」，山西書局本作「二」，據漢書改。

120 許廣宗 功臣表，元朔二年嚴侯廣宗嗣。

121 輔宗 功臣表，衆利侯輔宗嗣。

122 五鹿充宗 五鹿充宗是也。建昭元年，尚書令五鹿充宗爲少府。馮野王傳，詔曰：心辨善詞，可使四方，五鹿充宗是也。藝文志，齊論。石顯傳。朱雲傳。賈捐之傳。

123 張宗 郊祀志，轑陽侯江仁使家丞上印綬，隨宗學仙。

124 閻宗 百官公卿表，綏和二年，光祿大夫閻宗爲執金吾，字君蘭。

125 鄧宗 陳勝傳，令汝陽人鄧宗徇九江。

126 孫會宗 安定太守孫會宗，知略士也，書戒惲。見楊惲傳。

127 段會宗 天水上邽人，字子松。爲西域都護，西域敬其威信。後斬末振將太子番丘等，爲關内侯，年七十五，病死烏孫中。烏孫傳，星靡弱，都護段會宗招還亡畔，安定之。

128 偹宗 南山羣盜偹宗等。

129 王宗 本名會宗。莽傳，太后詔封莽孫王宗爲新都侯。宗本名會宗，以莽制作去二名，復名會宗。又皇孫王宗坐自畫容貌，被服天子衣冠云云，自殺。

130 王崇 王尊傳，王崇成紀，建始元年，封舅崇爲安成侯，王鳳母弟也。又見外戚表、五行志。元后傳，禁及自殺。

131 王崇 外戚恩澤表八男四女，[二]崇字少子。元始四年，新甫侯王崇紹封。王嘉傳，是丞相王嘉之子，元始四年追錄

[二]「女」字，山西書局本脫，據漢書補。

132 王崇 忠臣，封嘉子崇爲新甫侯。

133 劉崇 恩澤表，扶平侯王崇以大司空封，爲傅婢所毒。夫人放坐祝詛下獄，崇奏封事，爲放言。策詔曰：「反懷詐諼之詞，欲以攀救舊姻之家。」左遷爲大司農。王莽秉政，代彭宣爲大司空，乃封也。傅山曰：劉崇與相張紹謀云云。

134 劉崇 王子侯表，安衆侯劉崇，居攝元年舉兵，爲莽所滅。王莽傳，劉崇云云。

135 劉崇 「此宗室恥也，吾帥宗族爲先，海內必和」。

136 駒崇 王子侯表，安郭侯劉崇，元康元年坐首匿死罪免。

137 史崇 樂陽侯宗子。傅山曰：同名三。

138 陳崇 功臣表，騏釐侯駒崇，駒幾之孫也。

外戚表，建始二年，樂陵康侯史崇嗣。

恩澤表，南鄉侯以大司徒司直使行風俗功封。又風俗使者八人還，言天下齊同，僞造歌謠三萬言，又陳崇等行天下，覽觀風俗云云。莽傳，以材能幸於莽。又陳崇等八人分行天下，皆以治明堂、宣教化封爲列侯，奉陳胡王後。又時爲大司徒司直，求張竦草奏稱莽功德。辛慶忌傳，司直陳崇奏隴西辛興云云。孫寶傳，奏寶。陳遵傳，

139 鄭崇 字子游，哀帝時尚書僕射，數諫爭曳革履，上責曰：「君門如市，何以欲禁切主上？」對曰：「臣門如市，心如水。」上怒，下獄死。其狗態備莽傳。

140 戴崇　張禹傳，禹弟子尤著者，有沛郡戴崇、愷弟多智，[二]與彭宣異行。禹心愛戴崇。每候禹，常責師宜置酒設樂，禹將崇入後堂飲食，愷弟宋崇等當世名士，婦女相對，優人管絃鏘鏗極樂，昏夜乃罷。儒林傳。王莽傳，長樂少府戴崇等當世名士，咸爲莽言。後又封其子爲男。

141 殷崇　儒林傳，陳翁生授瑯邪殷崇，殷崇爲博士。

142 閻崇　傅昭儀傳，定陶王立爲太子，又立楚孝王孫景爲定陶王，奉共王後。太子議欲謝，少傅閻崇以爲春秋不以父命廢王父命，爲人後之禮不得顧私恩，不當謝。

143 宋崇　儒林傳，元壽元年，日食，賢良宋崇等對策，誦莽功德，於是徵莽。

144 樊崇　莽傳，赤眉力子都、樊崇等以飢饉相聚，後立盆子爲帝。

145 李崇　車師傳，天鳳三年，遣五威將王駿、西域都護李崇將戊己校尉出西域，諸國皆郊迎，送兵穀。後沒於西域。又見王莽傳。

146 任宮　昭紀，地節四年任宮手捕斬上官傑，封列侯。功臣侯表，弋陽節侯任宮。又公卿表，丞相徵事任宮爲太常，坐人盜茂陵園中物免。馮奉世傳。

147 劉宮　平紀，元始二年立江都易王孫盱台侯劉宮爲廣陵王。本傳作廣川。莽篡，貶爲公，廢。

148 劉宮　王子侯表，甘露四年，孝侯劉宮嗣封斯侯。與廣川同名。

149 劉宮　王子侯表，西梁哀侯劉宮嗣。與廣川、斯侯同名。

150 劉宮　王子侯表，歷鄉繆侯劉宮嗣。與廣川、封斯侯、西梁哀侯同名。

［二］「愷」，山西書局本作「悌」，據漢書改。

151 馬宮　恩澤表，扶德侯馬宮以大司徒云云。王莽篡，爲太子師。有傳，總雜見莽傳。又爲司徒，疊見公卿表。字游卿，〔二〕東海戚人也。治春秋嚴氏，代孔光爲太師，兼司徒官。莽篡，以爲太子師，卒。本姓馬矢氏，官仕學，稱馬氏云。贊曰：自蔡義以下，然皆持位保祿，被阿諛之譏。王嘉傳，光祿勳馬宮等劾嘉以罔上不道。儒林，公羊泠豐授馬宮。〔三〕陳遵傳，大司徒馬宮責西曹：「遵大度士，奈何以小文責之？」

152 徐宮　食貨志，蕭望之傳，鄭朋與大司農李宮俱待詔，故御史徐宮家在東萊，言往年加海租，魚不出。蕭望之奏言，「朋」下。

153 李宮　上。

154 曹宮　趙飛燕傳，故中宮史曹宮。司隸解光奏：聞許美人及中宮史曹宮皆御幸孝成皇帝，產子，子隱不見。驗問籍武等，皆曰曹宮即曉子女云云。又曰偉能飲藥死。武帝紀。公卿表，太始三年，江充爲水衡都尉，有傳。五行志。景十三王丹傳。戾太子傳。

155 江充

156 劉充　諸侯王表，元康元年，共王劉充嗣爲趙王。

157 劉充　王子侯表，朝鄉侯劉充，楚思王子。

158 劉充　王子侯表，成陵節侯劉充，平干頃王子。傅山曰：同名三。

159 貢充　功臣表，元康四年，赫玄孫貢充詔復家。

〔二〕「字」，山西書局本作「子」，據漢書改。
〔三〕「泠」，山西書局本作「澮」，據漢書改。

160 王　充　外戚表，孝景元光三年，蓋靖頃侯王充嗣。王皇后姪也。燕王旦傳，旦姊鄂邑蓋長公主。師古曰：蓋當是信之子頃侯充耳。

161 内史充　公卿表，孝武元光二年，内史充。無姓。

162 賈　充　藝文志，賦四篇。

163 秦　充　藝文志，賦二篇。

164 張　充　莽傳，期門郎張充等六人謀共劫莽，立楚王。發覺，誅死。

165 李　充　莽傳，博士李充爲奔走。

166 博士充　武紀，元鼎二年，循行諭告。無姓。

167 杜　中　功臣表，孝惠三年，長脩懷侯杜中嗣。

168 戚　中　功臣表，孝景四年，臨轅共侯戚中嗣。臨轅夷侯觸龍子。

169 劉　中　王子侯表，廣望節侯忠之子，天漢四年，臨轅共侯戚中嗣，謚頃。

170 馮解中　功臣表，穀陽共侯熊之孫，孝景五年嗣，謚懿。

171 史　中　百官公卿表，鴻嘉元年，平台侯史中爲太常。

172 師　中　藝文志，樂家雅琴師氏八篇。註：名中，東海人，自言曠後。

173 關内侯寬中　王尊傳，關内侯寬中使問所徵故司隸校尉王尊捕盜方略。[二]

174 鄭寬中　李尋傳，與鄭寬中同師，治尚書，寬中守師法教授。王尊傳，鄭寬中行風俗，奏尊治中

〔二〕「王尊」，山西書局本作「寬中」，據漢書改。

175 脩成子中 狀。張禹傳，鄭寬中薦禹善論語。儒林傳，張山拊授寬中，字少君。死，谷永上疏請加葬禮，令諡節。贈之甚厚。義縱傳，遷長陵令及長安令，以捕授太后外孫脩成子中，上以爲能。註：「脩成君，王太后所生金氏女也。中其子名。」外戚傳，中讀爲仲。傅山曰：中字注無讀，法書中中字多口去聲，此不及

176 段 中 減宣傳，盜賊滋起，楚有段中。

177 田雲中 酷吏田廣明傳，擢廣明兄雲中爲淮陽太守，亦敢誅殺，吏民守闕告之，竟坐棄市。[二]

178 渡中翁 宣紀，東海人，曾孫受詩焉。

179 劉便翁 王子侯表，高質侯劉便翁嗣，免。

180 監居翁 功臣表，湘成侯監居翁，以南越桂林監諭歐氏云云。南粵傳，監君翁諭告歐駱四十餘萬口降，爲湘成侯。

181 少翁 郊祀志，齊人少翁以方見上，夜致李夫人，拜文成將軍，爲帛書飯牛。

182 江翁 藝文志，孝經，博士江翁有江氏說。

183 文翁 本傳，少好學，通春秋，廬江舒人也。巴蜀文雅，文翁之化也。循吏傳序曰：如河南守吳公、蜀守文翁之屬，皆謹身帥先，居以廉平。

184 王仲翁 蕭望之傳，丙吉薦儒生王仲翁與望之等，補大將軍吏。仲翁出入從倉頭廬兒，下車趨門，傳呼甚寵。

[一]「坐」，山西書局本作「作」，據漢書改。

185 樊少翁 貨殖傳，長安狌樊少翁，爲天下高訾。[二]

186 籍少翁 游俠傳，吏捕郭解，解亡，置其家室夏陽，身至臨晉。臨晉籍少翁素不知解，因出關。

187 鄭翁 少翁已出，解，吏逐跡至少翁，少翁自殺，口絕。

188 李翁 傅昭儀傳，母更嫁爲魏郡鄭翁妻，生男惲。

189 張翁 莽傳，鎮遠將軍李棽出西河。

烏孫傳，車騎將軍長史張翁留驗公主與使者謀殺狂王狀，[三]主不服，張翁捽主頭罵詈，主上書，張翁還，坐死。

190 弘恭 元紀。劉向傳。佞幸傳，沛人也，少坐法腐刑，宣帝時爲中書令。

191 董恭 董賢之父，免官爵，徙合浦。公卿表，光祿大夫董恭爲少府，又元壽元年爲衛尉。董賢傳。

192 許恭 外戚恩澤表，樂成侯延壽之孫，元延二年紹封。

193 巫傅恭 宣元六王東平王雲傳，[三]言使巫傅恭等祠祭呪詛上。

194 路恭 藝文志，左馮翊史路恭賦八篇。

195 史恭 平紀。史丹傳，祖父恭有女弟，爲衛太子良娣，產悼皇考。史良娣傳，兄史恭有三子：高、曾、玄，皆以舊恩侯。

〔一〕「訾」，山西書局本作「登」，據漢書改。
〔二〕「狂」，山西書局本作「柱」，據漢書改。
〔三〕「六王」，山西書局本作「六年」，據漢書改。

196 薛恭　薛恭宣傳，頻陽縣北當上郡、西河，多盜賊。其令平陵薛恭本縣孝者云云，與尹賞換縣，賞爲粟邑，換之，使爲頻陽，恭爲粟也。

197 秦恭　儒林傳，張山拊以小夏侯尚書授信都秦延君，恭增師法至百萬言，爲城陽內史。

198 吳恭　趙飛燕傳，解光奏：驗問知狀者，有故黃門吳恭。昭儀既殺許美人生子，恭受詔，持方底予藉武曰，中有死兒云云。

199 轅豐　成紀，建始四年五月，中謁者丞陳臨殺司隸校尉轅豐於殿中。

200 甄豐　平紀。恩澤表，廣陽侯甄豐以定策封。又恩澤表封宜陵侯。〔一〕公卿表。辛慶忌傳。武傳。孝平王皇后傳。雜見莽傳，主擊斷，以豐爲右伯，符命言平帝后爲其子尋之妻，莽怒，捕尋，尋亡，自殺。車師傅，莽篡，建國二年，以甄豐爲右伯，出西域。

201 劉豐　王子侯表，元始元年二月丙辰，劉豐以東平思王孫封昌城侯。

202 劉豐　王子侯表，宜陵侯劉豐，楚思王子。與前昌城同名。

203 耿豐　百官公卿表，元壽元年，陳留太守耿豐爲少府。

204 張豐　藝文志，賦家有車郎張豐賦三篇。註：子僑子。

205 諸葛豐　字少季，琅邪人，以明經爲郡文學，後爲御史大夫。京師語曰：間何闊，〔二〕逢諸葛，自有傳。劉向傳。

206 光祿勳豐　彭宣傳，使光祿勳豐冊詔，宣上司空印綬

〔一〕漢書恩澤表宜陵侯爲息夫躬，非甄豐。此處有誤。

〔二〕「何」，山西書局本作「河」，據漢書改。

207 陳豐　翟方進傳，翟義謂姊子上蔡陳豐曰新都云云。豐年十八，勇壯，[二]許諾。

208 栗豐　儒林傳，食生授泰山栗豐，豐爲部刺史。

209 泠豐　儒林傳，顏安樂以公羊授淮陽泠豐。字次君，食生卽子公。

210 姒豐　莽傳，封安後遼西姒豐爲章功侯，後爲淄川太守。

211 田豐　莽封田豐爲世睦侯，亦恪。

212 秦豐　莽傳，南郡秦豐泉萬人，奉陳敬仲後。

213 劉龍　王子侯表，濟北式王子劉龍，十月癸酉封爲富侯，十六年，元康元年，坐使奴殺人，下獄瘐死。

214 劉龍　餅頃侯劉龍嗣。與前富侯同名。

215 傑龍　功臣表，襄城侯傑龍以匈奴相國降侯，四百戶。

216 王觸龍　功臣表，孝景四年，山都敬侯王觸龍嗣。

217 戚觸龍　臨轅夷侯戚觸龍，孝惠五年嗣。

218 公孫龍　藝文志。

219 華龍　藝文志。漢中都尉丞華龍賦二篇。王褒傳，召高材華龍等。蕭望之傳，華龍者，宣帝時以行污穢不進，與鄭朋相結，受恭、顯意告望之。

220 劉隆　王子侯表，牟平侯七世劉隆嗣，莽篡，絕。

221 劉隆　王子侯表，宛鄉侯劉隆嗣，楚思王子，莽篡，絕。

[一]「壯」，山西書局本作「狀」，據漢書改。

222 范　隆　百官公卿表，元延元年范隆爲太僕。

223 毋將隆〔一〕　百官公卿表，建平三年，潁川太守毋將隆爲京兆尹。〔二〕又四年爲執金吾。傳曰：字君房，東海蘭陵人。王莽少時，慕與隆交，隆不甚附。贊曰：毋將污于冀州牧治中山馮太后獄冤陷無辜，不宜處位在中土，徙合浦。孫宏奏隆前奉使欺慢，不宜執法近侍。

224 擄　隆　杜欽傳，奏方進爲御史大夫，舉擄隆可侍御史。

225 蘇　隆　翟義傳，立東平王信爲天子，以東平王傅蘇隆爲丞相。

226 韓　隆　匈奴傳，元壽二年，〔三〕遣中郎將韓隆等使匈奴，言匈奴不得臣西域，今遣之。

227 程　隆　西南夷傳，三邊蠻夷反，殺益州大尹程隆。

228 丁　隆　莽傳，甄尋捕得，辭連歆門人侍中騎都尉丁隆等，莽殪於羽山。

229 王　隆　莽傳，廉丹戰死，校尉王隆二十餘人別鬬，聞之，皆曰：「廉公已死，吾誰爲生？」馳奔之，皆戰死。互見汝雲下。　傅山曰：同名三。

230 劉　容　王子侯表，都梁侯劉容嗣，諡煬。

231 劉　容　王子侯表，西鄉侯劉容。

232 劉　容　王子侯表，建平四年，劉不惡爲宗正，更名容。

233 劉秦容　百官公卿表，元鼎三年，哀侯劉秦容嗣陰安侯。〔四〕

〔一〕「毋」，山西書局本作「母」，據漢書改。

〔二〕「三」，山西書局本作「二」，據漢書改。

〔三〕「母」，山西書局本作「毋」，據漢書改。

〔四〕「秦」，山西書局本作「泰」，據漢書改。「容」，中華書局標點本依王先謙說和景祐本改爲「客」。

234 劉勝容　王子侯表，劇原侯六世劉勝容嗣。

235 劉雲容　諸侯王表，廣德夷王雲容，鴻嘉三年八月以懷王從父弟子紹封。容又作客，容字還是。

236 韓容　公卿表，元壽三年，[二]光祿大夫韓容爲執金吾。

237 韓容　匈奴傳，綏和元年，遣中郎將夏侯藩，副校尉韓容使匈奴。

238 殷容　百官公卿表，元朔五年，中尉殷容。

239 皮容　儒林傳，琅邪皮容受滿昌，學至大官。

240 邧曼容　儒林傳，邧丹曼容也。兩龔傳，邧漢兄子曼容亦養志自修，官不肯過六百石，輒自免去，其名過出於漢。

241 室中同　功臣表，清簡侯室中同以弩將起云云。

242 秦同　功臣表，彭簡侯秦同以卒從起云云。

243 左將黃同　功臣表，下邳侯黃同以歐駱左將斬西于王功侯，七百戶。又見閩粵傳，曰故歐駱左將黃同。

244 王同　藝文志，易家王氏二篇。注：名同。儒林傳，田何授東武王同子中。

245 張同　項藉傳，陳餘使張同、夏說說齊王榮曰，項王爲天宰不平，盡王故王醜地云云。

246 夫人同　蕭何妻也。何傳，高后乃封夫人同爲酇侯。

247 郭同　酇商傳。

[二]「三年」，中華書局標點本漢書校改爲「二年」。

248 多同 西南夷傳，唐蒙從巴莋關入，〔一〕遂見夜郎侯多同云云。

249 李种 昭紀，廷尉，坐故縱死罪棄市。見劉屈氂傳。〔二〕

250 李种 廷尉李种坐逆大將軍意下獄死，見霍光傳。

251 劉雍 諸侯王表，建昭元年，劉雍嗣爲眞定王，諡安。景十三王傳，眞定孝王由之子也。

252 劉雍 王子侯表，景成原侯劉雍，河間獻王子也，地節二年四月封。與前眞定同名。劉攽

253 鄭躬 曰：獻王薨至此六十年，不應有未封之子，疑誤。

成紀，鴻嘉三年，廣漢男子鄭躬等六十餘人攻官寺，篡囚徒，盜庫兵，自稱山君，四年黨與浸廣。又見五行志、薛宣傳。

254 息夫躬〔三〕 哀紀，建平三年封列侯。鮑宣傳，宜陵侯息夫躬與方陽侯孫寵皆姦人之雄，宜以時罷退。

255 女陳持弓 成紀，建始三年七月，虒上女陳持弓聞大水至，走入尚方掖門，至未央宫鈎盾中。又見五行志。

256 王弄弓 功臣表，高后三年，高陵侯王弄弓嗣。

257 王持弓 外戚表，建國二年，侯王持弓嗣，即安成侯王崇孫也。

258 韓持弓 韓王信傳，龍額侯韓岑之子，成帝時繼功臣後嗣封。

〔一〕「莋」，中華書局標點本漢書校改爲「苻」。

〔二〕漢書劉屈氂傳無李种事，疑有誤。

〔三〕「躬」，山西書局本作「弓」，據漢書改。

259 馯臂子弓　見去聲寅韻。

260 陳　農　河平三年，謁者陳農求遺書於天下。

261 劉　農　王子侯表，原侯劉農嗣臨衆侯。

262 劉　農　王子侯表，平曲侯劉農嗣，免。與前臨衆同名。

263 神　農　藝文志有神農二十篇。又神仙家有神農雜子技道二十三卷。又兵法一篇。又雜占家有神農教田相土耕種十四卷。〔一〕又神農大幽五行二十七卷。〔二〕

264 劉　縱　王子侯表，桑中節侯劉縱嗣。無年。

265 劉　縱　王子侯表，神爵二年，東陽釐侯劉縱嗣。傅山曰：與前桑中節侯同名。

266 義　縱　有傳。又百官公卿表，元狩四年，義縱爲右內史。酷吏，自有傳，河東人也。嘗與張次公攻剽爲盜，以姊醫幸王太后，拜爲中郎，補上黨郡中令，遷長陵及長安令，遷河內都尉，南陽太守、廷尉史、定襄太守、右內史，棄市。互見陌韻「式」下。又見食貨志。

267 蘇　縱　百官公卿表，元鼎元年，右內史。

268 程　縱　鄜商傳，定代郡、鴈門、得代丞相程縱、守相郭同等。又見周勃傳。

269 郭　縱　貨殖傳，邯鄲郭縱以鑄冶成業，與王者埒富。

270 劉　封　諸侯王表，甘露三年，魯頃王劉封嗣。

〔一〕「神農教田相土耕種」，山西書局本作「神農教相土耕種農家」，據漢書改。
〔二〕「幽五」，山西書局本作「鑿」，據漢書改。

卷二百六十四　西漢書姓名韻（二）　平聲　一東

二五

271 靳石封 功臣表，靳彊孫靳石。元鼎五年，靳石嗣江鄒侯，坐離宮道橋惡，太僕敬聲繫以聞，赦免。

272 侯封 公卿表，太始四年，江都侯靳石爲太常。傅山曰：則此「封」字屬衍。凡表，「嗣」上無「封」字，此獨一「封」字，似名，存疑。

273 蟬封 酷吏傳序，高后時，酷吏獨有侯封，刻轢宗室，侵辱功臣。呂氏已敗，遂夷其家。大宛傳，貳師既斬宛王，更立貴人素遇漢善者昧蔡爲王。宛貴人以爲昧蔡諂，使相與共殺昧蔡，立毋寡之弟蟬封爲王。[二]

274 何封 莽傳，王駿以西域諸國前殺都護但欽，欲襲殺之，命左帥何封等別將。兵擊殺駿，何封等後至，襲擊老弱，從車師還。莽封爲擊胡男。西域自此絕。焉耆詐降，伏

275 劉庸 諸侯王表，元朔二年，戴王庸嗣爲長沙王，定王發之子也。又見景十三王傳。

276 橋庇子庸 儒林傳，橋庇字子庸。

277 劉融 王子侯表，元康三年，原侯劉融嗣缾侯，卽龍子。

278 陳融 功臣表，隆慮侯陳融，堂邑侯午之子，以長公主子侯，萬五千戶，坐母薨未除服姦，自殺。

279 金融 金安上之後，爲侍中諸曹將大夫，見金日磾傳，金涉之子。

280 栗融 字客卿。鮑宣傳，齊栗融云皆儒生，去官不仕於莽。

281 王融 王立子，見佞幸傳。立常怨長，長就國，立子融從長請車騎，長以珍寶因融重遺立，

〔二〕「毋寡」，山西書局本作「母寡」，據漢書改。

282 竇融　叙傳曰：彪避地河西，河西大將軍竇融訪問焉。立因爲長言。下有司案驗，吏捕融，立令融自殺滅口。

283 郭蒙　功臣表，東武貞侯郭蒙以戶衛起薛，屬周呂侯，破秦軍杠里，[二]入漢，爲城將，定三秦，以都尉堅守敖倉，爲將軍，破羽，侯三千戶。

284 祕蒙　功臣表，元鼎四年，戴侯祕蒙嗣，坐咀呪大逆，斬。祕蒙，彭祖五世孫也。

285 唐蒙　食貨志。司馬相如傳，會唐蒙略通夜郎，樊中，[三]發巴蜀吏卒千人云云。西南夷傳，王恢因兵威使番陽令唐蒙風曉南粵，南粵食蜀枸醬，蒙問所從來云云。

286 宮人蒙　霍光傳，昌邑與孝昭宮人蒙等云云。

287 劉馮　王子侯表，高城侯劉馮嗣，免。頃侯請士之子也。[三]詳劉梁下。

288 陳馮　恩澤表，破胡侯陳馮以父湯前討郅支功封。陳湯傳，王莽秉政時封。

289 鄧馮　百官公卿表，元始五年，鄧馮爲右扶風。

290 楊熊　高紀，沛公與戰白馬、曲遇，大破之。夏侯嬰傳。西擊秦將楊熊於曲遇，破之。張良傳，秦將楊熊走之榮陽，二世斬之以徇。曹參傳，攻擊秦將楊熊於曲遇，[三]陷楊熊軍曲遇，

291 馮熊　功臣表，孝文七年，穀陽共侯馮熊嗣。

292 嚴熊　溝洫志，嚴熊言臨晉民願穿洛以溉重泉以東萬餘頃惡地。

293 杜熊　杜延年傳，緩六弟，少弟熊歷五郡二千石，三州牧刺史，有能名。

[一]「杠」，山西書局本作「扛」，據漢書改。
[二]「中」，山西書局本作「人」，據漢書改。
[三]「請」，山西書局本作「諸」，據漢書改。

294 史　熊　西南夷傳，王莽遣寧始將軍廉丹與庸部牧史熊擊之。[二]莽傳，馮茂下獄死，更遣廉丹與史熊擊句町，後于匡、鄧曄擊九虎，六虎敗走。史熊、王況詣闕歸死。傅山曰：莽九虎將軍之一也。

295 劉　童　王子侯表，路陵侯劉童，長沙定王子。元朔四年三月乙丑封，四年，元狩二年坐殺人，自殺。

296 昭涉馬童　功臣表，孝文九年，平州孝侯昭涉馬童嗣。

297 呂馬童　功臣表，中水嚴侯馬童以郎騎將漢元年從好畤，以司馬擊龍且，復共斬羽，侯，千五百戶。籍傳，顧見漢騎司馬呂馬童曰：「若非吾故人乎？」馬童面之。後得籍一體。

298 王　襲　百官公卿表，綏和二年，侍中光祿大夫王襲爲衛尉。儒林傳，時光祿勳王襲以外屬内卿，共較書，與房鳳許劉歆立左氏。師丹奏非毀先帝所立，出襲爲弘農太守。

299 劉　襲　董仲舒贊，至向曾孫劉襲，篤論君子也。莽傳，明德侯劉襲皆知天命云云，賜姓王。

300 議郎襲　王嘉傳，議郎襲等以爲嘉言事前後相違，無所執守，不任宰相之職，宜奪爵土，免爲庶人。是時孔光、公孫祿、王安、馬宮皆以嘉爲迷國罔上不道之罪也。

301 宣　戎　功臣表，孝文九年南安共侯宣戎嗣。

302 蔡　戎　功臣表，孝文三年，肥如嚴侯蔡戎嗣，寅之子也。

303 張　戎　溝洫志，大司馬史長安張戎言：水性就下，行疾則自刮除成空而稍深。河水重濁，一

[二]「熊」字，山西書局本脫，據漢書補。

304 公孫戎

石水水而六斗泥。西方諸郡，民皆引河渭山川水溉田。春夏少水，[二]使河流遲，貯淤而稍淺；及雨暴至，則溢決。而國家數堤塞之，稍益高於平地，築垣而居水也。可各順其性，毋復溉灌，則百川流水無害矣。[三]新論云，戎字仲功。

莽傳，張竦奏中有曰：是故公孫戎位在充郎，選緱旄頭，一明樊噲，封二千戶。註：孟康曰：公孫戎奴也。晉灼曰：楚漢春秋，上東圍項羽，聞噲反，旄頭公孫戎明之，卒不反，封戎二千戶。師古曰：此公孫戎非公孫戎奴也，戎奴自武帝時人。

305 劉松

王子侯表，建武十三年嗣安衆侯。

306 李松

宣元六王楚孝王囂傳，更始遣丞相李松擊破殺儒子嬰。莽傳，鄧曄開武關迎漢相，李松將二千人至湖云，銍人伍逢將兵居許，章邯擊破之，伍逢走陳。

307 伍逢

陳勝傳，銍人伍逢至湖云，後入長安，收王憲，斬之。詳王憲下。

308 尹逢

王嘉傳云，蘇令發，欲遣大夫使逐問狀，時無可使者，拜盩厔令尹逢諫大夫遣之。勃傳作恭。

309 周勃玄孫也。

功臣表，曲周侯商六世孫。元始二年封列侯。平紀，元始二年封列侯。

310 酈共

功臣表，故安節侯嘉之子，孝景前三年嗣，諡節。

311 申屠共

功臣表，長安公士詔復家

312 劉共

王子侯表，順陽侯劉共，[三]膠東頃王子，建始二年封。

[一]「少」，山西書局本作「順」，據漢書改。
[二]「百」，山西收局本作「爲」，據漢書改。
[三]「順」，山西書局本作「項」，據漢書改。

313 韓共 功臣表，隤當之後，[二]按道侯韓寶之從父昆弟，元封元年紹封爲龍頟侯，諡節。

314 劉佟 王子侯表，新鄉侯劉佟嗣。元始元年，[三]上書言王莽宜居攝。莽篡，傳，賜姓王。莽傳，信鄉侯劉佟曰：春秋，天子娶與紀，則襃紀子稱侯，安漢公國未稱古制。

315 劉綜 諸侯王表，樂鄉憲侯劉佟，河間獻王子，地節二年封。

316 劉鄺 王子侯表，元鳳元年三月，劉綜嗣爲泗水王，諡勤。

317 劉嵩 王子侯表，劉鄺嗣象氏侯。王莽篡，絕。

318 丁馬從嗣 王子侯表，張侯劉嵩，趙頃王子，坐賊殺人，上書要上，下獄瘐死。

319 孔蕠 功臣表，孝文五年，樂成夷侯丁馬從嗣。

320 常從 藝文志，天文家常從日月星氣二十一卷。師古曰：「常從，人姓名也，老子師之。」

321 孔蕠 功臣表，蓼夷侯孔蕠以執盾起碭，以左司馬入漢，爲將軍，三以都尉擊羽。即史記所謂「孔將軍居左」者。[三]

322 楊彤 按，王商傳，王鳳連婚楊彤爲琅邪太守，其郡有災害十四，已上。商部屬按問，鳳曉商無條。匈奴傳，囊知牙斯上書願朝，或言宜勿許云云，楊雄上書諫之，天子召還匈奴使，商不聽，彤坐免。[四]

323 楊雄 藝文志，賦十二篇。傳載反離騷一章，甘泉、河東、較獵、長楊四賦，法言之目十三

[一]「隤」，山西書局本作「頽」，據漢書改。

[二]「元始元年」，山西書局本作「始元五年」，據漢書改。

[三]此條「孔蕠」，中華書局標點本漢書作「孔聚」。

[四]此條「楊彤」，中華書局標點本漢書作「楊肜」。

二支

324 霍鴻

〉翟方進傳，三輔聞翟義起，趙明、霍鴻等自稱將軍，攻燒官寺，殺略吏民，衆十餘萬。

325 劉東

326 臧鴻

〉又見樓護、陳遵傳、莽傳。

〉莽傳，太保屬臧鴻奏符命，言扶風雍石。

〉莽傳，甄尋捕得，[一]辭連國師歆子侍中東者而許之。

327 酈食其

〉高紀，沛公過高陽，酈食其為里監門，曰：諸將過此者多，吾視沛公大度云云，沛公以為廣野君，說魏王豹，又說齊王田廣而烹。有傳。

328 審食其

〉高紀，審食其從太公、呂后間行。燕王盧綰與陳豨有陰謀，上使食其迎綰，綰稱疾，食其言綰反有端，綰亡入匈奴。呂后與食其謀誅諸將，酈商言之，后乃發喪，功臣表，以舍人初起，侍呂后、孝惠。二歲十月，后入楚，食其侍從一歲。封辟陽侯。[二]公卿表，為典客，又為左丞相，為太傅。王陵傳，食其幸於呂后，及為相，不治，監宮中，如郎中令。

329 趙食其

〉武紀，後將軍食其後期，贖死。公卿表，主爵都尉趙食其。李廣傳，引兵與將軍食其

[一]「石」，山西書局本作「右」，據漢書改。

[二]「甄」，山西書局本作「斟」，據漢書改。

[三]「辟」，山西書局本作「辭」，據漢書改。

330 劉仲卿妻　合軍出東道，迷失道。霍去病傳，主爵都尉趙食其爲右將軍。總見衛青傳末。皇孫王夫人傳，劉仲卿妻，其辭皆驗。互見劉仲卿、賈長兒下。

331 司馬蘄　遷傳，錯孫蘄，事武安君白起，與起阬趙長平軍，還俱死杜郵。

332 孔箕　光傳，求生子眞箕。

333 孫縱之　昭紀，元鳳元年，燕王遣孫縱之賂遺長公主及大將軍長史公孫遺等，交通私書云云。燕刺王傳，遣幸臣孫縱之等之長安，以問禮儀爲名。又遣縱之前後十餘輩，多齎金寶賂遺蓋主、[二]上官桀。

334 呼留若王　宣紀，神爵四年，[三]匈奴單于遣弟呼留若王勝之來朝。師古曰：呼留若，王號也，勝之其名。

335 暴勝之　武紀，天漢二年，遣直指使者暴勝之等繡衣持斧逐捕太山羣盜。又見皇后傳，暴勝之等奏殺二千石以下，及通連及者，斬萬餘人。征和二年坐失縱戾太子自殺。又雋不疑傳。劉屈氂傳，劉屈氂欲斬田仁，勝之曰：司直，二千石，當先請。上聞而大怒也。

336 馮勝之　功臣表，闕氏侯解散之曾孫，文十六年嗣，謚共。

337 劉勝之　王子侯表，征和二年，柴節侯勝之嗣。

〔二〕「主」，山西書局本作「公」，據漢書改。

〔三〕「四」，山西書局本作「三」，據漢書改。

338 劉勝之 功臣表，平皋侯劉它七世孫、長安簪褭勝之，元康四年詔復家。傅山曰：與前柴侯同名。

339 周勝之 功臣表，絳侯勝之，孝文十二年嗣。

340 陳勝之 功臣表，元康四年，高胡侯陳夫乞玄孫長陵公乘勝之詔復家。

341 氾勝之 藝文志，成帝時爲議郎。劉向別錄曰：「使教田三輔，有好田者師之，徙爲御史。」

342 相勝之 廣陵厲王傳，子寶姦事覺，相勝之奏奪王射陂草田以賦貧民。不著姓。

343 伊酋若王勝之 匈奴傳，屠耆堂遣弟伊酋若王勝之入漢獻見。又馮奉世傳，詔帝末，西河屬國胡伊酋若王亦將衆數千人畔，奉世將兵追擊。

344 呂釋之 外戚恩澤表，建成侯，以客從擊秦。漢王入漢，使釋之歸豐衛太上皇。又見呂后兄，其子爲呂祿。

345 毛釋之 外戚傳。

346 韓釋之 功臣表，襄城侯，七年，釋之嗣。

347 張釋之 功臣表，張節侯毛釋之，以中涓從起豐，以郎騎入漢，還從擊諸，侯，七百戶。

348 樂買 功臣表，愼陽侯買之，建元元年嗣，元狩五年坐鑄白金棄市。

349 季買之 功臣表，元康四年，戚圉侯季必玄孫、長安公士買之詔復家。

350 王買之 元后傳，高平侯逢時之子嗣。

351 蕭望之 有傳，字長倩，東海蘭陵人，徙杜陵。又見公卿表。圖麒麟閣。又見匡衡傳。藝文志有蕭望之賦四篇。馮奉世傳，論奉世不宜受封。儒林傳，后蒼通詩禮，授蕭望之。又召名儒太子太傅蕭望之等大議殿中，平公羊、穀梁同異，蕭望之等十一人各以經誼對，

352 賈捐之　多從穀梁。有傳，字君房，烏孫傳，蕭望之議不可許和親。誼曾孫也。元帝初元中，議棄珠崖。捐之數短石顯，楊興曰：「顯鼎貴，上信用之。今欲進，弟從我計，且與合意，即得入矣。」即與興共薦顯。後復共爲薦興。奏坐罔上棄市。石顯傳，求索其罪，棄市。

353 劉蒙之　王子侯表，盱台侯蒙之，江都易王子。

354 劉得之　王子侯表，雲侯得之嗣。王莽篡，絕。

355 劉東之　王子侯表，歷鄉侯東之嗣。

356 王棄之　功臣侯表，新市侯王棄之，父悍以趙內史，王遂反不聽，死事，子侯。

357 粵人勇之　郊祀志，勇之乃言粵人俗鬼，而其祠皆見鬼，數有効。昔東甌王敬鬼，壽百六十歲。[二] 柏梁災，勇之又曰：粵俗有火災，復起屋，必以大，用勝服之。於是作建章宮。

358 盧它之　功臣表，亞谷簡侯，以匈奴東王降侯，千戶。故燕王綰子。[三] 綰傳作它人。

359 胡常之　杜欽傳，救解胡常之等罪過。

360 君之　馮太后傳，馮太后寡弟婦君之。史立受傅太后指，治君之死。互見馮習及徐遂成下。

361 劉中時　王子侯表，元狩元年，平的思侯中時嗣。傅山曰：與平的同名。

362 劉得時　王子侯表，東野侯中時嗣。

363 劉當時　王子侯表，周望侯當時，元狩五年嗣，濟北貞王子。

[二]「壽」，山西書局本作「大可」，據漢書改。

[三]「子」，山西書局本作「之」，據漢書改。

364 伊當時 衆利侯伊卽軒子，元封六年嗣。〔一〕

365 揭陽當時 功臣表，安道侯定之子。〔三〕

366 鄭當時 公卿表，鄭當時爲右內史，延和四年，殺人棄市。食貨志，鄭當時爲渭漕回遠，鑿漕直渠。又見溝洫志。又詹事當時爲大農令，江都相鄭當時爲右內史，元和四年，殺人棄市。又見灌夫傳，內史當時是魏其、鄭當時爲渭漕回遠，鑿漕直渠。又見溝洫志。

367 司馬當時 太常司馬當時。不知「司馬」是姓否？

368 王逢時 外戚恩澤表，高平侯逢時，以皇太后弟侯。元皇后傳，禁八男，八逢時，〔三〕字季卿，封高平侯無材能名稱，死諡曰戴，子買之嗣。

369 劉勝時 公卿表，懷昌節侯勝時嗣。無年。

370 鄭尚時 功臣表，故侍郎，與霍徵史謀反者。見合陽侯梁喜功績中。

371 曹時 功臣表，郎平陽侯奇之子，孝景四年嗣，諡夷。

372 劉不疑 高后紀，立孝惠後宮子不疑爲恆山王。二年七月，不疑薨。

373 劉不疑 王子侯表，涕侯不疑，城陽頃王子，元鼎元年四月封。

374 雋不疑 有傳，字曼倩，勃海人。爲京兆尹，每行縣錄囚徒還，其母輒問不疑：「有所平反，活幾何人？」爲吏嚴而不殘。又見公卿表。

375 張不疑 功臣表，留侯之子不疑，高后三年嗣。孝文五年，坐與門大夫殺故楚內史，贖城旦。

〔一〕「元封」，山西書局本作「元狩」，據漢書改。
〔二〕「定之子」，山西書局本作「完之嗣」，據漢書改。
〔三〕「八」，山西書局本作「人」，據漢書文意改。

376 直不疑　有傳。塞侯，以御史大夫侯，前有將兵擊吳楚功。又見公卿表。

377 主爵都尉　公卿表有主爵都尉不疑。無姓。

378 衛不疑　

379 翟不疑　外戚恩澤表，陰安侯不疑，以青功封，坐酎金免，青子也。衛青傳，元朔五年，封青子不疑為陰安侯。

380 越馳義侯遺　武紀，元鼎五年，越馳義侯遺別將巴蜀罪人，發夜郎兵，下牂牁江，會番禺。功臣表，衍侯不疑，建元三年嗣。〔二〕元朔元年，坐挾詔書論，耐為司寇。六年，征西南夷，平之。

381 公孫遺　昭紀，燕王遺孫縱之賂遺大將軍長史公孫遺等，元鳳元年事。

382 公孫遺　公卿表，光祿大夫公孫遺守少府，征和元年。

383 劉遺　諸侯王表，元封二年，菑川頃王遺嗣。

384 劉遺　王子侯表，東城侯遺，元朔二年六月封，〔三〕後為妾孺子殺。

385 劉遺　王子侯表，蔞侯遺，五鳳四年嗣封。河間獻王子。

386 蕭遺　功臣表，酇煬侯遺嗣。何孫延子。

387 合傅遺　功臣表，貰康侯合傅遺，孝文十二年嗣，胡害曾孫也。

388 馮遺　闋氏侯，孝文二年以馮它遺腹子嗣。

〔一〕「三」，山西書局本作「元」，據漢書改。
〔二〕「元朔二年」，山西書局本作「元狩元年」，據漢書改。

389 守衞尉遺　公卿表，後元二年守衞尉遺。無姓。

390 守京兆尹　公卿表。無姓。

391 彭城太守遺

392 曹奇　功臣表，平陽簡侯奇，孝文後四年嗣。參孫。

393 陳奇　功臣表，棘蒲侯陳武子奇反，誅。

394 莊忽奇　藝文志，常侍郎莊忽奇賦十一篇。與枚皋同時。七略曰，或言莊夫子子，或言族家子莊助昆弟也。縱行至茂陵，詔造賦。嚴助傳，武帝得莊忽奇等，並在左右。

395 柴奇　韓王信傳，信復與胡騎入居參合。淮南厲王傳，漢使柴將軍擊之。鄧展曰：「淮南厲王傳，柴奇也。」應劭曰：「武也。」晉灼曰：「奇，武之子。」師古曰：「應說是。」

396 白奇　淮南厲王傳，長安尉奇等往捕開章。

397 王奇　蕭望之傳，復事同學博士白奇。蕭方進傳，邑弟侍中奇爲揚武將軍。又見王莽傳，命爲五威左關將軍。翟義起，莽遣王奇將兵距之。又遣五威將王奇等十二人頒符命四十二篇於天下。又命堂威侯王奇曰：「汝作五威左關將軍。」又甄尋傳連及堂威侯。

398 都隆奇　匈奴傳，即顓渠閼氏之弟，與謀立右賢王屠耆堂爲握衍朐鞮單于，後亡之右賢王所。

399 陳豨　功臣表，陽夏侯豨，以特將將卒五百人前元年從起宛朐，至霸上，爲游擊將軍，別定代，破臧荼，侯。後以趙國相反，自爲王，誅。豨少時，常稱慕魏公子，及守邊，致

賓客。告過趙，〔二〕客隨之者千餘乘。韓信傳，豨爲代相監邊，辭信，信挈其手，與步於庭數匝，仰天而嘆曰：「子可與言乎？」豨曰：「唯將軍命。」盧綰傳，豨宛句人。

400 劉豨　王子侯表，雷侯豨，城陽共王子，元朔二年五月封。〔三〕

401 黎豨　軑孝侯黎豨，高后三年嗣。

402 利幾　高紀，利幾者，項羽將。羽敗，利幾爲陳令，降，漢侯之潁川。上至雒陽，舉通侯藉召之，而利幾恐，反。

403 利幾　王子侯表，騏侯，以屬國騎擊匈奴捕單于兄侯，五百二十戶。

404 劉詩　功臣表，陰平侯詩嗣。

405 駒詩　功臣表，元延元年六月，紹騏侯封。

406 劉罷師　王子侯表，柳敷侯罷師嗣。無年。

407 旅罷師　功臣表，共嚴侯旅罷師，以齊將漢王四年從淮陰侯，擊項籍，又攻韓王信於平城，有功，侯。

408 張瞻師　平嚴侯張瞻師，以趙騎將漢王五年從擊諸侯，比吳房侯，千五百戶。

409 伊屠智牙師　匈奴傳，昭君生一男伊屠智牙師，昭君子也。

410 陳支　功臣表，猗氏靖侯陳支，孝惠七年嗣。

〔二〕「告」，山西書局本作「共」，據漢書改。

〔三〕「三」，山西書局本作「元」，據漢書改。

411 月支〔一〕 親陽侯，以匈奴相降侯上八百八十戶，〔二〕元朔二年詔居弋居山，坐將家屬闌入惡師居免。惡師，地名，有官所置室。

412 諱毒冠支 下摩侯諱毒尼之子，神爵三年詔居弋居山，坐將家屬闌入惡師居免。

413 復陸支 杜侯復陸支，以匈奴歸義。

414 難支 匈奴傳，單于遺漢書曰：去病傳，故因淳王復陸支從驃騎將軍有功，封爲杜侯。

415 狐蘭支 匈奴傳，西域車師後王須置離兄狐蘭支將人衆二千餘人降匈奴。又見車師傳，時莽易單于璽，單于恨怒，遂受狐蘭支降。〔三〕

416 尸泥支 西城傳車師後王須置離與其右將服鞮、〔四〕左將尸泥支謀亡匈奴，〔五〕互見離下。

417 茲力支 西域傳叙，時匈奴東蒲類王茲力支將衆千七百餘人降，〔六〕都護分車師後王之西爲烏貪訾離地以處之。

418 郅支 即呼屠吾斯。

419 呼屠吾斯 匈奴傳，呼韓邪單于收其兄呼屠吾斯在民間者立爲左谷蠡王。又曰呼韓邪單于兄左賢王呼屠吾斯亦自立爲郅支骨都侯單于。前曰「左谷蠡」，此曰「左賢」。

〔一〕「月支」，中華書局標點本漢書作「月氏」。師古曰：「氏音支。」
〔二〕「八十」，山西書局本脫，據漢書補。
〔三〕「受」，山西書局本作「交」，據漢書改。
〔四〕「右」，山西書局本作「左」，據漢書改。
〔五〕「左將尸泥支」，山西書局本作「右將狐蘭支」，據漢書改。
〔六〕「七」，山西書局本脫，據漢書補。

420 烏鞮牙斯

匈奴傳，囊知牙斯立爲單于，遣子烏鞮牙斯入侍。[二]

421 囊知牙斯

即頊渠次子。雕陶莫皋立爲單于，以囊知牙斯爲右賢王。且莫車爲單于，以囊知牙斯爲左賢王。後立爲烏珠留若鞮單于。莽傳，遣使者齎金帛賂匈奴單于，使上書言：「聞中國譏二名，[三]故名囊知牙斯，今更名知，慕從聖制。」又更名匈奴單于曰降奴服于。莽曰，[三]降奴服于知威侮五行云。

422 降奴服于

即囊知牙斯。

423 魏無知

陳平傳，至脩武，因魏無知求見漢王。

424 劉思

王子侯表，挾頊侯思嗣。

425 李思

藝文志，李思孝景皇帝頌十五篇。

426 王思

鮑宣傳，清名之士，琅琊王思。

427 劉寅

王子侯表，修市原侯寅，清河綱王子，本始四年封。

428 蔡寅

功臣表，肥如敬侯蔡寅，以魏太僕漢王三年初從，以車騎將軍破龍且及彭城，侯，千戶。此字沈韻不正，正韻亦不正。

429 劉基

諸侯王表，元朔四年，河間剛王基嗣。

────

[一] 「子」，山西書局本作「弟」，據漢書改。

[二] 「譏」，山西書局本作「訊」，據漢書改。

[三] 「莽」，山西書局本作「知」，據漢書改。

430 劉宜 王子侯表，蘭陵節侯宜，廣陵孝王子，建昭五年十二月封。

431 過期 公卿表，大行令過期。

432 宋畸 藝文志，論語，傳齊論者，少府宋畸。霍光傳，羣臣連奏昌邑有臣畸。注：宋畸也。

433 劉肥 諸侯王表，齊悼惠王。又見趙國傳。[一] 又蕭望之傳，黃霸傳，舉霸賢良。宣紀，詹事畸，爵關內侯。

434 酉非 宣紀，神爵二年，斬酉非首。又高祖之子。[二] 沈韻不正，正韻亦不正。

435 審非 功臣表，元康二年，辟陽侯曾孫、茂陵公乘非詔復家。

436 劉非 諸侯王表，景帝二年，立子非爲汝南王，非年十五，上書請自擊吳楚。元光中，上書願擊匈奴，上不許。好氣力，治宮館，招四方豪傑，驕奢甚。吳楚反時，非年十五，有才氣，上書願擊吳。景帝賜將軍印，擊吳。吳已破，徙江都，治故吳國。景十三王傳，非初爲汝南王，後徙江都，是爲易王。

437 劉辟非 楚元王傳，太子辟非先卒。

438 董訾 廣陵厲王胥傳，胥既見使者還，置酒顯陽殿，招子女董訾等夜飲。

439 王援訾 功臣表，以匈奴趙王降侯，五百六十戶。

440 左伊秩訾 匈奴傳，左伊秩訾爲呼韓邪畫計歸漢，竟以安定。後有譖伊秩訾自伐其功者，呼韓邪疑之，伊秩訾懼，降漢，以爲關內侯，受印綬。伊秩訾，匈奴官號，呼韓邪

441 呼盧訾 匈奴傳，莽篡，囊知單于遣左骨都侯、右伊秩訾王呼盧訾將兵入雲中，以「受宣帝厚

[一]「高祖之子」，山西書局本作「高祖兄仲之子」，據漢書改。

442 蒲呼盧訾

恩不可負，今天子非宣帝子孫，何以得立？」

匈奴傳，單于遣右大且渠蒲呼盧訾等十餘人將兵衆萬餘騎，以護送烏桓爲名，勒兵朔方塞下，朔方太守以聞。

443 奚慈

衡山王傳，與奚慈等謀，求能爲兵法候星氣者。

444 劉得疵

王子侯表，神爵元年，成頃侯得疵嗣。〔二〕

445 黃疵

藝文志，黃公四篇。註：名疵，爲秦博士，作歌詩。傅山曰：此秦人，以別無所見，故亦寄收。

446 孝兒

衡山王傳，濟北王寬坐與父成王后光、姬孝兒姦，自剄死。「成」又作「式」。

447 太后旁弄兒

元后傳，太后旁弄兒病在外舍，莽自親候之。

448 史皇孫王夫人傳，王翁須言：邯鄲賈長兒求歌舞者，仲卿欲以與之。互見劉仲卿下。

449 平原君臧兒

後數日，翁須乘長兒車馬過門云云。孝景王皇后傳，母故燕王荼之孫女，爲王仲妻，生男信與兩女。仲死，更嫁長陵田氏，生蚡及勝。臧兒長女嫁爲金王孫婦，生一女矣，臧兒卜筮曰兩女當貴，奪金氏，金氏怒，不肯與決，乃內太子宮，是爲王皇后。酈商傳，寄欲取臧兒爲夫人。平原君薨，乃從田氏葬長陵。

450 舍人兒

項羽傳，羽擊陳留、外黃，不下。數日降，羽欲坑之。外黃令舍人兒年十三，往說之

〔二〕「成頃」，山西書局本作「歷鄉」，據漢書改。

451 若兒
曰：彭越強劫外黃，外黃恐，故且降大王。大王至，又坑之，百姓豈有歸心哉！從此以東，梁地十餘城恐，皆莫肯下矣。
朱博傳，博左遷犍爲太守。先是南蠻若兒數爲寇盜，博厚結其昆弟，使爲反間，襲殺之。

452 衛少兒
衛青傳，衛媼次女少兒故與陳掌通。霍去病傳，父仲孺先與少兒通，生去病。及衛皇后尊，[二]少兒更爲掌妻。又見霍光傳。

453 麋當兒
趙充國傳，罕、開豪當兒。

454 良兒
趙充國傳，封良兒爲君。諸羌豪降漢者。

455 趙子兒
趙子兒傳，少時與管夫人、趙子兒相愛，約曰：先貴毋相忘云。

456 劉子
王子侯表，昆山侯義嗣。

457 傅昭儀
哀帝祖母也，少爲上官太后才人，[三]自元帝爲太子，時得進幸。即位，立爲婕妤，生定陶恭王康，特改昭儀之號，曰昭其儀，尊之也。至成、哀時，趙昭儀、董昭儀皆無子，猶稱焉。元帝崩，隨定陶王歸國，稱定陶太后。有傳。

458 趙昭儀
即飛燕之弟。趙后傳，飛燕爲后，後寵少衰。帝幸爲昭儀。[三]成帝暴崩，昭儀自殺。

459 董昭儀
哀帝昭儀。

460 馮昭儀
元帝昭儀，平帝祖母也。本傳，元帝選入後宮，生中山孝王興。時父奉世爲執金吾

[二]「尊」，山西書局本脫，據漢書補。
[二]「后」，山西書局本作「守」，據漢書改。
[三]「後寵少衰。帝幸爲昭儀」，山西書局本作「寵少衰，帝後幸爲昭儀」，據漢書文意改。

461 瓜田儀　建昭中，上幸虎圈鬥獸，熊佚出圈，昭儀當前而立。後隨王之中山。後飲藥自殺。莽傳，臨淮瓜田儀等爲盜賊，阻會稽長州。後儲夏說瓜田儀，文降，未出而死。莽求其尸葬之，爲起塚，祠室，諡曰瓜寧殤男，幾以招來其餘，然無肯降者。[二]

462 薄姬　文帝母。本傳，父吳人，秦時與故魏王宗女魏媼通，生姬。

463 戚姬　趙王如意母。外戚傳，歌曰：「子爲王，母爲虜，終日春薄暮，常與死爲伍！相離三千里，當誰使告女？」後爲人彘。

464 趙姬　趙王長母。高五王傳，趙姬生淮南厲王長。

465 尹姬　文帝幸尹姬，無子。外戚傳。

466 賈姬　邲都傳，嘗從入上林，賈姬在厠，野彘入厠，上目都，不行，上欲自持兵救之。即賈夫人。

467 李姬　武五子傳，李姬生燕旦、廣陵胥。

468 程姬　景十三王傳，程姬生魯恭王餘、江都易王非、膠西于王端。

469 唐姬　景十三王傳，唐姬生長沙定王發，故程姬侍者。景帝召程，程有避，不願進，飾侍者唐兒夜進。上醉不知，以爲程，幸之，有身，生子，因名曰發也。

470 淖姬　景十三王傳，江都易王非子建居服舍，召易王所幸美人淖姬等與姦。後趙敬肅王彭祖又取淖姬，甚愛之，生淖子。

471 栗姬　王皇后傳，景帝立栗姬男爲太子，王夫人男爲膠東王。栗姬妒，長公主日譖栗姬短。

[二] 此條「瓜」字，山西書局本均作「爪」，據漢書改。

472 丁姬

景帝常屬諸姬子曰：「吾百歲后，善視之。」栗姬不肯應，言不遜。帝怒，因廢太子，立膠東王爲太子。栗姬憂死。景十三王傳，栗姬生臨江閔王榮、河間獻王德、臨江哀王閼。臨江閔王卽廢太子也。

473 中山衛姬

哀帝母。本傳，定陶丁姬，哀帝母也，易祖師丁將軍之玄孫。後莽掘定陶共王母及丁姬冢時，有羣燕數千，銜土投穿中云。

平帝母。莽迎中山王爲帝，遣少傅甄豐賜衛姬璽綬，[一]卽拜爲中山孝王后，以苦陘爲湯沐邑。

474 厥姬

衡山王傳，美人厥姬生子二人，與后徐來相妒。

475 英布幸姬

布傳，譽赫者。

476 復陸幸者

功臣表，杜侯復陸支之子嗣。霍去病傳，誅北車耆。晉灼曰：王號也。

477 尉屠耆

薄須堂立爲單于之號。樓蘭傳，其弟尉屠耆降漢，具言狀。漢後立屠耆者爲王。

478 難兜靡

張騫傳，大月支殺難兜靡。難兜靡本昆莫之父。

479 煎靡

李廣利傳，宛貴人共殺王，虜宛貴人勇將煎靡。

480 烏犁靡

段會宗傳，小昆彌烏犁靡勒兵數千騎圍會宗。

481 翁歸靡

蕭望之傳，先是烏孫昆彌翁歸靡上書，願以漢外孫元貴靡爲嗣，得復尚少主。烏孫傳，岑陬死，以國與季父大祿子翁歸靡，曰：「泥靡大，以國歸之。」翁歸靡旣立，號肥王。後曰公主及昆彌上書云云，竟以昆彌爲王號。

〔一〕「璽」，山西書局本作「重」，據漢書改。

482 元貴靡　見上。烏孫傳，翁歸靡復尚楚公主，生三男，長曰元貴靡。互見解憂下。後馮夫人說烏就屠，[一]立元貴靡爲大昆彌。

483 軍須靡　烏孫傳，岑陬者，官號也，名軍須靡。

484 獵驕靡　烏孫傳，王號也，名獵驕靡。

485 泥靡　烏孫傳，岑陬胡婦子泥靡，後書爲「昆彌」。[二]

486 鴟靡　烏孫傳，狂王復尚主解憂，生一男曰鴟靡。

487 星靡　烏孫傳，元貴靡死，子星靡代爲大昆彌。

488 雌栗靡　烏孫傳，星靡死，子雌栗靡代立爲大昆彌，後爲小昆彌末振將使貴人烏日領刺殺之。

489 伊秩靡　烏孫傳，雌栗靡爲末振將殺，漢使段會宗立雌栗靡季父公孫伊秩靡爲大昆彌，後與單于並入朝，漢以爲榮。

490 安犁靡　烏孫傳，難棲殺末振將，末振將兄安日子安犁靡代爲小昆彌。

491 許嬙　淳于長傳，許后姊嬙爲龍額思侯夫人，寡居，與長通，長因取爲小妻。后因嬙賂遺長，又見孝成許后傳。

492 公主施　于定國傳，子永尚館陶公主施，宣帝長女，成帝姑也，賢有行。

493 哉皮　衛姬傳，平帝之妹，莽賜號爲承禮君。

494 淳維　匈奴傳，先夏后氏之苗裔，曰淳維。

[一]「就」，山西書局本作「龍」，據漢書改。

[二]「後」，山西書局本作「故」，據漢書改。

495 烏維 匈奴傳，伊穉斜單于死，子烏維立爲單于。

496 屠耆閼氏 匈奴傳，囊知以弟屠耆閼氏子盧渾爲右賢王。

497 顓渠閼氏 匈奴傳，衛律等與顓渠閼氏謀，匿單于死，矯令，更立左谷蠡王。

498 顓渠閼氏 屠耆堂私通。顓渠閼氏與右賢王

499 寧胡閼氏 呼韓邪嬖左伊秩訾兄呼衍王女二人，長女顓渠閼氏。與前虛閭權渠之妻同稱。

500 大閼氏 呼韓邪死，顓渠以其子且莫車年少，讓立大閼氏子雕陶莫皋，大閼氏以

501 李微 即呼衍少女。

502 司馬尼 章邯司馬也。

三齊

503 司馬尼 高紀，司馬尼將兵北定楚地。如淳曰：司馬尼，章邯司馬也。

504 讗毒尼 功臣表，下摩侯，以匈奴王降封，七百戶。霍去病傳，封渾邪裨王讗毒尼爲下摩侯。

505 公孫尼 藝文志，公孫尼子二十八篇，[二]七十子之弟子。又雜家有公孫尼一篇。

506 章尼 匈奴傳，文帝遺匈奴書曰：朕釋逃虜民，單于無言章尼等。師古云，皆單于降漢者。

507 劉何齊 王子侯表，始元三年，廣望思侯劉何齊嗣。

[一]「八」，山西書局本脫，據漢書補。

508 劉齊 諸侯王表，建元五年，廣川繆王嗣。景十三王。

509 劉齊 王子侯表，元鼎二年，州鄉思侯劉齊嗣。傅山曰：與上廣川同名。

510 劉齊 元康三年，柴康侯劉齊嗣。

511 劉嬰齊 王子侯表，神爵元年，[二]阿武釐侯劉嬰齊嗣。傅山曰：與前廣川、州鄉同名。

512 劉嬰齊 王子侯表，廣鄉釐侯劉嬰齊嗣。

513 劉周齊 功臣表，梁鄒侯，元光三年頃侯武嬰齊嗣。

514 武嬰齊 駟望侯廣之子嗣，莽敗，絕。

515 冷何齊 外戚恩澤表，殷紹嘉侯孔何齊，以殷後侯，千六百七十戶，[三]地方百里。元始二年，更爲宋公。

516 孔何齊

517 尹齊 公卿表，元鼎三年，關都尉尹齊爲中尉，一年抵罪。酷吏傳，東郡茌平人，[三]以刀筆吏事張湯，稍遷至御史，爲關都尉，又拜爲中尉，後爲淮陽都尉，誅滅甚多。死，仇家欲燒其尸。

518 嬰齊 藝文志，道家郎中嬰齊十一篇。師古曰：武帝待詔，[四]數從游觀，名能爲文，不知姓。又賦十篇。

范齊 盧綰傳，綰聽張勝之言，陰使范齊之豨所，欲令久連兵毋決。

〔一〕「爵」，山西書局本作「壽」，據漢書改。
〔二〕「六」，山西書局本脫，據漢書補。
〔三〕「茌」，山西書局本作「荏」，據漢書改。
〔四〕「待」，山西書局本作「時」，據漢書改。

519 趙何齊　楚元王傳，楚延壽爲其後母弟趙何齊取廣陵王胥女爲妻，使趙何齊遺胥書曰：「毋後人有天下」云云。[一]

520 江齊　江充傳，充名齊，有女弟善鼓琴歌舞，嫁之趙太子丹。丹疑齊以陰私告王，使吏捕齊，齊亡，西入關，更名充。告太子與同產姊姦亂，卒廢太子丹。

521 李齊　馮唐傳，文帝曰：「尚食監高袪嘗爲我言趙將李齊之賢。」[三]唐曰：「齊尚不如廉頗、李牧之爲將也。臣大夫在趙時，善李牧。臣父故爲代相，善李齊，知其爲人也。」

522 趙嬰齊 [三]　嚴助傳，遣助諭淮南王意，南越王太子嬰齊入侍。南越王傳，遣太子嬰齊入宿衛。後趙胡死，嬰齊嗣立。

523 王離　高紀，趙王歇保鉅鹿城，秦將王離圍之。秦三年十月，羽大破秦軍鉅鹿下，虜王離。

524 劉彭離　武紀，元鼎元年，[四]坐殺人取財物廢，徙上庸。諸侯王表，梁孝王子，濟東王彭離有罪廢，徙上庸。

525 須置離　匈奴傳，西域車師後王須置離謀降匈奴，都護但欽斬之。車師傳，甄豐當出車師，車師後王須置離聞之，與其右將股鞮等謀欲亡入匈奴。刁護聞之，驗問，辭服，乃械致都護但欽斬之。

〔一〕「毋」，山西書局本作「母」，據漢書改。
〔二〕「袪」，山西書局本作「祛」，據漢書改。
〔三〕「嬰」，山西書局本作「尹」，據文意改。
〔四〕「鼎」，山西書局本作「紀」，據漢書改。

526 挏離　烏孫小昆彌烏就屠死，〔一〕子挏離代立，爲弟日貳所殺。

527 趙安稽　功臣表，昌武侯，以匈奴王降侯，從驃騎擊左王，〔二〕益封。去病傳，益封三百戶。

528 都稽　臨蔡侯，以得呂嘉封。南越傳，越郎都稽得呂嘉，封爲侯云云。

529 股轞　車師右將。互見置離下。

530 余利轞　功臣表，烏黎子，元鼎三年嗣，亡後。

531 壺衍轞　匈奴傳，狐鹿姑單于死，衛律橋單于令子左谷蠡王爲壺衍鞮單于。

532 握衍渠轞　匈奴傳，屠耆堂立爲握衍渠鞮單于，詳「堂」下。初，代父爲右賢王，烏維孫也。

533 烏黎　功臣表，河綦康侯，〔三〕以匈奴右王與渾邪降侯，六百戶。霍去病傳作禽黎。

534 火正黎　司馬遷傳，顓頊使火正黎司地。

535 劉屈氂　王子侯表，澎侯是也。有傳。

536 劉屈氂　公孫宏傳，丞相府客館，至公孫賀、劉屈氂時壞以爲馬廄車庫奴婢室矣。武帝庶兄中山靖王子，坐大逆要斬。

537 上官安妻　霍光傳，光長女爲上官安妻，有女因鄂邑主內爲婕妤，即上官后也。

538 王章妻　章爲諸生，在長安與妻居。章疾病，無被，臥牛衣中。妻云：「今病困厄，不自激卬，乃反涕泣，何鄙也！」

〔一〕「屠」，山西書局本作「次」，據漢書改。
〔二〕「左王」，山西書局本作「左右王」，據漢書改。
〔三〕「康」，山西書局本作「東」，據漢書改。

539 孔仁妻 莽傳，宗姊妨自殺，事連司命孔仁妻，亦自殺。
540 烏孫昆彌 宣紀，願發國精兵擊匈奴。[二]又見匈奴傳。
541 劉凄 王子侯表，元鼎五年，距陽侯劉凄嗣。
542 程釐 功臣表，高后二年，歷孝侯程釐嗣。
543 馮谿 穀陽定侯馮谿，以卒前二年起柘，擊羽，定代，爲將軍，功侯。
544 黃齕 有傳，以父不降見殺，沒入官，輸黃門養馬。
545 金日磾 有傳。
546 都塗吾西 趙充國傳，定計遺脫與煎鞏、黃齕俱亡者不過四千人。
547 車犂 匈奴傳，屠耆單于以其長子都塗吾西爲左谷蠡王。
548 難棲 匈奴傳，右奧鞬王聞之，即自立爲車犂單于。後單于中烏藉、呼揭皆去單于號，共並力尊輔車犂單于。後東降呼韓邪單于。
　　　　烏孫傳，大昆彌翎侯難棲殺末振將。互見振將下。段會宗既殺末振將、太子番丘，以難棲合于討賊，奏爲堅守都尉。

四魚

549 陳餘 有傳。成安君，大梁人。以年少，父事張耳。後與耳二，復立代王歇爲趙王。歇德餘，立爲代王，留傅歇。初，陳勝令陳餘徇趙。漢二年，東擊楚，使告趙，欲與俱。餘請

[二]「擊」，山西書局本作「繫」，據漢書改。

550 劉餘　漢殺耳乃從，漢斬類耳者遺餘，餘助漢。漢敗彭城，[二]餘亦聞耳詐，即叛漢。漢遣耳與韓信破趙，斬餘泜水上也。

景十三王傳，景帝二年立子餘爲淮陽王，後徙魯爲魯共王。好治宮室苑囿狗馬，季年好音，爲人口吃。壞孔子宅，得古文經傳。

551 劉餘　王子侯表，元鼎元年四月封庸侯。[三]傅山曰：與前魯共王同名。

552 搖毋餘　功臣表，海陽齊信侯搖毋餘，以越隊將從破秦，入漢，定三秦，以都尉擊羽，侯，千七百戶。

553 王地餘　景十三王傳，廣川王去有幸姬王昭平、王地餘許復后。去復更愛姬城陽昭信。去與地餘戲，得袖中刀，云欲與昭平共殺昭信云。以劍自擊地餘，餘皆死。

554 歐陽餘　百官卿表，永光元年，侍中大夫歐陽餘爲少府，五年卒。

555 歐陽地餘　玄成傳，少府歐陽地餘等議郡國廟宜無脩。又儒林傳書歐陽地餘字長賓，以太子中庶子授博士，後爲博士，元帝時至少府。死，戒其子勿受官屬財物。

556 張相如　文紀，十四年，以東陽侯張相如爲將軍。又功臣表，東陽武侯張相如，高祖六年爲大夫，以河間守擊陳豨，千三百戶。石奮傳，張相如爲太子太傅，免。又張釋之傳，釋之問上：「張相如何如人也？」賈誼傳，害毀誼。又匈奴傳。

557 直相如　功臣表，塞侯不疑子，建元四年嗣，謚康。

[一]「敗」，山西書局本作「拜」，據漢書改。
[二]「鼎」，山西書局本作「朔」，據漢書改。

558 公孫相如 平帝紀，元始元年，封周公後公孫相如為褒魯侯，後更為姬姓。又見恩澤表，表作「公子」。

559 續相如 承父侯，以使西域發外王子弟，誅斬扶樂王首，虜二千五百人，侯，千百五十戶。後坐賊殺軍吏，謀入蠻夷，咀咒，要斬。

560 司馬相如 有傳。禮樂志。食貨志，唐蒙、司馬相如始開西南夷。藝文志，相如賦二十九篇。字長卿，蜀郡成都人，小名犬子，賦子虛、上林、哀二世大人。西南夷傳，司馬相如亦言西夷邛、莋可置郡。使相如以郎中將往諭。

561 都尉相如 功臣表，須昌侯趙衍斬豨都尉相如。不著姓。

562 許安如 功臣表，柏至侯益之曾孫，元光二年嗣。

563 宣莫如 功臣表，土軍孝侯宣莫如，孝惠六年嗣。

564 劉莫如 王子侯表，柴恭侯劉莫如嗣，無後。

565 吳莫如 天文志，孝昭始元中，〔二〕燕王侯星者吳莫如與漢宦者梁成恢見蓬星出西方天市東門。

566 毛莫如 杜周傳，杜業奏，師丹前親邑子丞相史能使巫下神，為國求福，幾獲大利。賴陛下至明，遣使者毛莫如先考驗，得其姦。儒林傳，易，魯伯授太山毛莫如字少路。至常山太守。

567 朱驕如 伍被傳，王曰：左吳、趙賢、朱驕如皆以為十八九成。

568 誰如 丙吉傳，吉謂守丞誰如，皇孫不當在官，使誰如移書京兆尹。

〔二〕「始元」，山西書局本作「元始」，據漢書改。

569 王溫舒　武紀，元鼎六年，中尉王溫舒出會稽。又公卿表。酷吏傳，陽陵人也。少時椎埋爲姦，爲廣平都尉，擇郡中豪敢往吏爲爪牙，皆把其陰罪，使之快所欲得，盜不敢近，廣平。後爲中尉，罪至族，其時兩弟及兩婚家亦各坐它罪族，徐自爲悲之。又見閩粵傳，出梅嶺。

570 路溫舒　有傳。字長君，巨鹿人，受春秋，通大義。元鳳中，守廷尉史，上尚德緩刑之書。後上書，願給厮養，暴骨外方，以盡臣節。事下廷遼將軍范明友、太僕杜延年問，罷歸故官。刑法志。

571 董仲舒　有傳。禮樂志。五行志。

572 史寬舒　郊祀志，少君病死，天子以爲化去不死也，使黃錘、史寬舒受其方。方士也。

573 呂步舒　五行志，元朔六年，使仲舒弟子呂步舒持斧鉞治淮南獄，以春秋誼顓斷於外，不請。還奏，上皆是之。董仲舒傳，主父偃竊仲舒所論災異草藁奏之，上詔視諸儒，呂步舒不知其師書也，[二]以爲大愚，於是下仲舒吏，當死。儒林傳，胡母生公羊弟子，有呂步舒，爲丞相長史。

574 孟舒　田叔傳，趙王張敖郎中，自髡鉗，爲王家奴，從王就獄。

575 乘舒　衡山王賜傳，賜后乘舒。

576 劉胥　廣陵王。武五子傳，有罪，天子遣廷尉、大鴻臚。以綬自絞死。歌曰：欲久生兮無

〔二〕「師」，山西書局本作「私」，據漢書改。

終，長不樂兮安窮！奉天期兮不得須臾，千里馬兮駐待路。黃泉下兮幽深，人生要死，何爲苦心！何用爲樂心所喜，出入無惊爲樂哉。蒿里召兮郭門閱，死不得取代庸，身自逝。

577 劉胥

王子侯表，都安侯劉胥嗣。傅山曰：與廣陵同名。

578 陳胥

復陽剛侯陳胥，以卒從起薛，以將軍入漢，以右司馬擊羽，侯，千戶。

579 且麋胥

匈奴傳，呼韓邪大閼氏生四子，次曰且麋胥。後雕陶莫皋爲單于，以且麋胥爲左賢王。[二]

580 龍 且

後雕陶死，且麋胥立爲搜諧若鞮單于。

高紀，漢四年十一月，韓信與灌嬰擊殺楚將龍且。田儋傳，韓信襲齊，楚使龍且救齊，信破殺之也。韓信傳，龍且曰：吾平生知韓信爲人，易與耳。

581 無 且

卽墨徐萬且治太初曆亦第一。

582 徐萬且

律曆志，

583 劉興居

文紀，戾太子傳，使舍人無且持節夜入未央宮白皇后。

東牟侯劉興居先清宮，封濟北王。後謀反，誅。

584 郭延居

功臣表，迎文帝，爲濟北王。

牟侯，文帝中六年，南侯郭廷居紹封，謚靖。

585 周仲居

功臣表，中二年，鄲侯周仲居嗣，坐收赤仄不完，爲城旦。又見王子侯表，悼惠王子、東

又見公卿表，元鼎三年爲太常。[三]

[一]「左」，山西書局本作「右」，據漢書改。
[三]「三年」，山西書局本作「二年」，據漢書改。

卷一百六十四　西漢書姓名韻（一）　平聲　四魚

五五

586 齊延居　功臣表，平定康侯，元光二年嗣。

587 張當居　山陽侯張當居。父尚，楚王相，不聽王戊反，死事，子侯。元朔五年，坐爲太常擇博士弟子不以實，完爲城旦。又見公卿表。

588 魏堅居〔一〕　當塗侯不害之玄孫。居攝二年，更爲翼漢侯。莽篡，爲翼新侯。莽敗，絕。

589 郭居　百官公卿表，太始元年，廷尉郭居。

590 魯謁居　張湯傳，湯所愛史魯謁居告李文姦事。謁居病臥閭里主人，湯自往視病，爲謁居摩足。湯排趙王鐵官事，謁居常案趙王，趙王怨之，並上書告湯與謁居云云。事連謁居弟，弟繫送官，湯欲陰爲之，而陽不省。其弟怨之，告湯與謁居謀兵變。

591 虛閭權渠　宣紀，五鳳三年，匈奴虛閭權渠請求和親。又詳匈奴傳，壺衍鞮單于死，弟左賢王立，爲虛閭權渠單于。

592 劉雄渠　諸侯王表，文帝十六年立，立十一年反，誅。又見王子侯表，先封白石侯。

593 劉雄渠　王子侯表，春陵戴侯劉雄渠，元狩三年嗣。傅山曰：與前膠東同名。〔二〕

594 義渠　公卿表，高帝五年，廷尉義渠。不著姓。

595 范方渠　公卿表，天漢四年，弘農太守范方渠爲執金吾，字中翁。

596 淳于陵渠　律曆志，元封七年，復使較曆律昬明，宦者淳于陵渠復覆太初曆元后傳，王曼早死，曼寡婦渠供養東宮，子莽幼孤不及等比云云。

597 曼寡婦渠

〔一〕「魏」，山西書局本作「魂」，據漢書改。

〔二〕此條「劉雄渠」，中華書局標點本漢書作「劉熊渠」。

598 章渠　霍去病傳，上曰：去病約輕齎，絕大幕，涉獲單于章渠。師古曰：單于近臣也。

599 右渠　武紀，元封三年，朝鮮斬其王右渠降。朝鮮傳，滿傳子至孫右渠，所誘漢亡人滋多，又未嘗入見，眞番、辰國欲見天子，又雍閼弗通。[二]

600 偃渠　匈奴傳，重合侯莽通軍至天山，匈奴使大將偃渠與左右呼知王將二萬餘騎要漢兵，見漢兵強，引去。

601 左大且渠　匈奴傳，虛閭權渠黜前單于所幸顓渠閼氏，顓渠閼氏父左大且渠怨望。時單于欲和親，左大且渠心害其事，[三]廼自請與呼盧訾王各將萬騎南傍塞獵云云。

602 劉雎　功臣表，射陽侯劉纏之子，有罪，不得代。

603 陶雎　功臣表，開封侯陶雎，元光五年嗣。

604 屠雎　淮南王安上書：臣聞長老言，秦之時嘗使尉屠雎擊越，又使監祿鑿渠通道。

605 劉將閭　嚴安傳，上書同。

606 南閭　武紀，東夷薉君南閭等降，[三]爲倉海郡。

607 齊王將閭　王子侯表，楊虛侯劉將閭，齊悼惠子，後嗣王。與吳王書曰：齊王殺身以滅其迹。師古曰：齊王傳云，吳楚已平，齊王乃自殺，今乘書即已稱之，二傳不同，當有誤者。

〔一〕此條「右渠」，山西書局本均作「石渠」，據漢書改。
〔二〕「害」，山西書局本作「審」，據漢書改。
〔三〕「夷」，山西書局本作「黃」，據漢書改。

608 昌邑　公卿表，孝文十二年，奉常昌邑。

609 趙婕妤　武帝趙婕妤生昭帝。

610 張婕妤　韋玄成傳，初宣帝寵姬張婕妤男淮陽憲王。

611 衛婕妤　宣元六王傳。孝宣王后傳，及淮陽憲王母張婕妤。

612 衛婕妤　宣元六王傳，衛婕妤生楚孝王囂。又見孝宣王后傳，楚孝王母衛婕妤皆受幸。

613 公孫婕妤　宣元六王傳，中山衛姬傳，父子豪，長女又爲元帝婕妤，生平陽公主。與孝宣婕妤爲姑姪。

614 戎婕妤　宣元六王傳，宣帝公孫婕妤生東平思王宇。〔一〕

615 李婕妤　宣元六王傳，戎婕妤生中山哀王竟。竟傳曰，哀王無子，絕。太后歸居外家戎氏。傅山曰：此亦漢法，待侯國母失處。

616 李婕妤　王商傳，商爲王鳳所中，惶怖，更欲內女爲援，因幸李婕妤家白見其女。

617 孝成班婕　外戚傳，孝成班婕妤進侍者李平立爲婕妤，又賜姓曰衛，所謂衛捷妤也。與孝宣王后中婕妤同稱。

618 尹婕妤　好　衛皇后傳後有尹婕妤、鉤弋夫人更幸。〔三〕有傳，恐飛燕姊弟見危，求共養太后長信宮，作賦自傷。

〔一〕「宇」，山西書局本作「子」，據漢書改。
〔三〕「鉤」，山西書局本作「鈞」，據漢書改。

619 華婕妤 孝宣王后傳，時館陶王母華。〔一〕
620 呂須 高后紀，噲妻也。呂祿與酈寄俱出遊，過其姑呂須。呂須怒：「汝爲將而棄軍，呂氏今無處矣！」須嘗怨陳平執噲，譖平于高后。
621 陳季須 功臣表，堂邑侯陳季須，元光六年嗣。坐母公主卒未除服姦，兄弟爭財，〔二〕當死，自殺。
622 李女須 廣陵王胥傳，迎女巫李女須，下神咒詛。女須泣曰：「孝武帝下我。」左右皆伏。言「吾必令胥爲天子」。
623 陳須 外戚陳皇后傳，陳午薨，主男須嗣侯。主薨，須坐淫亂，自殺。
624 王翁須 史皇孫王夫人傳，名翁須。
625 劉朱 王子侯表，柏暢侯劉朱嗣。〔三〕無年月。亡後。
626 革朱 功臣表，棗棘端侯，以越連敖從起薛，別以越將入漢，擊諸侯，以都尉侯，九百戶。
627 周左車 功臣表，汾陰侯昌之孫，孝景中二年紹封爲安陽侯，建元元年，有罪，免。
628 李左車 韓信傳。
629 單右車 功臣表，中牟共侯，以卒從沛，入漢，以郎擊布，侯，二千二百戶。高祖微時有急，給高祖馬，故得侯。

〔一〕「母」，山西書局本作「父」，據漢書改。
〔二〕「爭」，山西書局本脫，據漢書補。
〔三〕「暢」，山西書局本作「陽」，據漢書改。

卷一百六十四　西漢書姓名韻（二）　平聲　四魚

五九

630 孔車 主父偃傳，偃貴幸時，客以千數，及偃族死，無一人視，獨孔車收葬焉。上聞之，以車爲長者。

631 且莫車 匈奴傳，呼韓邪顓渠閼氏生二子，長曰且莫車。

632 無諸 且麋胥爲單于，以且莫車爲左谷蠡王。

閩粵王傳，無諸，勾踐之後，姓騶氏。漢擊項羽，無諸及搖皆帥粵人佐漢，以且莫車爲左谷立爲閩粵王。

633 趙不虞 功臣表，隨成侯，以校尉三從大將軍擊匈奴，攻辰吾先登石壘，侯，七百戶。元狩二年，坐爲定襄都尉，匈奴敗，太守以聞非實，謾，免。衛青傳，校尉趙不虞三從大將軍獲王，封爲隨成侯。

634 孫虞 字子乘。儒林傳，易，周醜授東武孫虞。

635 王然于 司馬相如傳，拜相如爲中郎將，建節往使，通邛、筰、冉、駹等。副使者王然于、壺充國、呂越人，馳四乘之傳。西南夷傳，天子令王然于等十餘輩間出西南夷，指求身毒國云云。

636 烏藉單于 匈奴傳，烏藉都尉亦自立爲烏藉單于。凡五單于互見堂、王、犁。

637 閏振單于 匈奴傳，屠耆從弟休旬王自立爲閏振單于，在西邊，後爲郅支單于殺之。

638 郅支骨都侯單于 匈奴傳，呼屠吾斯亦自立爲郅支骨都侯單于，在東邊。

639 伊利目單于 匈奴屠耆小弟亡之右地，收兩兄餘兵得數千人，自立爲伊利目單于，爲郅支殺。

640 復朱絫若
鞮單于 《匈奴傳》，雕陶莫皋立爲復株絫若鞮單于。

641 搜諧若鞮單于 《匈奴傳》，且麋胥立爲搜諧若鞮單于，又見上胥韻。

642 車牙若單于 《匈奴傳》，且麋胥單于死，弟且莫車立爲車牙若鞮單于。

643 烏珠留若鞮單于 《匈奴傳》，囊知牙斯爲烏珠留若鞮單于。互見牙斯下。

644 烏纍若鞮單于 孝單于咸，囊知死，須卜當越輿立之。

645 須卜單于 即須卜當，至長安，莽拜爲須卜單于。

646 呼都而尸道皋若鞮單于 《匈奴傳》，天鳳五年，孝單于咸死，弟左賢王輿立，爲呼都而尸道皋若鞮單于。

647 護單于 莽奏：不知何一男子遮臣車，自稱漢氏劉子輿，成帝下妻子也，劉氏當復。易左賢王爲護于。互見「胡」下。

648 劉子輿 《莽傳》，孫建奏：不知何一男子遮臣車，自稱漢氏劉子輿，成帝下妻子也，劉氏當復。

649 第五閎氏 匈奴傳，更始二年，漢遣中郎將歸德侯颯、大司馬護軍陳遵使匈奴，授單于漢舊制璽綬，匈奴亦出兵擊莽云云，當復尊我。遵與相掌距。又

子輿 《莽傳》，漢爲莽所篡，匈奴亦出兵擊莽云云，當復尊我。遵與相掌距。又
輿驕，謂遵、颯曰：漢爲莽所篡

650 翟盱　見莽傳，遣嚴尤、廉丹擊匈奴，當誅單于興而以須卜當代之。[二]匈奴傳，囊知牙斯立為單于，以第五閼氏子興為右賢王。[三]莽篡後，復遣奉馬牛入謝，求故印。後咸立為單于，以興為左谷蠡王。

651 王盱　莽傳，班符命四十二篇於天下，總說之云云。又侍郎王盱見人衣白布單衣，赤續方領，冠小冠，立於王路殿前，謂盱曰「今日天同色，以天下人民屬皇帝」云。

652 高祛　功臣表，衍簡侯翟盱，以漢王二年為燕令，以都尉下楚九城，堅守燕，侯，九百戶。

653 賈駒　馮唐傳，文帝曰：吾居代時，尚食監高祛數為我言趙將李齊之賢。

654 景駒　高紀，賈山傳，祖父祛，故魏王時博士弟子也。山受學于祛。

655 劉駒　馮唐傳，景駒，楚族。東陽甯君、秦嘉立景駒為楚王。項籍傳，項梁擊秦嘉，死，景駒走死梁地。

656 義姁　灌傳，東越紿灌，灌子駒亡入閩粵。閩越傳，吳王子駒怨東甌殺其父，走閩越，勸擊東甌。

657 兒姁　縱傳，姊以醫幸武帝母，王太后問曰：「有子兄弟為官者乎？」對…「有弟無行。不可。」外戚傳，王皇后始入太子家時，後女弟兒姁亦復入，生四男。兒姁早卒，四子皆為王。是廣川惠王越、膠東康王寄、清河哀王乘、常山憲王舜。

[二]「代」，山西書局本作「待」，據漢書改。

[三]「第」，山西書局本作「弟」，據漢書改。

658 君姁 鉤弋傳，[一]趙父順成侯有姊君姁，賜錢二百萬。

659 劉附胸 諸侯王表，天漢元年，長沙頃王劉附胸嗣。

660 劉榆 諸侯王表，元始二年四月，廣德靜王劉榆以廣川惠王曾孫子紹封。

661 劉紆 諸侯王表，元爵元年，楚王劉紆嗣。莽篡，貶爲公，廢。

662 劉自予 王子侯表，樊輿侯劉自予嗣。莽篡，絕。

663 衞肱 功臣表，武原靖侯衞肱，錯玄孫之子茂陵公乘陳主儒詔復家。[二]

664 陳主儒 元康四年，鐠玄孫之子茂陵公乘陳主儒詔復家。

665 申屠臾 故安節侯嘉之孫。元狩三年，申屠臾更封清安侯。坐爲九江太守受故官送，免。

666 肥銖 功臣表，漢七年以梁將軍從擊韓信、陳豨、黥布軍功侯，二千八百戶。灌嬰傳，又進破豨別將肥銖。

667 張敺 本傳，字叔，安丘侯說少子，爲人長者。官屬亦不敢大欺。武帝元朔中，代韓安國爲御史大夫，專以誠長者處官，[三]故長者稱之。廷尉敺等奏錯當要斬。師古曰：「張敺也。」

668 劉瘉 景十三王廣川王傳，又亀錯傳，又立戴王弟襄堤侯子瘉爲廣德王。

669 商瞿 字子木。儒林傳，受易於孔子。

670 萬石嚴嫗 嚴延年母，東海號曰「萬石嚴嫗」。子五人，皆有吏材，至大官。謂延年曰：「天道神明，人不可獨殺」云云。

[一]「鉤」，山西書局本作「鈞」，據漢書改。

[二]此條「主」，山西書局本均作「王」，據漢書改。

[三]「處」，山西書局本作「廢」，據漢書改。

卷一百六十四 西漢書姓名韻（二） 平聲 四魚

六三

671 詹師廬 匈奴傳，烏維死，子詹師廬立，年少，號爲兒單于。

672 漏臥侯俞 西南夷傳，河平中，夜郎王興、[二]漏臥侯俞更舉兵相攻。互見「興」、「禹」下。

673 張魚 莽傳，城中少年張魚等斧敬怵閎，呼曰，反虜王莽云云。詳薺韻朱弟下。

五模

674 田 都 高紀，始故齊將。秦三年十月，齊將田都畔。後羽立，又分齊爲臨淄王，王都臨淄。田榮擊之，都降楚。

675 劉 都 王子侯表，卑梁侯都，高密頃王子，成帝建始二年封。

676 劉 都 莽傳，建國元年，眞定劉都等謀舉兵，發覺，皆誅。

677 魏 都 功臣表，寧侯遨之玄孫，元康四年，長安公士詔復家。

678 孫 都 功臣表，臨蔡侯，以南粵郎，漢軍破番禺，爲伏波得南粵相呂嘉，侯，千戶。元封元年封。

679 唐 都 律曆志，方士唐都與治曆。藝文志數術家，漢有唐都。司馬遷傳，學天官於唐都。

680 陶 都 景十三王傳，廣川王殺陽成昭信，[三]復殺陶望卿女弟陶都。

681 郟 都 臨江閔王榮傳，中尉郟都，簿責訊王。

682 郅 都 酷吏傳，河東大陽人也，號曰「蒼鷹」。爲鴈門太守，竟死匈奴不近鴈門，至爲偶人射

[二]「興」，山西書局本作「與」，據漢書改。
[三]「陽成昭信」誤，應爲「王昭平」，見漢書。

683 趙　都　馮野王傳，部督郵掾趙都案驗，收捕池陽令並，格殺之。並家陳冤，下廷尉，之。不能中。神矣。

684 季　都　都詣吏自殺以明野王。

685 冥　都　儒林傳，公羊學，穎川堂谿授泰山冥都。

686 劉信都　烏孫傳，副使季都別將醫養視狂王。狂王從十餘騎送之。[三]都還，坐知狂王當誅，見便不發，下蠶室。

687 劉信都　王子侯表，齊悼惠王子，孝文四年封營平侯。

688 劉成都　諸侯王表，平帝元始元年，立故桃鄉侯子成都為中山王。奉孝王後。莽篡，貶為公。

689 劉陽都　明年，獻書言莽德，封列侯，賜姓王。與劉閔同。又見中山衛姬傳。

690 馮子都　王子侯表，臨樂侯廣都嗣。無年。

691 力子都　王子侯表，稻簡侯劉陽都嗣。

692 趙君都　霍光傳，光愛幸監奴馮子都，及顯寡居，與子都亂。

693 施屠渾都　游俠傳，王尊殺酒市趙君都。

694 左日逐王　莽傳，赤眉力子都、樊崇等以饑饉相聚，起琅琊。

　都　周勃傳，得盧綰御史大夫施屠渾都。

　　匈奴傳，初，左日逐王匃奴歸，復遣且方同母兄左日逐王都與婦人侍

〔二〕「子」，山西書局本作「孫」，據漢書改。

695 劉胡　諸侯王表，孝景六年，濟北成王胡嗣。濟北王勃傳作式王胡嗣，「式」誤。

696 劉胡　王子侯表，益都敬侯胡，菑川懿王子，元朔元年封。

697 劉胡　王子侯表，安鄉釐侯胡嗣。

698 胡　功臣侯表，祁穀侯賀之子，文十二年嗣。

699 趙胡　南粵傳，武帝建元四年，佗孫胡爲王。

700 趙胡　功臣表，深澤侯將夕之孫，景中五年紹封爲奧侯，無後。與南粵佗孫同名。

701 陳胡　功臣表，猗氏侯遬之曾孫，元康四年，猗氏大夫詔賜黃金十斤，復家。

702 靳胡　功臣表，汾陽侯彊之孫，景五年嗣，諡康，十二年絕，不得狀。

703 衡胡　儒林傳，易，王同授菑衡胡輩，皆以易至大官。

704 呂破胡　昭帝紀，始元元年，遣水衡都尉呂破胡擊益州，大破之。

705 劉破胡　功臣侯表，高丘哀侯破胡，中山靖王子，元朔五年封。[二]

706 任破胡　百官公卿表，梁期侯，以屬國都尉間出擊匈奴將軍參絺緩等侯，[三]元鼎五年封。

707 賈勝胡　百官公卿表，元鳳元年，左馮翊賈勝胡，二年坐縱反者棄市。霍光傳，任宣曰：左馮翊賈勝胡坐逆將軍意死。

708 呂辟胡　反，遣水衡都尉呂辟胡擊之，辟胡不進云云。又西南夷傳，姑繒、葉榆復

[一]「五」，山西書局本作「二」，據漢書改。

[二]「間」，山西書局本作「簡」，據漢書改。

709 句梨胡 匈奴傳,兒單于死。子少,匈奴乃立季父烏維單于弟左賢王句梨胡爲單于。

710 蘇屠胡 匈奴傳,囊知單于子蘇屠胡本爲左賢王,囊知牙斯更易命左賢王「護于」。護于最貴,次當爲單于。

711 梁謁者胡 梁平王襄傳,王使謁者中郎胡遮止,閉門,李太后與爭門,措指。

712 劉奴 王子侯表,臨朐夷侯奴,菑川懿王子,元朔元年封。

713 劉奴 王子侯表,元狩三年,牟平節侯奴嗣。名同臨朐。

714 蔡奴 功臣表,肥如侯寅之孫,文後元年嗣,景元年廢,無後。

715 張奴 功臣表,安丘侯說之子,文十三年嗣,諡共。

716 召奴 功臣表,黎頃侯,以父齊相封。

717 趙破奴 功臣表,從票侯,以司馬再從驃騎擊匈奴,得兩王千騎侯,二千戶。元鼎五年,坐酎金免。元封三年,以匈河將軍擊樓蘭,封浞野侯。[二]太初二年,以浚稽將軍擊匈奴,爲虜所獲,軍沒。元鼎六年,匈河將軍趙破奴出令居,與子安國亡入漢。巫蠱,族。又見衛青傳。詳見匈奴傳。西域傳。

718 工師奴 功臣表,平悼侯喜之子,文十二年嗣,諡靖。

719 官大奴 王尊傳。此非人姓名。

720 劉買奴 王子侯表,陽山侯買奴嗣,免。

721 劉戎奴 王子侯表,管共侯子,孝文六年嗣侯,孝景二年反,誅。

〔二〕「匈河」,山西書局本作「匈奴河」,據漢書改。

722 薄戎奴 外戚恩澤表，軹侯昭之子，文十一年嗣，諡易。

723 公孫戎奴 功臣表，從平侯，以校尉三從大將軍擊匈奴，至右王庭爲鴈行上石山先登，[二]侯，一千一百戶。元狩二年，坐爲上黨太守發兵擊匈奴不以聞，免。衛青傳曰，公孫戎奴三從大將軍獲王封也。

724 陽城戎奴[三] 功臣表，梧齊侯延之曾孫，元光三年嗣。元狩五年，坐使人殺季父，棄市。戶三千三百。

725 主爵都尉 公卿表，景後二年，主爵都尉奴。無姓。

726 紀相夫 見景紀「紀嘉」註。功臣表，襄平侯通之子，景中三年嗣，諡康。

727 杜相夫 功臣表，長修侯恬之曾孫，景中五年紹封爲陽平侯。元封三年，坐爲太常與大樂令中可當鄭舞人擅謔，闌出入關，免。

728 正夫 公卿表，元狩六年，大農令正夫。

729 灌夫 有傳。字仲孺，[三]本姓張，父張孟，[四]爲潁陰侯舍人，[五]得幸，因進之，至二千石，故

━━━━━━━━━━

[二]「鴈」，山西書局本作「鷹」，據漢書改。

[三]「陽城」，山西書局本作「城陽」，據漢書改。

[三]「孺」，山西書局本作「儒」，據漢書改。

[四]「孟」，山西書局本作「益」，據漢書改。

[五]「潁」，山西書局本作「穎」，據漢書改。

730 相夫 蒙灌姓。又見季布傳，季心弟畜灌夫、〔二〕藉福之屬。

731 少夫 許后傳，霍顯字謂淳于衍：少夫幸報我以事。

732 少夫 烏孫傳，岑陬尚江都主，生一女少夫。

烏孫傳，昆彌願以漢外甥元貴靡為嗣，得復尚主，迺以解憂弟子相夫為公主，〔三〕遣之，是為少主。後元貴不得立，天子徵還少主。

733 田聽夫 百官公卿表，五鳳三年，執金吾田聽夫，〔三〕甘露二年為廷尉，三年遷。

734 石申夫 藝文志，數術家，魏有石申夫。

735 衛子夫 外戚傳，衛媼女，自平陽主家得幸武帝，是為衛后。

736 周亞夫 絳侯勃子，後二年紹封為條侯，〔五〕十八年，〔六〕有罪，免。有傳。以爭栗太子之廢而見疎。

737 胡亞夫 匈奴傳，會貳師妻子坐巫蠱收，其掾胡亞夫亦避罪從軍，說貳師曰，若還不稱意，適與獄會云云。

738 路中大夫 高五王傳，吳楚反時，齊孝王將閭狐疑，城守不聽。三國兵圍齊，齊使路中大夫告於

〔二〕「弟」，山西書局本作「帝」，據漢書改。
〔三〕「為」，山西書局本作「名」，據漢書改。
〔三〕 山西書局本作「二」，據漢書改。
〔四〕 山西書局本作「三」，據漢書改。
〔五〕「二年」，中華書局標點本漢書校改為「三年」。
〔六〕「十」，山西書局本脫，據漢書改。

卷一百六十四　西漢書姓名韻（一）　平聲　五模

六九

739 虎圈嗇夫

天子。張晏曰：姓路，爲中大夫也。上問上林尉禽獸簿，十餘問，尉不能對，虎圈嗇夫從旁代尉對上所問其悉，詔釋之拜爲上林令。

張釋之傳，上問上林尉禽獸簿，十餘問，尉不能對，以匈奴都尉降侯，千一百戶。

740 董舍吾 功臣表，散侯，以匈奴都尉降侯，千一百戶。

741 趙夷吾 章紀，[二]楚元王傳，楚太傅，諫其王無反。景中二年，封其子周爲列侯。

742 蘇夷吾 功臣表，蒲侯昌之子嗣，鴻嘉三年坐婢自贖爲民後略以爲婢免。

743 紀夷吾 功臣表，即相夫子，元朔元年嗣，無後。

744 臣吾 藝文志，臣吾賦十八篇。

745 巫劉吾 馮昭儀傳，史立治馮太后女弟習等，巫劉吾服祝詛。[三]

746 劉山柎 功臣表，王子侯表，元封六年，安衆節侯山柎嗣。

747 武山柎 功臣表，梁鄒侯虎曾孫，元鼎四年嗣封。

748 朱山柎 百官公卿表，本始四年，六安相朱山柎爲右扶風，一年下獄死。朱買臣傳，買臣子，官至郡守，右扶風。

749 張山柎 儒林傳，書，張山柎字長賓，平陵人，事小夏侯，爲博士，論石渠，至少府。

750 劉蘇 功臣表，王子侯表，元狩三年，柳宿侯劉蘇嗣，後坐酎金免。

751 昆邪蘇 功臣表，濕陰定侯之子，元鼎元年嗣，亡後。

[二]「章紀」不知何意，疑爲功臣表之誤。

[三]「巫」，山西書局本作「劉吾」，據文意與漢書改。

752 左姑夕侯 匈奴傳，左姑夕侯蘇從旁謂單于曰：未見新印文，宜且勿與故印。〔一〕

蘇

753 劉 吳 王子侯表，高廣節侯劉吳嗣，免。

754 左 吳 淮南王安傳，日夜與左吳按輿地圖，〔二〕部置兵所從入。又伍被傳。

755 丁 吳 董賢傳，冊免丁明曰：將軍從弟侍中奉車都尉吳皆知伍宏，〔三〕與宏交通厚善云云。

756 彭 吳 食貨志，彭吳穿濊貊、朝鮮，置滄海郡。師古曰：彭吳，人姓名也。

757 王 吳 莽傳，又詔：嚴尤、陳茂、王巡及左隊大夫王吳歐進所部州郡兵，迫措前隊醜虜。莽敗降漢，殺之。

758 吳 莽傳，商人杜吳殺莽，取其綬。

759 侯史 吳 杜延年傳，桑弘羊子遷亡，過父故吏侯史吳。廷尉王平、少府徐仁皆以爲非匪反者，〔四〕當斬，會赦，乃匿爲隨者，以赦令除侯史吳罪，後侍御史治實。軑侯朱蒼之曾孫嗣，元封元年坐爲東海太守行過擅發卒爲衛，〔五〕

760 黎 扶 功臣表，

761 張 扶 薛宣傳，日至休吏，賊曹掾張扶獨不肯休。宣出教曰：宜從衆，歸對妻子，設酒肴、

〔一〕「與」，山西書局本作「語」，據漢書改。

〔二〕「與」，山西書局本脫，據漢書補。

〔三〕「奉車」，山西書局本作「駙馬」，據漢書改。

〔四〕「仁」，山西書局本作「人」，據漢書改。

〔五〕「爲東海太守」，山西書局本作「偽東海太守」，據漢書改。

762 王扶 儒林傳，詩，張游卿門人琅邪王扶爲泗水中尉。

763 王扶 莽傳，假號稱漢將者，有盩厔王扶。

764 徐盧 功臣表作「唯徐盧」，容城攜侯，以匈奴王降侯，七百戶，景中三年封。周亞夫傳，匈奴王徐盧等降，亞夫爭之。

765 蘇盧 功臣表，江陽康侯息之子，景中二年嗣，謚懿。

766 堅盧 功臣表，盜賊滋起，燕趙間有堅盧、范主之屬。王賀傳，賀逐捕堅盧黨與。

767 稽谷姑 功臣表，騠茲侯，以小月氏右苴王將衆降侯，千九百戶，元封四年封，亡後。

768 羅姑 霍去病傳，捕單于季父羅姑比，再冠軍。師古曰：羅姑，其名也。比，類也。傅山曰：「比」字亦可連下讀。

769 狐鹿姑 匈奴傳，且鞮侯單于死，長子左賢王立爲狐鹿姑單于。

770 虞初 郊祀志，太初元年，西伐大宛，洛陽虞初等以方祠詛匈奴、大宛焉。又藝文志虞初周說九百四十三篇。注：武帝時以方士侍郎號黃車使者。其說以周書爲本。

771 原初 原涉傳，原涉之子。涉遣初從車二十乘劫王游公家。

772 陽成 景十三王傳，廣川王去獨姬陽成昭信兄子初爲乘華夫人，得朝夕見。

773 臧荼 羽立燕將臧荼爲燕王，都薊。漢元年八月，荼殺遼東王韓廣，並其地。漢五年秋，臧荼反，上自將征之，虜荼。

774 淮南后荼 淮南王安傳，淮南后荼愛幸。

775 就屠 息夫躬傳，循烏孫就屠之迹。孟康曰：烏孫先王也。

776 烏就屠 匈奴傳，郅支遣使見小昆彌烏就屠，郅支亡虜，欲攻之以稱漢，乃殺郅支使。烏孫傳，狂王傷時，肥王胡婦子烏就屠驚，與諸翕侯俱去，居北山中，揚言母家匈奴兵來，故衆歸之。後遂襲殺狂王，自立爲昆彌。[二]後馮夫人說之，恐，願得小號，立爲小昆彌。[三]

777 申徒 匈奴傳，漢使王烏等窺匈奴。王烏，北地人，習胡俗，去節，黥面入廬。單于愛之。服虔曰：作巫蠱之胡人也。張晏曰：故秦將，降爲公，今反。

778 胡巫 戾太子傳，炙胡巫上林中。

779 王烏 匈奴傳，漢使王烏等窺匈奴。

780 灌嬰傳，王武、魏公申徒反，從擊破之。

781 犂汗 烏孫傳，常惠護烏孫兵，獲名王、犂汗云云。

782 須無 功臣表，陸量侯，詔以爲列諸侯，自置吏令長，受令長沙王。不書功績。

783 楊敷 功臣表，赤泉侯喜之子，文十二年嗣，謚定。

784 劉蟜 王子侯表，東原節侯劉蟜嗣。

785 羅紨 昌邑王傳，執金吾嚴延年女羅紨爲王妻。後有罪，王莽復殺之。

786 淳于酺 淳于長傳，還長母及子酺于長安。

丁孚 宣紀注引，丁孚，漢官云。

〔一〕「爲」，山西書局本作「能」，據漢書改。

〔三〕此條「烏就屠」，山西書局本均作「烏龍屠」，據漢書改。

卷一百六十四 西漢書姓名韻（一） 平聲 五模

七三

卷一百六十五　西漢書姓名韻（二）

平聲

六皆

787 戚鰓

功臣表，臨轅堅侯，初從爲郎，以都尉守蘄城，以中尉侯，[一]五百戶。高紀，秦三年七月，沛公至丹水，高武侯鰓降。晉灼曰：「卽戚鰓。」師古曰：「戚鰓初從卽爲郎，非至丹水乃降。」此自一人耳，不知姓。

788 高武侯鰓

見上。

789 陳開

功臣表，紀信匡侯之子，高后三年嗣，謚夷。

790 劉開

王子侯表，湖鄉侯劉開，元始元年以東平思王孫封，八年免。

791 秦開

匈奴傳，燕有賢將秦開，爲質於胡，胡甚信之。歸而襲破東胡。其孫卽秦舞陽。[三]

792 合傅猜

功臣表，貰齊侯胡害玄孫，元朔五年嗣，元鼎元年坐殺人棄市。

793 丙猜

功臣表高宛制侯，初以客從入漢，定三秦，以中尉破項籍，侯，千六百五戶，比斥丘侯。公卿表，高五年，[三]中尉丙猜。

794 許猜

功臣表，嚴敬侯，以楚將漢二年降，從起臨濟，以郎中擊羽、豨，侯，六百戶。

[一]「中尉」，山西書局本作「都尉」，據漢書改。
[二]「舞」，山西書局本作「武」，據漢書改。
[三]「五」，山西書局本作「三」，據漢書改。

795 呂 台　呂后兄澤之子。〈外戚恩澤表〉，先嗣爲周呂侯，高九年更爲郦，[二]高后元年爲呂王，二年死，諡肅。又見〈外戚傳〉。

796 陳 鍇　功臣表，桌祖侯，桌祖七年爲將擊代陳豨有功，侯，六百戶。

797 楊 皆　王温舒傳，爲中尉、所用猜禍吏，河内楊皆。

798 徐 來　衡山王賜傳，姬徐來生子男女四人。后乘舒死，立徐來爲后。與厥姬相妒，厥姬乃惡徐來於太子，云徐來蠱殺太子母。太子心怨徐來。徐來兄至衡山，太子以刃傷之，徐來以此怨太子。

七灰

799 王 恢　武紀，閩越王攻南越，遣大行王恢將兵出豫章。又建議擊匈奴。爲將屯將軍。〈公卿表，建元五年爲大行令。食貨志，及王恢謀馬邑，匈奴絕和親。詳韓安國傳。〈西南夷傳，建元六年，王恢擊東粵。又見〈郢〉下。

800 王 恢　張騫傳，樓蘭、姑師小國，當空道，攻劫漢使王恢等尤甚。又見〈西域傳〉。功臣表，浩侯，以故中郎將將兵捕得車師王，侯。元封四年封，一月，坐使酒泉矯制害，當死，贖罪，免。如淳曰：「律，矯詔大害，要斬。有矯詔害，矯詔不害。」李廣利傳，故浩侯王恢使道軍。[三]傅山曰：與前大行令同名。

[一]「郦」，山西書局本作「郦」，據漢書改。

[二]「道」，山西書局本作「送」，據漢書改。

801 陳恢 高紀，南陽守齮保宛城，沛公圍之三匝。守欲自到，其舍人陳恢踰城見沛公，說之，引兵去宛，約降。封陳恢千戶。

802 劉恢 高紀，十一年，彭越反，詔擇可以為梁王者。綰、何等請立子恢為梁王。諸侯王表，高后七年徙趙，自殺，亡後。高后七年六月，趙王恢自殺。此即梁王也。趙共王傳，太后以呂產女為王后，王后從官皆諸呂，王不得自恣。有愛姬，后鴆殺之。王乃為歌詩四章，自殺。太后以為用婦人故自殺，廢其嗣。諸侯王表，高后七年徙趙，紀中不載。

803 劉恢 諸侯王表，城陽王，甘露三年嗣，謚戴。傅山曰：與前梁王、城陽同名。

804 劉恢 王子侯表，安道侯恢，中山靖王子，元朔五年封，酎金免。傅山曰：與前梁王、城陽、安道同名。

805 劉恢 王子侯表，宜鄉侯恢，元始元年以東平思王孫封，八年免。傅山曰：與前梁王、城陽、安道、宜鄉同名。

806 劉恢 王子侯表，堂鄉哀侯恢，膠東共王子，綏和元年封。傅山曰：與前梁王、城陽、安道、宜鄉同名。

807 劉恢 王子侯表，宜禾侯恢嗣，免。傅山曰：與前梁王、城陽、安道、宜鄉、堂鄉同名。

〔一〕山西書局本「王」下衍一「后」字，據漢書刪。
〔二〕「五」，山西書局本作「二」，據漢書改。
〔三〕「元」，山西書局本作「二」，據漢書改。

卷一百六十五　西漢書姓名韻（二）　平聲　七灰

七七

808 劉恢：王子侯表，陶鄉侯恢，東平煬王子，元始元年封，八年免。傅山曰：與前梁王、城陽、安道、宜鄉、堂鄉、宜禾同名。

809 趙恢：公卿表，平元始元年，右輔都尉趙恢君向爲右扶風，一年免。

810 趙恢：翟義傳，莽以城門校尉趙恢爲城門將軍。傅山曰：與右輔都尉同名。

811 尹恢：功臣表，城父嚴侯，初以謁者從入漢，以將軍擊定諸侯，以右丞相備守淮陽，功比厭次侯，頃侯諸莊，二千戶。

812 楊恢：功臣表，赤泉侯喜之六代孫代。

813 許恢：功臣表，嚴敬侯猜之子，景二年嗣。

814 梁城恢：天文志，孝昭始元中，從宦者梁成恢見蓬星出西方天市東門，行過河鼓，入營室中。

815 張恢：鼂錯傳，學申商刑名於軹張恢生所。注云：姓張名恢。

816 何恢：何並傳，並疾病，召丞掾作先令書，[二]曰：「告子恢，吾生素餐日久，當得法賕，勿受。」恢如父言。

817 翟恢：翟義傳，莽擢恢爲關都尉。建武中以並孫爲郎。

818 索盧恢：恢以宛大縣，恐篡，白義可因隨後行縣送鄧城，莽傳，無鹽索盧恢等舉兵反城，廉丹、王匡攻拔之。部掾夏恢等收縛劉立。

819 徐自爲：武紀，元鼎六年，郎中令徐自爲征西羌，平之。太初三年，光祿勳徐自爲築五原塞外列城，西北至盧朐。又見匈奴傳。王溫舒傳，光祿勳徐自爲曰：「悲夫！古有三族，而王溫舒至同時而五族！」

〔二〕「掾」，山西書局本作「椽」，據漢書改。

820 劉自爲　王子侯表，柳于侯劉自爲嗣，無年。

821 劉自爲　王子侯表，沈陽侯劉自爲，河間獻王子，不得封年。傅山曰：與柳于同名。

822 劉自爲　功臣表，桃安侯襄之曾孫，元朔二年嗣，元鼎五年酎金免。

823 安歸　傅介子傳，樓蘭王，介子刺殺之。西域傳作嘗歸。

824 李歸　陳勝傳，田臧使諸將李歸等守滎陽城，章邯破，死之。

825 尹翁歸　本傳，字子況，[二]河東平陽人也。爲政雖任刑，其在公卿之間，清潔自守，然溫良謙退，不以行能驕人。

826 吳回　異姓諸侯王表。吳芮傳，嗣臣爲長沙王，諡哀。

827 劉回　王子侯表，陰平釐侯回，楚孝王子，陽朔二年封。

828 劉回　王子侯表，羊石頃侯回，膠東頃王子，永光三年封。與前釐侯同名。

829 程回　功臣表，建平敬侯嘉之孫，元光三年嗣，亡後。

830 蘇回　趙廣漢傳，富人蘇回爲郎，二人劫之。有頃，廣漢將吏到家。

831 張回　游俠傳，箭張回，長生回，以茂材爲長子令。

832 班回　叙傳，王子侯表，牟平六世，釐侯威嗣。

833 劉威　王子侯表，鴻嘉二年，隴西太守劉威子然爲京兆尹，一年卒。與釐侯同名。

834 劉威　公卿表，延壽孫也。

835 韓威　本傳，延壽三子，皆爲郎吏。且死，屬其子勿爲吏，以我爲戒。皆去官不

〔二〕「況」，漢書作「兄」，師古曰：「兄讀曰況」。

836 鍾威

仕。至孫威，乃復爲吏，至將軍，亦多恩信，能拊衆，得死力。又坐奢僭誅，延壽之風類也。莽傳，校尉韓威進曰：以新室之威而吞胡虜，無異口中蚤虱云。莽以威爲將軍。

何並傳，潁川鍾元爲尚書令，〔一〕領廷尉。弟威爲羣掾，臧千金。元爲威請一等之罪云云。元懼，馳遣人呼威，威已亡雒陽，吏格殺之，持頭還。

837 廷尉圍

公卿表，高后七年，廷尉圍。不著姓。

838 王圍

藝文志，彊弩將軍射法五卷。師古曰：鬱郅人。又見趙充國傳。

839 呼遬累

宣紀，五鳳三年，〔二〕匈奴呼遬累來降。累，師古音力追反。

840 劉禪

王子侯表，臨朐安侯禪嗣。

841 劉瑋

王子侯表，就鄉節侯瑋。

842 劉推

王子侯表，泗水勤王子，永光三年封。

843 伊推

儒林傳，公羊博士伊推等與穀梁學並論。

844 陳悝

功臣表，曲逆侯平之孫，孝文五年嗣，諡簡。

845 劉睢

功臣表，射陽侯纏之子，文十三年嗣，諡共。

846 呂青眉

功臣表，中水侯馬童之孫，有罪，不得代。

847 渠復絫

功臣表，昆侯，以屬國大首渠擊匈奴侯，〔三〕元鼎五年封。

〔一〕「潁」，山西書局本作「穎」，據漢書改。

〔二〕「三」，山西書局本作「二」，據漢書改。

〔三〕「大」，山西書局本作「天」，據漢書改。

848 黃錘 郊祀志，武帝使黃錘史寬舒受少君之方。

849 子韋 藝文志，陰陽家宋司星子韋三篇。[一]

850 調雖 霍去病傳，封大當戶調雖為常樂侯。功臣表，常樂侯稠雎，以匈奴大當戶與渾邪王降侯，五百七十戶。師古曰：表作稠雎，當有誤者。傅山曰：胡名無正經，皆可也。

851 高暉 兩龔傳，使者為門人高暉等言，朝廷虛心云云。勝謂暉等曰，吾受漢家厚恩云云。

852 王煇 翟義傳，莽以常鄉侯王煇為車騎將軍屯平樂館。[三]

853 圭 貨殖傳，周人。人棄我取，人取我予。

854 僕雷 功臣表，歸義侯僕多子雷，後以屬國都尉擊匈奴，封煇渠。匈奴傳，軍長史與決雎都尉煇渠侯僕謀執貳師。[三]晉灼曰：本匈奴官名也。

855 隗囂 崔駰莽傳，成紀隗崖兄弟共劫大尹李育，以兄子隗囂為大將軍。

856 陳鞏 莽傳，三虎有陳鞏，保京師倉。總見郭欽下。

857 李微 史丹傳，若乃器人於絲竹鼓鼙之間，則是陳惠、李微高於匡衡，[四]可相國也。傅山曰：此正韻收入「支」，未妥，聊復寄此備檢。

[一]「一」，據漢書改。
[二]此條「煇」，中華書局標點本漢書作「惲」。
[三]山西書局本「都」字上衍一「都」字，據漢書刪。
[四]「於」，山西書局本作「才」，據漢書改。

八眞

858 宣帝名詢

859 哀帝名欣[二]　定陶共王康之子。

860 皇欣　高紀，秦三年，沛公與魏將皇欣軍合，攻秦軍。

861 司馬欣　異姓諸侯王表，故秦長史，楚立爲塞王，都櫟陽，後降漢，屬漢，爲渭南、河上郡。

862 長史欣　高紀，漢破楚軍汜水上，司馬曹咎、長史欣皆自剄汜水上也。籍傳，獨與章邯、長史欣等入秦，阬秦軍二十餘萬。

863 武臣　高紀，秦二世元年，陳涉遣武臣等略趙地。八月，武臣自立爲趙王。二年十一月，爲其將李良所殺。

864 吳臣　異姓諸侯王表，嗣芮爲長沙王，謚成。又見芮傳，芮子成王臣嗣。

865 徵臣　景十三王江都王建傳，女弟徵臣爲蓋侯子婦，以易王喪來歸，建與姦，後數使使至長安，迎徵臣。

866 謁臣　平帝紀。中山衛姬傳，賜帝妹謁臣號修義君。

867 呂臣　陽信侯呂青之子。沛公與羽攻陳留，聞梁死，乃與將軍呂臣引兵而東，徙懷王部彭城。呂臣軍彭城東。孝惠四年嗣，謚頃。高紀。功臣表。

868 呂臣　陳勝傳，勝故涓人呂臣爲蒼頭軍，起新陽，攻陳下之，殺莊賈，復以陳爲楚。秦復攻

[二]「哀」，山西書局本作「平」，據漢書改。

869 呂臣　陳，下之。呂臣走，與番盜英布合攻秦。功臣表，寧陵夷侯，以舍人從起留，以郎入漢，破曹咎成皋，爲都尉擊豨，功侯，千戶。名姓同陽信侯。

870 公孫臣　文紀，十五年，公孫臣明服色。文穎曰：魯人也。郊祀志，魯人公孫臣上書言，當從土德，應黃龍見，宜改正朔，色上黃。時張蒼以河決金堤爲從水德之應。年始冬十月，色外黑內赤，與德應，公孫臣以爲非是。明年，黃龍見，文帝拜公孫臣爲博士，申明土德。

871 市臣　功臣表，杜衍侯翳之孫，文五年嗣，諡孝。

872 杜得臣　功臣表，棘陽嚴侯，以卒從起湖陵，入漢，以郎將迎左丞相軍擊羽，侯，二千戶。

873 曼丘臣　漢王信傳，漢七年，韓王信亡走匈奴，與其將曼丘臣立趙後趙利爲王，收信散兵距漢。又樊噲傳。

874 朱買臣　食貨志，嚴助、朱買臣招徠東甌，事兩越，江淮之間蕭然煩廢。藝文志，朱買臣賦三篇。傳曰，吳人也，字翁子。張湯行丞相事，買臣爲長史。湯陵折之，買臣坐牀上弗爲禮，常欲死之。後告湯陰事，湯自殺，上亦誅買臣。

875 召信臣　循吏傳，字翁卿，九江壽春人，以明經甲科補穀陽長，遷上蔡長，超爲零陵太守，徵爲諫議大夫，又遷南陽太守。好爲民興利，出入阡陌，止舍離鄉亭，[二]行視郡中水泉，開通溝瀆，起水門提閼凡數十處，增田至三萬頃，號爲召父也。

〔二〕「止」，山西書局本作「上」，據漢書改。

876 韓臣莽傳，李松遺偏將軍韓臣等徑西至新豐，與莽波水將軍戰，波水走。

877 汝臣莽傳，假號稱漢將者，有槐里汝臣。

878 魏臣南粵傳，使安國少季諭王及太后入朝，勇士魏臣等輔其決。

879 甯君高紀，秦二年正月，東陽甯君立景駒為楚王。

880 鄭君本傳，當時父也。嘗事項籍，籍死屬漢。高祖令故項籍臣名籍，鄭君獨不奉詔。詔盡拜名籍者為大夫，而逐鄭君。

881 政君元后傳，王禁次女，即孝元后也。

882 平君許后傳，許皇后字。互見「后」下。

883 文君司馬相如傳，即卓王孫女，奔相如。

884 宜君律曆志，選治歷者酒泉候宜君。師古曰：宜君，候之名也。候，官號。〔二〕

885 神君郊祀志，是時上求神君之上林中蹏氏館。神君者，長陵女子，以乳死，見神於先后宛若。

886 成君霍光傳，顯愛小女成君，欲貴之，內成君，代許后為后者。霍后字成君。

887 貞君史良姊傳，家本魯國，有母貞君，養視皇曾孫。

888 明君陳湯傳，王商按湯所犯，有湯為王莽上書，母明君共養皇太后，尤勞苦，宜封竟為新都侯。師古曰：莽傳言母渠，今言君。

889 細君東方朔傳。

〔二〕此條「候」字，山西書局本作「侯」，據漢書改。

890 細君 烏孫傳，漢元封中，遣江都王建女細君爲公主，以妻烏孫昆莫，以爲右夫人。歌曰：「吾家嫁我兮天一方」云云。昆莫老，欲使其孫岑陬尚公主。公主不聽，上書言狀，詔從其國俗，岑陬遂妻之。

891 廣恩君 元后傳，元后姊君俠號，莽白尊之。

892 廣惠君 元后傳，元后妹君力號。

893 廣施君 元后傳，元后姊君弟號。

894 修成君 武帝太后有愛女，曰修成君，嫁金氏時所生。又外戚傳，號太后所爲金氏生女爲修成君。

895 傅幼君 外戚傅太后傳，[二]傅太后父同產弟四人，四曰幼君。

896 修義君 元后傳，元后姊君俠號，即謁臣。莽傳，更以三君爲任

897 承禮君 中山衞姬傳，平帝妹哉皮號。

898 尊德君 中山衞姬傳，平帝妹鬲子號。

899 當陽君 項羽傳，羽既殺冠軍，乃遣當陽君救鉅鹿，後擊函谷關，羽得入。

900 廣武君 藝文志兵家廣武君一篇。

901 平原君 平原君亦往祠宛若，其後子孫以貴顯。外戚王皇后傳。

902 李少君 郊祀志，李少君者，故深澤侯人，主方。匿其年及所生長，常自謂七十，能使物，卻

[二]「傅」，山西書局本誤作「傳」，據文意改。

903 博平君　史皇孫王夫人傳，宣帝外祖母王媼號，互見「媼」下。霍光傳，山謀令太后爲博平君置酒，召平恩侯以下，使范明友、鄧廣漢引斬之。

老。[二]資好方，巧發奇中云云。久之病死，天子以爲化去不死也。

904 郭昭君　廣陵王胥傳，使所幸八子郭昭君、家人子趙左君等鼓瑟歌舞。

905 趙左君　見上。

906 昌成君　許后傳，霍光以后父廣漢刑人不宜君國，歲餘乃封昌成君。

907 衛長君　衛皇后傳，召其兄衛長君侍中。

908 王飛君　元后傳，解光劾王根山陵未成，公聘取掖庭女樂五官殷嚴、[三]王飛君等。

909 昭平君　東方朔傳，隆慮公主子昭平君尚帝女夷安公主，隆慮主病困，以金百斤錢千萬爲昭平君預贖死罪，昭平君日驕。

910 竇長君　季布傳，曹丘生與竇長君善，布寄書諫絕之。周亞夫傳，竇太后曰：竇長君在時，竟不得封，死後乃封其子彭祖。又外戚傳。

911 餘樊君　項籍傳，梁使別將餘樊君與章邯戰，死。

912 倉海君　張良傳，良常學禮淮陽，東見倉海君，得力士，爲椎重百二十金。

913 梁石君　蒯通傳，齊處士東郭先生、梁石君入深山隱居，通諫之曹參，皆爲上賓。

914 李游君　張廷壽傳，放知男子李游君欲獻女，使樂府音監強求不得。

――――

[二] 「卻」，山西書局本作「郊」，據漢書改。

[三] 「殷」，山西書局本作「殿」，據漢書改。

915 左阿君 陳遵傳，陳崇劾遵過寡婦左阿君。又見氏韻。

916 功顯君 莽母號。莽傳，賜公太夫人號曰功顯君。功顯君死，莽意不在哀，令太后詔議其服。

917 涿郡昭君 莽傳，日與方士涿郡昭君於後宮考驗方術，[二]縱淫樂。

918 且蘭君 西南夷傳，且蘭君反殺漢使者及犍爲太守。又見「蘭」下。

919 周殷 高紀，漢五年，遣人誘楚大司馬周殷。周殷畔楚，以舒屠六。

920 馮殷 宣紀，長安男子馮殷與霍雲謀爲大逆，誅。

921 劉殷 諸侯王表，永始三年，膠東王殷嗣。

922 劉殷 景十三王傳，授之子，膠東王殷。莽篡貶爲公，廢。

923 劉殷 莽傳，劉快起兵。快兒劉殷，故漢膠東王，時改爲扶崇公。快舉兵攻卽墨，殷閉城門，自係獄。莽赦殷云云。其滿殷國萬戶，地方百里。

924 劉殷 王子侯表，旁光侯殷，河間獻王子，元朔三年封。元鼎元年，坐貸子錢不占租，取息過律，免。名同旁光。

925 劉殷 王子侯表，利昌刺侯殷嗣。無年。名同。

926 劉殷 王子侯表，參封侯殷嗣，免。

927 劉殷 王子侯表，李鄉侯殷，楚思王子，元始五年封，免。

928 尹殷 功臣表，城父侯恢之六世孫，元康四年新豐簪褭詔復家。[三]

[一] 「宮」，山西書局本脫，據漢書補。
[二] 「裏」，山西書局本作「臬」，據漢書改。

929 張　殷　功臣表，東陽侯相如之子，文十六年嗣，諡共。

930 謝　殷　外戚恩澤表，章鄉侯，以中郎將王惲同功侯，元始五年封。

931 趙　殷　匡衡傳，衡謂所親吏趙殷云云。互見賓韻陸賜下。

932 奉常殷　公卿表，景三年，奉常殷。無姓。

933 廷尉殷　公卿表，建元六年，廷尉殷。無姓。

934 大農令殷　公卿表，建元六年，大農令殷。

935 宣夫人　高后紀，七年，詔曰：武哀侯、宣夫人，高皇帝兄姊也。尊武哀侯曰武哀王，宣夫人曰昭哀君。

936 曹夫人　高五王傳，高帝曹夫人生齊王肥。

937 戚夫人　高五王傳，生趙王如意。

938 唐山夫人　禮樂志，房中樂詞，唐山夫人所作也。

939 昭靈夫人　高紀，漢五年，尊先媼曰昭靈夫人。高后紀，七年尊爲昭靈后。服虔曰：高帝姬也。

940 華容夫人　燕王旦傳，燕王旦之夫人。王旦歌，夫人起舞曰：「髮紛紛兮寘渠，骨籍籍兮亡居。[二] 徘徊兩渠間兮，君子獨安居！」母求死子兮，妻求夫死。

941 愼夫人　文紀贊，文帝所幸，衣不曳地。爰盎傳，上幸上林，愼夫人從。盎引郤愼夫人坐，愼夫人怒，文帝所幸，衣不曳地。爰盎傳，上幸上林，愼夫人從。盎引郤愼夫人坐，愼夫人怒，不肯坐。上亦怒，起，入禁中。盎因前說曰「獨不見人豕乎」。上說，語愼夫人。愼夫人賜盎金五十斤。見張釋之傳。又外戚傳，文帝幸邯鄲愼夫人，無子。

〔一〕「骨籍籍兮」，山西書局本作「四」，據漢書改。

942 丁夫人 郊祀志，太初元年，丁夫人及虞初等以方祠詛匈奴、大宛焉。應劭曰：「丁夫人，其先丁復，本越人，封陽都侯。夫人其後，以詛軍爲功。」韋昭：「丁，姓。夫人，名。」

943 鉤戈夫人 外戚傳，昭帝母，姓趙，是爲拳夫人。

944 中山李夫人 衛皇后傳，中山李夫人早卒。本傳，帝爲作賦。生一男，[二]是爲昌邑哀王。廣利女弟有寵於上，產昌邑哀王。

945 史皇孫夫人 名翁須，宣帝母也，追尊曰悼后。戾太子傳。

946 賈夫人 景十三王傳，賈夫人生趙敬肅王彭祖、中山靖王勝。郱郅都傳中賈姬。

947 王夫人 景十三王傳，王夫人生廣川惠王越、膠東康王寄、清河哀王乘、常山憲王舜。

948 衛夫人 衛青傳，王夫人方幸，青以寧乘計，用五百金爲王夫人親壽。

949 王夫人 武六王傳，生齊王閎。[三]

950 王夫人 衛皇后傳，趙王夫人早卒。

951 傅夫人 趙后傳，解光奏，男子忠發長陵傅夫人冢事。

952 楊夫人 楊敞傳，敞夫人從東廂謂敞曰：大將軍議已定，君侯不疾應，先事誅矣。

〔二〕「二」，山西書局本作「三」，據漢書改。
〔三〕「閎」，山西書局本作「閔」，據漢書改。

卷一百六十五 西漢書姓名韻（二） 平聲 八眞

八九

953 管夫人 外戚傳，薄姬少時與管夫人、[二]趙子相愛，約先貴無相忘。

954 馮夫人 烏孫傳，楚主侍者馮嫽，[三]號馮夫人。

955 范夫人 匈奴傳，漢軍乘勝追北，至范夫人城。應劭曰：本漢將築此城。將亡，其妻率餘衆保完之，因以爲名。張晏曰：范氏，能詛胡者。

956 丁外人 燕王旦賂遺長公主幸人丁外人。昭紀。胡建傳，蓋主私夫丁外人，驕恣，怨故京兆尹樊福，使客射殺之。又霍光傳。上官后傳，鄂邑蓋長公主私近子客河間丁外人。上與大將軍聞之，不絶主驩，有詔外人侍長主。上官安與丁外人善，說外人言之長主，[三]內其女爲婕妤。

957 劉外人 王子侯表，甘露二年，[四]山原孝侯劉外人嗣。

958 劉外人 王子侯表，乘丘侯劉外人嗣。無年。元康四年，坐爲子時與後母亂，免。同上山侯名。

959 劉魯人 諸侯王表，長沙繆王劉魯人嗣。景十三王傳云莽時絶，則不應有謚。

960 劉楚人 王子侯表，元狩三年，平望原侯劉楚人嗣。

961 劉它人 王子侯表，都梁侯六世它人嗣，莽篡絶。公卿表，永始三年，朔方太守劉它人爲宗正，

962 盧它人 縮傳，孝景時，縮孫它人以東胡王降，封爲惡谷侯，傳至曾孫，有罪除。當卽都梁侯。

[一] [薄]，山西書局本作「戚」，據漢書改。
[二] [主]，山西書局本作「王」，據漢書改。
[三] [主]，山西書局本作「女」，據漢書改。
[四] [二]，山西書局本作「三」，據漢書改。

963 昭涉它人 功臣表，平州侯掉尾之孫，文五年嗣，〔一〕謚懷。
964 樊市人 功臣表，舞陽噲子，孝文元年紹封，謚荒。
965 齊市人 功臣表，平定侯受之子，文二年嗣，謚齊。
966 任越人 功臣表，廣阿侯敖之曾孫，建元五年嗣。元鼎二年，坐爲太常厢酒酸，免。
967 張越人 功臣表，南宮侯買之父。
968 呂越人 司馬相如傳，副司馬相如使邛、〔二〕莋、冉、駹。西南夷傳，天子令呂越人等十餘輩間出西南夷云云。
969 王郢人 功臣表，翕之子，景後元年紹封。
970 王虞人 功臣表，高陵圉侯，以騎司馬漢王元年從起廢丘，以都尉破田橫、龍且，追羽至東城，以將軍擊布，侯，九百戶。
971 許美人 成帝宮人。五行志。趙后傳，〔三〕解光奏，聞許美人皆御幸成帝，驗問知狀者，皆云許美人前在上林涿沐館御幸，〔四〕襄子。〔五〕後于客子、〔六〕王偏、臧兼聞昭儀謂成帝曰，許美人兒從何生云云。

〔一〕山西書局本作〔二〕，據漢書改。
〔二〕山西書局本作「邱」，據漢書改。
〔三〕山西書局本作「后」，據漢書改。
〔四〕山西書局本作「涿」，據漢書改。
〔五〕山西書局本作「裏」，據漢書改。
〔六〕山西書局本作「于」，據漢書改。

972 虞美人 項籍傳，虞氏常幸從。

973 梁美人 孝成許皇后傳，上疏曰：故杜陵梁美人歲時遺酒一石，肉百斤耳。蘇林曰：宣帝美人也。

974 王美人 孝成許后傳祝詛後宮有身者王美人。

975 張美人 元后傳，王章言，鳳知其小婦弟張美人已嘗適人，於禮不宜配御至尊云。

976 許貴人 趙后傳，及故長定許貴人等。互見羊子下。

977 郭舍人 東方朔傳，幸倡

978 鮮于妄人 律曆志，詔下主曆使者鮮于妄人詰問張壽王，壽王不服，妄人與治曆麻光等雜候日月晦朔弦望云。[二]奏可。

979 王嫗妄人 史皇孫王夫人傳，王嫗名妄人，家本涿郡蠡吾平鄉。

980 泉鳩里主戾太子傳，戾太子臧匿其家，常賣履以給太子，後格鬥死。

981 路人 功臣表，涅陽侯最之父，朝鮮相，降，道死，封其子。又見朝鮮傳。

982 郳人 劉澤傳，定國欲有所誅殺臣肥如令郳人，郳人等告定國，[三]定國殺郳人滅口。

983 張春 高紀，陳豨之將。漢十一年，將卒萬餘人渡河攻聊城。曹參傳，以齊相國擊陳豨將張春，破之。

[二]「麻」，山西書局本作「府」，據漢書改。

[三]「告定國」三字，山西書局本脫，據漢書補。

984 郎中春 淮南厲王傳，以其郎中春爲丞相。

985 趙春 五行志，平帝元始二年二月，朔方廣牧女子趙春病死，斂棺及六日，〔二〕出在棺外，自言見夫死父，曰：年二十七，不當死。

986 嚴春 莽傳，屬縣鯗縣嚴春等，〔三〕衆皆從，稱漢將。

987 潁川守尊 文紀，從高帝潁川守尊等。〔三〕

988 侍郎尊 律曆志，侍郎尊及與民間治曆者二十餘人。

989 劉尊 王子侯表，神爵元年，南城元侯尊嗣。

990 劉尊 王子侯表，元鳳元年，掫裴哀侯尊嗣。名同南城。

991 劉尊 王子侯表，南曲侯尊嗣，免。名同掫裴。

992 劉尊 王子侯表，新鄉煬侯尊嗣。〔四〕無年。

993 劉尊 諸侯王表，景十三王，趙懷王尊。

994 陳尊 功臣表，堂邑侯嬰之六世孫，元康四年，霸陵公士詔復家。〔五〕

995 蕭尊 功臣表，何七世孫，永始四年紹鄮，謚質。永始四年爲太常，六年薨，謚釐。

996 燕尊 功臣表，宜城侯倉之孫，竟寧元年嗣，謚釐。

〔二〕「斂」，山西書局本作「歛」，據漢書改。
〔三〕「鯗」，山西書局本作「鯗」，據漢書改。
〔三〕「潁」，山西書局本作「穎」，據漢書改。
〔四〕「新鄉」，山西書局本作「東昌」，據漢書改。
〔五〕「士」，山西書局本作「乘」，據漢書改。

997 吳尊 百官公卿表，天漢三年，[二]廷尉吳尊。

998 伍尊 丙吉傳，長安士伍尊上書，言吉選擇胡組、郭徵卿等舊德，宜復子顯爵邑。[三]

999 林尊 需林傳，字長賓，濟南人，事歐陽高，爲博士，論石渠，至少府、太子太傅。

1000 甄尊 公卿表，成建始二年，河東太守杜陵甄尊少公爲京兆尹，二年貶河南太守。陽朔元年，河南太守甄尊爲右扶風，三年遷。陽朔三年爲太僕。

1001 唐尊 功臣表，斥丘侯厲曾孫，元鼎二年嗣，酎金免。

1002 唐尊 鮑宣傳，清名之士，沛郡則曰唐尊伯高，仕王莽，莽太傅，平晏死，以予虞唐尊爲太傅，短衣小袖，牝馬柴車，出見男女不異路者，自下車，以象刑赭幡污染其衣，莽聞而說之，封爲平化侯。又公孫祿議曰：「平化侯餝虛僞以媮名位」云云。莽敗，死於漸台。

1003 王尊 杜欽傳，救解王尊罪過。

1004 王尊 本傳，字子贛，[三]涿郡高陽人。少孤，歸諸父，使牧羊澤中。竊學問，善史書，年十三，求爲獄小吏。

1005 將尊 楊惲傳，于定國考問惲罪明白，惲不服罪，而召將尊，尊欲令戒飭富平侯張延壽，曰

[一]「三」，山西書局本作「元」，據漢書改。

[二]「子」，山西書局本作「于」，據漢書改。

[三]「贛」，漢書作「贛」，師古曰：「贛音貢。」

1006 駟鈞 「太僕定有死罪，朝暮人也。惲幸輿與富平侯婚姻，今獨三人坐語，侯言『時不聞惲語』，自與太僕相觸」。尊曰「不可」。太僕，戴長樂也。

1007 孔鈞 文紀，封齊王舅駟鈞爲靖郭侯。高五王傳，齊王與其舅駟鈞謀發兵，以駟鈞爲相。外戚恩澤表，鄖侯，以齊王舅侯，文元年封。六年，坐濟北王興君反不救，免。

1008 田鈞 莽傳，宣尼後褒成子孔鈞，已前定焉。

1009 梁蚡 外戚恩澤表，武安侯，以皇太后同母弟封，景后三封。韻在軫。又見外戚傳孝景王皇后同母弟也。閩粵傳言，不足煩中國往捄。有傳。

1010 田仁 景十三王江都王建傳，為太子時，邯鄲人也。梁蚡持女獻之易王，建聞其美，私呼之，留不出。蚡宣言：「子迺與其公爭妻！」建使人殺蚡。蚡家上書告建

1011 徐仁 田權傳，田叔之少子，為司直。田仁，征和二年，爲太子舉兵，坐失縱斬。劉屈氂傳，太子軍敗，南犇覆盎城門，得出。會夜司直田仁部閉城門，坐令太子出，要斬。公卿表，膠西太守徐仁中孫少府。又見

1012 劉仁 昭紀，元鳳三年，少府徐仁坐縱反者自殺。

1013 劉仁 田宣曰：霍光傳，任宣曰：丞相車千秋女壻，數爲侯史吳言。徐仁卽丞相車千秋女壻，數爲侯史吳言。卒論大逆，仁亦棄市。使吳罪。

1014 劉仁 王子侯表，徐仁坐縱將軍意反。杜延年傳，少府徐仁除侯

1015 劉仁 王子侯表，張梁哀侯仁，梁共王子，元朔二年封。

王子侯表，封斯侯仁嗣。無年。

王子侯表，邯會衍侯仁，趙敬肅王子，元朔元年封。

王子侯表，元康元年，春陵孝侯仁嗣。

1016 劉仁 王子侯表，江陽侯仁，城陽惠王子，元鳳六年封，[二]坐役使附落免。

1017 劉仁 王子侯表，祚陽侯仁，平干頃王子，五鳳元年封，坐擅興徭賦，[三]削爵一級，[三]爲關內侯，九百一十戶。

1018 嚴仁 功臣表，武彊侯不職曾孫，元康四年長安公乘詔復家。

1019 其仁 功臣表，陽河侯石之玄孫，元封元年嗣爲埤山侯，征和三年坐咀咒要斬。

1020 溫仁 撐侯忬之子，文六年嗣，諡文。

1021 江仁 功臣表，轑陽侯喜之子，征和六年嗣。永光四年，坐使家丞上書遺印符，隨方士，免。

1022 戴仁 百官公卿表，平阿侯譚之子，永始元年嗣，爲王莽所殺，諡刺。元后傳，平阿侯仁素剛直，莽內憚之，令大臣奏就國，遣使迫之，令自殺。又匿趙昭儀親屬

1023 王仁 外戚恩澤表，征和四年，大鴻臚戴仁坐咀咒誅。

1024 周仁 百官公卿表，景元年，大中大夫周仁爲郎中令。

1025 周仁 公卿表，元始二年，大鴻臚橋仁。

1026 橋仁 本傳，任城人也，以醫見，爲人陰重不泄。儒林傳，禮小戴授梁人橋仁，字季卿，爲大鴻臚，家世傳業。

1027 汲仁 溝洫志，上使汲仁、郭昌發卒數萬人塞瓠子決河。

[一]「鳳」，山西書局本作「始」，據漢書改。

[二]「興」，山西書局本作「與」，據漢書改。

[三]「削」，山西書局本作「別」，據漢書改。

1028 汲仁

汲黯傳，黯弟，黯卒，上官仁九卿。

1029 孔仁

王莽傳，莽即眞，尤備大臣，抑奪下權，朝臣有言其過失者，輒擢拔，孔仁等故見信任。後邊兵馬盜，遣捕盜將孔仁將兵擊之。後宗姊事連孔仁妻，孔仁免冠謝，莽曰：「仁擅免天文冠，大不敬。」更易新冠。下江兵盛，遣司命大將軍孔仁部豫州。莽死，孔仁兵敗山東，將衆降亡，而拔劍自刺殺。

1030 王訢

本傳，宜春敬侯，昭帝丞相，元鳳四年封。子譚與大將軍光定策，益封，坐法削戶五百，定六百八戶。初爲被陽令，暴勝之欲斬之，後壯其言，貰不誅，薦之。征和四年，右輔都尉王訢爲右扶風，九年遷。元鳳元年爲御史大夫，四年，成帝紀，汝南太守，捕斬蘇令等，遷大司農。百官公卿表，永始四年，汝南太守嚴訢子慶爲大司農，[二]三年卒。

1031 嚴訢

外戚恩澤表，昭儀兄，成陽侯，元延二年嗣，哀帝建平元年免爲庶人，徙遼西，坐弟昭儀絕嗣。百官公卿表，綏和元年，成陽侯趙訢爲衞尉，字君偉。

1032 趙訢

1033 劉訢

功臣表，爰戚侯長年之子嗣，謚節。無年。

1034 劉訢

王子侯表，茶陵節侯嗣，長沙定子，元朔二年封。

1035 劉訢

王子侯表，都平恭侯訢嗣。

1036 劉訢

王子侯表，陵鄉侯訢，梁敬王子，建昭元年封。[三]建始二年，坐使人殺家丞，又貸穀

[一]「慶」，山西書局本作「廢」，據漢書改。

[二]「昭」，山西書局本作「始」，據漢書改。

息過律，免。

1037 劉訢　王子侯表，樂都煬侯劉訢，膠東頃王子，成帝建始二年封。

1038 劉訢　王子侯表，樂平侯訢，淮陽憲王子，陽朔二年封。病狂易免。

1039 苗訢　莽傳，遣五威將軍苗訢與王況出五原。又曰以司中壽容苗訢爲國師。莽敗，死於漸台上。

1040 利苗男訢　莽傳，以利苗男訢爲大司馬。後曰大司馬男訢左遷司命。〔一〕

1041 史皇孫　以外家姓稱之。

1042 張廣孫〔二〕　宣平侯敖之曾孫，元光三年紹封爲睢陵侯。

1043 周王孫　藝文志，易傳周氏二篇，注：字王孫。儒林傳，田何授洛陽周王孫。受古義，號周氏傳。

1044 卓王孫　司馬相如傳，臨邛富人。卓王孫家僮八百人，女文君奔相如。後相如至蜀，乃喟然而嘆，自以女得尚長卿晚。〔三〕貨殖傳曰卓氏。

1045 楊王孫　裸葬。

1046 趙王孫　游俠傳，槐里趙王孫。總見紙韻「子」下。

1047 金王孫　外戚傳，臧兒長女嫁爲金王孫婦，生一女，即王皇后也。

〔一〕「男」，中華書局標點本漢書作「苗」。

〔二〕「廣」，傅山全書初版本誤作「皇」，據山西書局本改。「孫」，中華書局標點本漢書作「國」。

〔三〕「晚」，山西書局本作「脫」，據漢書改。

1048 田王孫　儒林傳，易丁寬授同郡碭田王孫。

1049 王孫　藝文志，兵形勢家王孫十六篇。

1050 嚴長孫　昌邑王傳，嚴延年字長孫，女羅紨爲王妻。

1051 許仲孫　儒林傳，東海大豪鄭許仲孫奸滑亂，論治棄市，一郡怖栗。

1052 褚少孫　儒林傳，沛褚少孫亦事王式，爲博士，又稱爲褚生。

1053 江公孫　儒林傳，穀梁學，蔡千秋病死，徵江公孫博士。蓋瑕丘公之孫也。後稱江博士。

1054 劉文　諸侯王表，廣川惠王表，宣帝地節四年立。表有之。

1055 劉文　景十三王傳，地節四年，廣川戴王，以膠王子紹封。

1056 劉文　諸侯王表，復立去之兄文，是爲戴王。文素正直，數諫去，故立。

1057 劉文　諸侯王表，楚孝王囂薨，子懷王文嗣。[二]

1058 劉文　諸侯王表，箕願侯文，城陽荒王子，甘露四年封。

1059 劉連文　王子侯表，建陵侯連文嗣。

1060 公孫文　儒林傳，公羊春秋，琅邪王中授同郡公孫文，爲東平太傅，徒衆尤盛。

1061 令尹子文　敍傳，周文，陳賢人也，嘗爲項燕軍視日，事春申君。陳勝與將軍印，西擊秦。

1062 周文　陳勝傳，班氏，子文後。

注：即周章也。

[二] 此條「文」，中華書局標點本漢書作「芳」。

1063 李文 張湯傳，河東人李文，故常與湯有隙，已而爲御史中丞，薦數作中文事有可以傷湯者，不能爲地。湯有所愛史魯謁居，知湯弗平，使人上飛變告文姦事。事下湯，治論殺文。

1064 蘇文 武五子傳，黃門蘇文等助江充，後焚之於橫橋上。衛后傳，衛皇后自殺，黃門蘇文輿置公車令空舍。

1065 侯文 孫寶傳，寶爲京兆尹，故吏侯文以剛直不苟合云云，署爲東部督郵。互見喬韻「季」下。

1066 霍文 匈奴傳，匈奴使右賢王入酒泉、張掖，會任文擊救，盡失其所得而去。注：漢將也。

1067 任文 西域傳，漢軍正任文將兵屯玉門關，[二]爲貳師後距，詔便道引兵捕樓蘭王。去病之孫，地節三年以光功封爲冠陽侯，千八百戶。四年謀反，外戚恩澤表。又光傳，誅。

1068 劉雲 諸侯王表，鴻嘉元年，東平王雲嗣，後坐咀咒自殺，謚煬。

1069 劉雲 諸侯王表，鴻嘉二年，城陽哀王雲嗣。名同東平。

1070 劉雲 諸王侯表，校靖侯雲[三]城陽頃王子，元鼎元年封，酎金免。同名三。

1071 劉雲 王子侯表，修市侯雲嗣，免。同名四。

1072 劉雲 王子侯表，臨鄉頃侯雲，廣陽頃王子，初元五年封。[三]同名五。

─────

［二］「玉門」，山西書局本作「王」，據漢書改。
［三］「校」，漢書作「校」，師古曰：「校音效。」
［五］山西書局本作「元」，據漢書改。

1073 劉雲 王子侯表，柏鄉侯雲嗣。同名六。

1074 劉雲 王子侯表，曲鄉侯雲嗣，免。同名七。

1075 孫雲 百官公卿表，綏和二年，執金吾河內孫雲子叔，三年。

1076 孫雲 百官公卿表，元壽元年，衛尉孫雲爲少府。

1077 朱雲 陳咸薦雲，槐里令朱雲殘酷，有司舉奏。陳咸善雲，雲從咸刺候，教令上書自訟云云。蕭望之傳，勸望之自裁。韋玄成言雲暴虐無狀。後不仕，教授諸生，年七十餘終於家。有傳。

1078 衛尉雲 百官公卿表，永光元年。無姓。王嘉傳，衛尉雲等五十人以爲「嘉罪如孔光等言可許」。

1079 東門雲 儒林傳，公羊學，琅邪王中授同郡東門雲。[二]坐爲江賊拜辱命，下獄誅。

1080 戽雲 莽傳，車騎將軍千人戽雲言巴郡石牛。

1081 汝雲 莽傳，廉丹戰死，校尉汝雲等二十餘人皆曰廉公已死云云，[三]馳奔赤眉兵，皆死之。

1082 王根 成帝舅，五侯。外戚恩澤表，曲陽煬侯，河平二年以皇太后弟關內侯侯，[三]三千戶，再以大司馬益封七千七百戶，哀帝又益二千戶。公卿表，元延元年爲光祿勳，遷大司馬驃騎將軍，綏和元年更爲大司馬，賜安車免。杜業傳，奏其罪。儒林傳，奏除補房

〔一〕「同」，山西書局本作「中」，據漢書改。

〔二〕「汝雲等」，山西書局本作「等雲」，據漢書改。

〔三〕「關內侯侯」，山西書局本脫一「侯」字，據漢書補。

1083 劉根

鳳爲長史。李尋傳，見有中衰陀會之象，〔二〕以爲有洪水爲災，乃說根云云。張禹傳，根爭以平陵肥牛地予禹。傅昭儀傳，以珍寶賂遺王根，曲陽侯王根輔政，莽言罪過，根怒。孝元后傳，禁八男，七根，字稚卿，封曲陽侯。〔三〕百姓歌之曰：「五侯初起，曲陽最怒，〔三〕壞決高都，連竟外杜，土山漸台西白虎。」師古曰：「王商自擅穿帝城引水耳，曲陽無此事。」上出過曲陽第，見園中土漸台似白虎，怒。後紅陽侯立次當輔政，有罪過，上用光祿勳曲陽侯根爲大司馬驃騎將軍。元后傳，司隸解光劾奏根，遣就國。元壽元年死，國除。

定陶傅太后重賂根，爲求漢嗣云云。

莽傳，根，成帝時爲大司馬，舉莽自代，〔四〕莽恩之，追謚曰直道讓公。子涉，嗣爵。

1084 劉終根

王子侯表，栗質侯終根嗣。無年。

1085 劉終根

王子侯表，膠東頃王子，永光三年封。

1086 劉終根

王子侯表，新城節侯根，城陽荒王子，初元元年封。

1087 單終根

功臣表，中牟侯右車之孫，文十三年嗣，諡戴。

1088 鄺終根

曲周侯商玄孫，元鼎二年諡爲繆侯，後征和四年爲太常，坐上，要斬。

1089 奉常根

蘇武傳，隨武歸漢，拜爲中郎。高后七年，奉常根。不著姓公卿表，高后七年，奉常根。不著姓

〔二〕「陀」，山西書局本作「院」，據漢書改。

〔三〕「陽」，山西書局本作「煬」，據漢書改。

〔三〕「陽」，山西書局本作「煬」，據漢書改。

〔四〕「代」，山西書局本作「待」，據漢書改。

1090 游水發根 郊祀志，文成死，天子病甚，言上郡有巫鬼，而鬼下之。上召置祀之甘泉。

1091 枚根 西南夷傳，粵雟蠻夷任貴殺太守。

1092 姚恂 平紀，尚書令姚恂與建策，迎中山，爵關内侯。

1093 姚恂 莽傳，姚恂爲初睦侯，奉黄帝後。

1094 尚書令恂 太后使尚書令恂詔莽曰，奉寧始將軍。

1095 孔均 外戚恩澤表，平帝元始元年，孔子世襲成烈君霸魯孫，〔二〕奉孔子祀，侯，二千戶。本名莽，更名均也。又見孔光傳。

1096 劉均 王子侯表，平望孝侯均嗣。無年。

1097 劉均 王子侯表，松滋侯均嗣，莽絶。

1098 劉倫 平帝紀，立廣川惠王曾孫倫爲廣德王。景十三王傳曰，廣川惠王曾孫倫，以曾祖廣川惠王曾孫爲廣德王。

1099 劉過倫 王子侯表，後元年，樊輿煬侯過倫嗣。

1100 迴倫 王子侯表，霍徵史家監，與謀反者，見會陽侯績。

1101 金倫 功臣表，日磾以父不降見殺，母閼氏與弟倫俱沒入官。

1102 劉純 諸侯王表，元鼎元年嗣楚王，諡節。

1103 張純 外戚恩澤表，富平侯安世六世孫，建平元年嗣。莽建國四年爲張鄉侯，建武中爲武始

〔二〕「魯」，中華書局標點本漢書校改爲「曾」。

1104 劉侯。〔二〕張延壽傳，放子純嗣侯，恭儉自修，明習漢家制度。莽時不失爵，建武中更封富平之別鄉爲武始侯。

1105 劉諸侯王表，本始三年，眞定孝王申嗣。

1106 邗王子侯表，黃蘖侯申嗣，無後。

1107 畢申百官公卿表，建平二年，大鴻臚雲陽畢申世叔，五年徙。元壽二年作畢由。

1108 劉申王子侯表，元壽二年，〔三〕德侯勳以哀侯廣之玄孫長安公乘紹封。

1109 劉申功臣表，芒跖之孫，爲張侯，元朔六年坐尚南宮公主不敬，免。

1110 劉勳沒哀侯勳嗣。無年。

1111 劉勳皋虞釐侯勳嗣。無年。

1112 劉勳武陶節侯勳嗣。

1113 劉勳高廣節侯勳，城陽荒王子，甘露四年封。

1114 王勳廣戚煬侯勳，楚孝王子，河平三年封。又見楚孝王傳。

1115 王勳外戚恩澤表，邛成侯奉光之孫，〔三〕鴻嘉二年嗣。建平二年，坐選舉不以實，罵延史，大不敬，免。又見孝宣王皇后傳。

百官公卿表，河平元年，水衡都尉王勳。

〔一〕「中」，山西書局本作「四年」，據漢書、後漢書改。

〔二〕「三」，山西書局本作「三」，據漢書改。

〔三〕「邛」，山西書局本作「卬」，據漢書改。

1116 杜勳 外戚恩澤表,討狄侯,以前爲軍假丞手斬郅支單于首,[二]侯千戶,元始五年封。陳湯傳,軍侯假丞杜勳斬單于,後王莽秉政,封爲討狄侯。

1117 韓勳 百官公卿表,河平元年,杜陵韓勳長賓爲左馮翊,三年爲少府。鴻嘉四年,中少府韓勳爲執金吾,四年遷。師古曰:中少府,皇后官。永始二年爲少府。

1118 湋勳 百官公卿表,陽朔二年,大鴻臚勳。無姓。

1119 大鴻臚勳 翟方進傳,丞相、御史請遣掾史與司隸校尉、部刺史並力逐捕,察無狀者,司隸校尉湋勳奏,王人微者序諸侯之上,丞相宣請遣掾史云云,甚悖逆順之理。又方進爲丞相司直,以勳爲輕謾宰相,陰察勳私過光祿勳辛慶忌,又出逢帝舅成都侯商,[三]下車立,顧過,[三]乃就車,奏勳色厲內荏云云。勳免爲昌陵令。[四]

1120 劉罷軍 百官公卿表,齊悼惠子,孝文四年封管,諡共。

1121 劉罷軍 蘭侯罷軍,代共王子,元朔三年封,更爲五原侯,坐盜賊免。

1122 劉罷軍 鄭頃侯罷軍,梁敬王子,建昭元年封。

1123 董罷軍 功臣表,成侯渫之孫,建元四年嗣爲節氏侯,諡共。

1124 王罷軍 百官公卿表,成建始元年,衛尉罷軍。

[一]「爲」,山西書局本作「内」,據漢書改。
[二]「舅」,山西書局本作「舊」,據漢書改。
[三]「顧」,山西書局本作「須」,據漢書改。
[四]「昌」,山西書局本作「長」,據漢書改。

1125 蒲將軍　項籍傳，項梁度淮，蒲將軍以兵屬焉。服虔曰：即英布。如淳曰：史記當陽君、蒲將軍皆屬羽，此自更一蒲將軍。

1126 桓將軍　濞傳，少將桓將軍曰：〔二〕吳多步兵，利險，漢多車騎，利平。願大王所過城不下，直去，疾西據洛陽武庫，食敖倉粟，阻山河之險，以令諸侯。

1127 南將軍　匈奴傳，安陵侯軍，以匈奴王降，景中三年封，建元六年薨，亡後。

1128 于將軍　功臣表，無錫侯以東粵將軍，漢兵至，棄軍降，侯，千戶，元封元年封。又見閩越傳。

1129 多軍將軍　功臣表，陳良等殺刁護，遣人與匈奴犁汙王南將軍相聞，發兵攻殺使者。軍死，年二十餘，世謂之「終童」。又見南粵傳。

1130 終軍　本傳，字子雲，濟南人，為白麟、奇木對，請纓往說南越王。越王聽許內屬，相呂嘉

1131 終軍　藝文志有終軍八篇。

1132 南將軍　

1133 劉利親　王子侯表，平的釐侯利親嗣。無年。與上平的同名。

1134 劉利親　王子侯表，劇魁孝侯利親嗣。無年。同上平的、劇魁同名。

1135 劉利親　王子侯表，參戶孝侯利親嗣。無年。

1136 劉使親　王子侯表，東襄侯使親嗣，無後。〔三〕

〔二〕「少將」，山西書局本作「少府」，據漢書改。

〔三〕此條「使」，山西書局本作「便」，據漢書改。

1137	劉封親	王子侯表，東陽哀侯封親嗣，無年。
1138	劉奉親	王子侯表，昌邑王傳，賀死，上當爲後者充國。充國死，復上弟奉親。奉親復死。
1139	劉親	王子侯表，東昌頃侯親嗣，無年。
1140	李親	元后傳，卽王禁妻。李氏任政君在身，夢月入懷，嫁荀氏，生一男參，寡居。禁在時，后令禁還李親。
1141	劉麟	王子侯表，甘露元年，廣饒侯麟嗣。
1142	劉瞵	王子侯表，五鳳元年，俞閭侯瞵嗣，亡後。
1143	劉瞵	王子侯表，箕節侯瞵嗣。名同俞閭。
1144	劉新	王子侯表，成康侯新嗣，免。
1145	張新	功臣表，安丘侯說之曾孫，景四年嗣，謚康。
1146	劉溱	王子侯表，都鄉侯溱嗣。
1147	劉珍	王子侯表，平城節侯珍嗣。
1148	劉遵	王子侯表，杏山侯遵，楚思王子，元始五年封。
1149	王遵	百官公卿表，建始四年，守京輔都尉王遵爲京兆尹，二年免。
1150	辛遵	慶忌傳，中子，函谷關都尉。
1151	金遵	日磾傳，莽復用欽弟遵，[二]封侯，列九卿位。

〔二〕「復」，山西書局本作「後」，據漢書改。

卷一百六十五　西漢書姓名韻（二）　平聲　八眞

一〇七

1152 陳遵游俠傳，字孟公，杜陵人，以捕趙朋等封嘉威侯。﹝一﹞

1153 吾丘遵莽傳，趙后傳，掖庭令，謂籍武云云。後遵病，因謂武「今我已死，前所語事，武不能獨爲也，憒語！」

1154 山遵莽傳，封山遵襃謀子，奉皋陶後。

1155 修寧男遵莽傳，大司空王邑以地震乞骸骨，遣散騎司祿大衛修寧男遵諭意。﹝二﹞

1156 張遵烏孫傳，漢遣中郎將張遵持醫藥治狂王。

1157 欒遵俞侯布之子，景中六年嗣，元狩六年坐爲太常雍犧牲不如令免。﹝三﹞

1158 孟貴公卿表，元朔三年，少府孟貴。又四年，曹參傳，圍趙皋開封城中。又擊趙貴軍尸北，破之，日內史貴。

1159 趙貴

1160 史敦郊祀志引，秦文公夢黃蛇自天下屬地，其口止于鄜衍。又見周勃傳。樊噲傳。文公問史敦，史敦曰：此上帝之徵，君其祠之。此秦人，不當引，然序郊祀之由，與前志中商周時人不同，故列之。

1161 厲溫敦匈奴傳，削爵爲關內侯，食邑千戶，謀反，以匈奴呼衆單于率衆降，侯，千五百戶，五鳳三年封。四年，坐子伊細王謀反，削爵爲關內侯。呼韓邪左大將烏厲屈與父呼遫累烏厲溫敦見匈奴亂，率衆降漢，封烏厲溫敦爲義陽侯。

1162 烏厲溫敦義陽侯，以匈奴呼遫累單于率衆降，侯，師古曰：呼遫累，其官號也。

﹝一﹞「朋」，山西書局本作「明」，據漢書改。
﹝二﹞「祿」，山西書局本作「隸」，據漢書改。
﹝三﹞「六」，山西書局本作「三」，據漢書改。

1163 劉安民　外戚恩澤表，陽城侯德之子，五鳳二年嗣，謚節。入國戶半，贖更生罪。
1164 少府神　百官公卿表，景中五年，少府神。無姓。
1165 劉眞嗣　諸侯王表，本始元年，趙懷王眞嗣。
1166 龐眞　百官公卿表，永始三年，河內太守杜陵龐眞釋孫爲左馮翊，三年遷。元延元年爲少府，綏和元年爲廷尉，二年爲長信少府。
1167 鄭子眞　王貢傳序，元舅大將軍王鳳以禮聘子眞，子眞遂不詘而終[一]。
1168 馮逡　溝洫志，清河都尉馮逡言開屯氏河。字子，[二]野王之弟，爲都尉時，言河隄方略。石顯傳，逡請問言顯專權，罷官。
1169 紀逡　鮑宣傳，清名之士，瑯邪有紀逡。逡與兩唐仕王莽，封侯貴重。莽傳封故諫議祭酒紀逡爲封德侯。
1170 范逡　楊雄贊，自序云，人皆忽之，唯劉歆及范逡敬焉。
1171 鄭賓　崇之父，明法律。見崇傳。
1172 苟賓　孝元后傳，禁適妻李氏女，以妬去，更嫁爲河內苟賓妻。
1173 趙賓　儒林傳，蜀人趙賓好小數書，後爲易，持論巧慧，易家不能難。云受孟喜，喜爲名之。[三]後賓死，莫能持其說。喜因不肯仞，以此不見信。

〔一〕「眞」，中華書局標點本漢書作「尊」。
〔二〕「字子」二字疑有誤，當爲「字子產」。
〔三〕「喜」，山西書局本作「春」，據漢書改。

1174 馮賓　儒林傳，書秦恭授魯馮賓，爲博士。

1175 唐長賓　儒林傳，東平唐長賓亦來事王式，至楚太傅，亦稱爲唐生。

1176 繡君賓　游俠傳，名聞州郡者，有馬領君賓。

1177 絳賓　烏孫傳，翁歸靡復尚楚主解憂，生二女，長女弟史爲龜茲王絳賓妻。渠犁傳，龜茲王絳賓亦愛其夫人，上書願與公主俱入朝。

1178 范昆　減宣傳，使光祿大夫范昆等衣繡衣持節，擊羣盜。

1179 堅昆　匈奴傳，郅支西破堅昆。堅昆，國名也，非人名。

1180 稽留昆　匈奴傳，烏鞮牙斯入侍，死，復遣子左於罕撣王稽留昆入侍。

1181 劉循　景十三王傳，中山懷王循。

1182 劉棻　楊雄贊，劉棻嘗從雄學奇字，雄不知情。莽傳，歆子棻以才能幸於莽。又捕得甄尋、辭連通靈將、五大夫隆威侯棻，流於幽州。

1183 王旬　莽傳，隗崔兄弟攻殺安定卒正王旬。互見「陳慶」下。

1184 王巡　匈奴傳，莽以震狄將軍王巡屯雲中葛邪塞。莽傳，震狄將軍王巡與陳欽出雲中。後更

1185 須卜居次云　始兵入城，巡戰死。匈奴傳，王莽秉政，風單于令遣昭君女須卜居次云入侍。

九寒

1186 劉安 有傳。淮南厲王長子，先封阜陵侯，後為淮南王。反，自殺。藝文志有內外五十四篇，賦八十二篇。又見嚴助傳中，上書諫伐閩越。

1187 劉安 王子侯表，齊悼惠王子，孝文四年封楊丘侯，諡共。

1188 劉安 王子侯表，廣鄉節侯安嗣。

1189 劉安 王子侯表，利鄉孝侯安，中山頃王子，甘露元年封。

1190 劉安 王子侯表，高密頃王子，建始二年封。同名五人。

1191 田安 項籍傳。田儋傳。〔二〕異姓諸侯王表。秦三年十月，故齊王建孫田安下濟北，從羽救趙，後羽分齊，立為濟北王，都博陽。故齊王建孫安為濟北王。漢興，安失國，齊謂之「王家」，因以為氏。此即田安。

1192 王安 孝元王皇后傳，項羽起，封齊王建孫安為濟北王。

1193 王安 莽子，平紀。外戚恩澤表，元始四年為列侯。又莽之子，元始四年以莽功侯，二千戶。莽傳，封安為襃新侯，後進為新舉公，建國元年以安為新嘉辟。又莽傳，以子安為新遷王。地皇二年病死。

1194 王安 外戚恩澤表，莽之子，元始四年以莽功侯。莽傳，為信遷公。病死。莽傳，封安為襃新侯，後進為新舉公，建國元年以安為新嘉辟。又莽傳，以子安為新遷王。地皇二年病死。樂昌侯王武之孫，河平四年嗣，元始三年為王莽殺。又見王商傳。王嘉

〔一〕「儋」，山西書局本作「檐」，據漢書改。

1195 王安　公卿表，元延二年爲光祿勳，數月免。

1196 程安　功臣表，歷侯黑之後，元始五年賜爵關內侯。

1197 陳安　功臣表，槀祖侯鐕之曾孫，文後五年嗣，諡節。

1198 泠安　功臣表，下相侯耳之玄孫，元康四年，長安公士詔復家。

1199 燕安　功臣表，宜城侯倉之子，元平元年嗣，諡剌。

1200 姬安　功臣表，承休侯延年之子，建昭三年嗣，諡質。

1201 莊安　藝文志，縱橫家莊安一篇。

1202 任安　霍去病傳，青日衰，青故人門下多去事去病，輒得官爵，唯任安不肯去。安，榮陽人，後爲益州刺史。即遺太史公書者。司馬遷傳，遷被刑之後，爲中書令，[二]尊寵。任安予遷書，責以古賢臣之誼。[三]劉屈氂傳，召監北軍使者任安發北軍兵，安受節已閉軍門，不肯應太子。

1203 嚴安　有傳。臨菑人，以故丞相史上書，爲騎馬令。師古曰：主天子之騎馬也。凌棟隆曰：安書一節，欲變奢爲儉，二欲變秦之窮兵以息禍，三欲變郡守之重襲遂傳，遂選中郎張安十人侍昌邑王。居數日，王皆逐去安等。

1204 張安　安公有傳，右將軍王安等劾嘉迷國罔上。

[二]「爲」，山西書局本作「惟」，據漢書改。

[三]「責」，山西書局本作「奏」，據漢書改。

1205 上官安 外戚恩澤表，桑樂侯，始元五年，[二]以皇后父車騎將軍封，千五百戶。反，誅。

1206 司馬安 公卿表，元狩五年，[三]中尉司馬安。汲黯傳黯姊子司馬安文深巧善宦，四至九卿，昆弟同時至二千石十人。周陽由傳，司馬安。無姓。當卽司馬安。五年，曰司馬安矣。

1207 廷尉安 百官公卿表，元狩三年，廷尉安。

1208 中尉安 衡山王賜傳，遣中尉安、大行息卽問王。

1209 長史安 衞青傳，蘇建敗歸，青問其罪正閎、長史安、議郎周等，請斬之，閎、安曰不然云云，青卒不斬建也。

1210 張長安 儒林傳，山陽張長安幼君先事王式，論石渠，至淮陽中尉。又稱張生。

1211 劉寬 諸侯王表，天漢四年，濟北王寬嗣。昭帝初，有罪自殺。濟北王勃傳，寬坐與父式王后光、姬孝兒奸，自到死。

1212 劉寬 諸侯王表，建始二年，高密懷王寬嗣。

1213 劉寬 王子侯表，葛魁節侯劉寬，菑川懿王子，元朔元年封。

1214 劉寬 王子侯表，漳北侯寬，趙敬肅王子，不得封年。元鳳三年爲奴所殺。

1215 劉寬 王子侯表，驪丘敬侯寬，城陽共王子，元朔二年封。

1216 劉寬 王子侯表，東襄愛侯寬，廣川繆王子，本始元年封。同名六。

[二]「五」，山西書局本作「三」，據漢書改。

[三]「五」，山西書局本作「元」，據漢書改。

1217 傅寬　功臣表，陽陵景侯，以舍人從起橫陽，至霸上，爲騎將入漢，定三秦，屬淮陰，定齊，爲齊丞相，侯，二千六百戶。位次曰忠武侯，與史記異。

1218 韋寬　外戚恩澤表，扶陽侯賢之孫，建昭三年嗣，諡頃。玄成傳，子頃侯寬嗣，薨。

1219 公子寬　外戚恩澤表，褒魯侯，以周公世魯頃公玄孫之玄孫奉周祀侯，二千戶，元始元年封。

1220 夏侯寬　禮樂志，周有居中樂，秦名曰壽人。孝惠二年，使樂府令夏侯寬備其簫管，更名曰安世樂。

1221 兒寬　有傳。藝文志有兒寬賦二篇。傳，千乘人，治尚書，事歐陽生，爲張湯廷尉卒史，以不習事除從史。廷尉有疑奏，再見郤，寬爲言其意，掾史因使寬爲奏上之，得可。上問湯曰：「前奏非俗吏所及，誰爲之？」湯言寬。及湯爲御史大夫，以寬爲掾，舉侍御史。上問尚書一篇，擢爲中大夫，遷左內史。將封禪，拜御史大夫。又與司馬遷共定太初曆。傳曰，寬以稱意任職，久無所匡諫。又見太韻「褚」「大」下。藝文志，易傳，丁氏八篇。注：名寬，梁人也，字子襄。

1222 丁寬　傳。寬爲梁項生從者，讀易精敏，才過項生，遂事田何。學成東歸，何曰：「易以東矣。」景帝時，寬爲梁孝王將軍距吳楚，號丁將軍，作易說三萬言，訓故舉大誼而已。儒林傳，田何授丁寬。有

1223 桓寬　藝文志，桓寬鹽鐵論六十篇。公孫賀等贊曰：汝南桓寬，字次公，治公羊春秋，舉爲郎，至廬江太守，推衍鹽鐵之議，今其論行。

1224 夏寬　儒林傳，詩，申公弟子夏寬官城陽內史。

1225 呂寬　莽子宇婦兄。樓護傳，呂寬亡，過護，護以獻莽。莽傳，宇使寬夜持血洒莽第門。

1226 劉端 諸侯王表，景帝子，三年立爲膠西王，謚于。景十三王傳，膠西王端，爲人賊戾，又陰痿，一近婦人，病數月。有幸郎亂後宮，端禽滅之，殺傷二千石甚衆。與膠西同名。

1227 劉端 淮南王安傳，庸侯端嗣，永光二年坐強姦人妻，會赦，免。無子。國除。

1228 夏蘭 王子侯表，端議安罪。

1229 茅蘭 食貨志，直指夏蘭之屬始出。

1230 周蘭 梁孝王傳，王上書請朝，〔二〕茅蘭說王，使乘布車，從兩騎入，匿於長公主園。既至關，茅蘭，梁大夫也。

1231 田蘭 曹參傳，斬龍且，虞亞將周蘭，定齊郡。又見灌嬰傳。

1232 且蘭 貨殖傳，關中富商。

1233 孫單 西南夷傳，上使馳義侯發南夷兵，且蘭君恐遠行，乃與其衆反，殺使者及犍爲太守。後郭呂、衞廣行誅隔塡道者且蘭，斬首數萬。

1234 於單 銒侯，父卬以北地都尉匈奴入力戰死事，子侯。景前三年，坐謀反，誅。匈奴傳，伊穉斜單于攻軍臣太子於單，於單亡降漢，漢封爲陟安侯。

1235 邯鄲 功臣表，涉安侯，以單于太子降侯，元朔三年侯。亡後。互見眞韻「臣」下。涉、陟必有一誤。

1236 王曼 功臣表，翕侯，以匈奴王降，侯，景中三年封，元光四年坐行來不請長信免。〔三〕孝元王皇后傳，禁八男，次曼，字元卿，早卒。即莽之父，追封爲新都哀侯。

〔一〕「關」，山西書局本作「闕」，據漢書改。
〔二〕
〔三〕「四」，山西書局本作「六」，據漢書改。

1237 頭曼　匈奴傳，單于頭曼不勝秦，北徙。後爲其子冒頓射殺之。

1238 左馮翊官　百官公卿表，地節三年，左馮翊官。無姓。

1239 衞侯官　藝文志，陰陽家，衞侯官十二篇。注：近世，不知作者。傅山曰：不知此是書名是人名。

1240 項冠　灌嬰傳，擊羽將項冠於魯下，破之。

1241 雍桓　功臣表，汁防侯崗之曾孫。表云，終侯嗣。不得年。元鼎五年酎金，免。

1242 林常　功臣表，平棘侯摯之曾孫，元康四年項圍大夫詔復家。

1243 合歡　東平王雲傳，使巫傅恭、婢合歡等祠祭咀咒。

1244 尹潘　樊噲傳，破得綦母卬、尹潘軍於無終、廣昌。

1245 雕渠難　匈奴傳，皇帝敬問匈奴大單于無恙，使當戶且渠雕渠難遺朕馬二匹云云。

十刪

1246 霍山　去病孫。外戚恩澤表，地節二年以從祖祖父大將軍光功封樂平侯，〔二〕三千戶，四年謀反，誅。又光傳。

1247 劉山　王子侯表，棗原侯山，城陽荒王子，甘露四年封。

〔二〕，山西書局本作「元」，據漢書改。

1248 劉方山　王子侯表，容丘戴侯方山，魯安王子，[二]元始五年封。

1249 合傅方山　功臣表，貫齊侯胡害之子，高后八年嗣，諡共。

1250 韋方山　韋賢傳，長子，爲高寢令，早終。杜欽傳。方山之子安世。

1251 薛方山　功臣表，廣平侯歐之子，高后元年嗣，諡靖。

1252 翟方山　功臣表，衍簡侯盱之子，高后四年嗣，是爲祗侯。

1253 衞方山　功臣表，義陽侯，以北地都尉從驃騎擊匈奴得王，侯，千一百戶。太始四年，坐教人誣告衆利侯當時棄市罪，獄未斷，病死。

1254 衞山　朝鮮傳，使衞山因兵威往諭右渠。右渠遣太子入謝，及度浿水，太子有疑，引歸。山報，天子誅山。傅山曰：此與前義陽自是兩人。

1255 賈山　藝文志有賈山八篇。傅山曰：「和親便。」上問湯，湯曰：「此愚儒無知。」後遣山乘鄣，月餘，匈奴斬狄山。

1256 狄山　張湯傳，博士狄山曰：「和親便。」上問湯，湯曰：「此愚儒無知。」後遣山乘鄣，月餘，匈奴斬狄山。

1257 史丹　外戚恩澤表，武陽頃侯，鴻嘉元年以帝爲太子時輔導有舊恩侯，[三]千三百戶。有傳。字君仲，魯國人。以父高任爲太子中庶子。元帝即位，爲駙馬都尉侍中，詔護太子家中山哀王薨，太子前弔。上望見太子，感念哀王，悲不自勝。太子至前，不哀。上大

[一]「安」，山西書局本作「方」，據漢書改。
[二]
[三]「輔」，山西書局本作「轉」，據漢書改。

1258 師丹

恨，以責丹。丹曰，臣竊戒屬云云。事好。又見史良娣傳。公卿表，建始四年長樂衛尉丹爲右將軍，三年遷。字仲公，瑯邪東武人，[二]高樂節侯，以大司馬關內侯，[三]二千三十六戶，[三]綏和二年封，建平元年坐漏泄免，元始三年更爲義陽侯。劉輔傳，師丹上書訟輔。傳曰，有傳。哀帝爲太子時，丹爲太傅。後以議不宜立共皇帝廟京師，失上意。又治詩，事匡衡。及使吏奏書，吏私寫其草，[四]丁、傅子弟告之，竟免侯。後議改幣事，老，忘前語，復爵關內侯也。後又以朱博、趙玄言，竟免爲庶人。又儒林傳。杜欽傳，以唐林言，復爵關內侯也。按師丹行能無異，但以附從方進，得尊官。

1259 劉丹
1260 劉丹 王子侯表，安衆康侯丹，長沙定王子，元朔四年封。[五]
1261 皋丹 景十三王傳，趙敬肅王子。江充傳，趙王彭祖，太子丹，江充告廢之。
1262 邡丹 翟義傳，立東平王劉信爲天子，以中尉皋丹爲御史大夫。

儒林傳，易魯伯授瑯邪邡丹字曼容，著清名。

〔二〕「武」，山西書局本作「威」，據漢書改。
〔二〕山西書局本「內」下脫一「侯」字，據漢書補。
〔三〕「二千」，山西書局本作「三千」，據漢書改。
〔四〕「私」，山西書局本脫，據漢書補。
〔五〕「四」，山西書局本作「二」，據漢書改。

1263 王丹 元后傳，王立子丹爲中山太守。世祖起，丹降爲將軍。上閔之，封丹子泓爲武桓侯。[一]

1264 王丹 莽傳，馬適求謀舉兵，大司空士王丹發覺以聞。封丹爲輔國侯。

1265 成丹 莽傳，嚴尤、陳茂破下江兵，成丹、王常等別走，入南陽界。

1266 廉丹 莽傳，中郎將廉丹爲禦侮。後寧始將軍戴參歸故官，南城將軍廉丹爲寧始將軍。莽欲遣嚴尤與廉丹合將十餘萬人東，所過放縱。東方牧之語曰：「寧逢赤眉，不逢太師！太師尚可，更始殺我！」卒如田況之言。後王史熊擊句町，莽徵廉丹、熊欲必克乃還。地皇三年，又遺太師王匡與更始將軍廉丹合將十二徵將軍。匡與董憲戰敗走，丹止，戰死。莽賜謚曰果公。西南夷傳，莽更遣寧始將軍廉丹與庸部牧史熊合二十萬人擊益州云云。

1267 賴丹 常惠傳，惠奏請龜茲國嘗殺校尉賴丹，[三]未伏誅。渠犁傳，貳師擊大宛，還過扜彌，[四]扜彌遣太子賴丹爲質於龜茲，[五]龜茲殺之。師責之云云，即將賴丹入至京師。後昭帝用桑弘羊前議，以賴丹爲校尉將軍，田輪台。

1268 扜丹 董賢傳，冊免丁明曰：「丁吳、丁宣知伍宏及扜丹諸侯王后親，而宣除用丹爲御屬。

[一]「侯」，山西書局本作「將軍」，據漢書改。
[二]「營」，山西書局本作「常」，據漢書改。
[三]「扜」，山西書局本作「桁」，據漢書改。
[四]「扜」，山西書局本作「桁」，據漢書改。
[五]「輪」，山西書局本作「論」，據漢書改。

卷一百六十五 西漢書姓名韻（二） 平聲 十删

一一九

1269 夏侯藩　孝平王后傳，遣長樂少府夏府藩内采。[二]匈奴傳，遣中郎將夏侯藩、[三]副校尉韓容使匈奴。王根令藩說求匈奴斗入漢地，直張掖郡者。

1270 内史藩　南粵傳，書曰：「内史藩凡三輩上書謝過，皆不反」云云。

1271 夏侯蕃　勝傳，曾孫蕃郡守、州牧、長樂少府。

1272 傳幡　莽傳，西羌龐恬、傅幡等攻西海太守程永。

1273 樓煩　項羽傳，漢有善騎射曰樓煩，楚挑戰，三合樓煩輒射殺之。羽大怒，自披甲持戟挑戰，樓煩欲射，羽嗔目叱之。樓煩目不能視，手不能發，走還入壁，不敢出。

1274 田閒　項籍傳，齊相田角亡走趙。弟閒，故將，居趙不敢歸。

1275 刁閒　貨殖傳，齊人以桀黠奴，使之逐魚鹽商賈之利，得力，故曰「寧爵無刁」。

1276 稽侯狦　呼韓邪單于稽侯狦，甘露三年來朝。

1277 稽侯狦　匈奴傳，虛閭權渠之子稽侯狦不得立。

[二]「少府」，山西書局本作「衞尉」，據漢書改。

[三]「中」，山西書局本作「平」，據漢書改。

卷一百六十六　西漢書姓名韻（三）

平聲

十一先

1278 梅　銷　高紀，沛公攻胡陽，遇番君別將梅銷，與偕攻析、酈。項羽傳，番君將梅銷功多，故封十萬戶侯。

1279 張延年　昭紀，元始五年，夏陽男子張延年詣闕，自稱衛太子。雋不疑傳作成方遂。

1280 杜延年　燕王旦賂遺謁者杜延年，後又以事聞丞相，封侯。周之少子。元鳳元年封。畫麟閣。又聞之也。建平敬侯，以諫大夫告左將軍等反侯，益封二千三百六十戶。初燕王旦賂遺延年，延年後以事云。復以太僕與大將軍定策，二千戶。周傳，唯少子年行寬厚楊惲傳，楊譚語。又丙吉傳，吉薦其明於法度。又見田延年甚奇之。傳。又張敞傳曰，杜延年

1281 田延年　宣紀，大司農延年為陽城侯。[二]師古曰：田延年也。酷吏傳，字子賓，先齊諸田也。本傳，陽陵人，以定策封陽城侯。[三]後有罪，田廣明爭之，曰昌邑王事，非由子賓之

[一]「陽城侯」，山西書局本作「城陽侯」，據漢書改。
[二]「陽城侯」，山西書局本作「城陽侯」，據漢書改。
[三]「陽城侯」，山西書局本作「城陽侯」，據漢書改。

言不成。外戚恩澤侯表，以大司農與定策侯，二千四百五十三戶。本始元年封。二年，坐爲大司農盜都內錢三千萬，自殺。楊敞傳，大將軍議既定，使大司農田延年報敞，敞夫人與延年參語許諾。霍光傳。尹翁歸傳，田延年爲河東太守，自以能不及翁歸，又曰世以田延年爲知人。

1282 劉延年 言不成。外戚恩澤侯表，懷昌胡侯延年嗣。

1283 劉延年 王子侯表，元鼎四年，安陽康侯延年嗣。

1284 劉延年 王子侯表，後元年，安陽康侯延年嗣。

1285 劉延年 王子侯表，歐安侯延年，趙敬肅王子，元朔五年封，[二]酎金免。

1286 劉延年 王子侯表，祝茲侯延年，膠東康王子，元封元年封，[三]坐棄印綬出國免。

1287 劉延年 王子侯表，安定頃侯延年，安定戴侯賢之子。

1288 劉延年 王子侯表，復陽嚴侯延年嗣。無年。

1289 劉延年 王子侯表，中鄉侯延年，長沙頃王子，元康元年封。

1290 嚴延年 王子侯表，樂都侯延年嗣免。梁敬王子，建昭元年封。同名八。

1291 嚴延年 昌邑王傳，臣敞故知執金吾嚴延年字長孫，女羅紨，爲王妻。

1292 姬延年 外戚恩澤侯表，子南君嘉孫，元康元年紹封，初元五年更封爲周承休侯，位次諸侯王，諡曰考。

[二]「五」，山西書局本作「三」，據漢書改。

[三]「封」，山西書局本作「鼎」，據漢書改。

1293 解延年　百官公卿表，宣黃龍元年，廷尉解延年。
1294 解延年　百官公卿表，宣黃龍元年，廷尉授解延年。延年爲阿武令。
1295 解延年　儒林傳，貫長卿授解延年。延年爲阿武令。
1296 韓延年　功臣表，臧馬康侯，以匈奴降侯，八百七十戶，亡後。
1297 孔延年　功臣表，成安侯，父千秋以校尉擊南越死事，子侯，千三百八十戶。元鼎五年封，元封六年坐爲太常行大行令事留外國書一月，乏興，入穀贖，完爲城旦。百官公卿表合。
1298 李延年　李陵傳，管敢告匈奴曰：「獨將軍麾下及成安侯校尉各八百人爲前行，以黃與白爲幟，爲精騎射之即破矣。」成安侯，潁川人，以校尉隨陵，戰死。
1299 乘馬延年　佞幸傳，中山人，身及父母兄弟皆故倡也。善歌舞，爲新變聲，後誅。李夫人之兄也。
1300 東隴令延年　禮樂志，協律都尉李延年。光傳，武生延年，以治尚書爲武帝博士。
      湯議曰：將作大匠乘馬延年以勞苦秩中二千石。
      藝文志，東隴令延年賦七篇。
1301 延年　溝洫志，宜遣楊焉與諫大夫乘馬延年雜作。孟康曰：乘馬，姓也。陳湯傳，解萬年與湯議曰：將作大匠乘馬延年以勞苦秩中二千石。
1302 解延年　百官公卿表，地節三年，執金吾延年。無姓。
1303 解萬年　溝洫志，齊人延年上書，欲開大河上領，出之胡中，東注之海。
      將作大匠，言昌陵三年可成。成帝過聽，悔之，詔罷與將作大匠解萬年善。見成紀及陳湯傳。

1304 劉萬年 王子侯表，五鳳三年，臨樂節侯萬年嗣。

1305 劉萬年 王子侯表，柳泉煬侯萬年嗣。與臨樂同名。

1306 單萬年 功臣表，昌武侯究之七世孫，元康四年陽陵公乘詔復家。

1307 紀萬年 功臣表，襄平侯通之玄孫，元康四年長安簪褭詔復家。

1308 周萬年 功臣表，博陽侯聚曾孫，元康四年，長陵公乘詔復家。

1309 陳萬年 本傳，字幼公，沛郡相人也。賈捐之傳，捐之對，願棄珠厓。上以問丞相御史，御史大夫陳萬年以爲當擊。丙吉傳，薦萬年事後母孝，惇厚備於行止。萬年問疾，獨留昏夜乃歸，吉遂薦萬年代于定國爲御史大夫。丙吉病，萬年代于定國爲御史大夫。

1310 莎車王萬年 馮奉世傳，莎車與旁國共攻殺漢所置莎車王萬年。

1311 萬年 烏孫公主小子萬年，莎車王愛之。莎車王死，無子，萬年在漢。莎車國人欲自託於漢，又欲得烏孫心，即上書請萬年爲莎車王，許之。暴惡，後爲呼屠徵殺。又烏孫傳，翁歸靡復尚楚主，生三子，次萬年。互見解憂下。

1312 萬年 西南夷傳，牂牁太守陳立攻翁指等，都尉萬年曰：「兵久不決。」引兵獨進，敗走，趨立營，立怒，叱戲下格。萬年復還戰，立引兵殺之云云。諸侯王表，四年作元年，姊作女

1313 劉萬年 代王參傳，地節四年，[三]清河王妵同產姊，遷房陵。

[二]「四年」，中華書局標點本漢書作「中」。

1314 丁年 功臣表,宣曲侯義曾孫,元康四年,陽安公士詔復家。

1315 趙長年 功臣表,戴戚靖侯,以平陵大夫告楚王延壽反,侯,千五百三十戶,地節二年封。〔楚

王延壽傳,王延壽使趙何齊遺廣陵王書謀反,何齊父長年告之。

1316 董通年 趙充國傳,充國及長史董通年以爲辛武賢以一馬自佗三十日食之計不可行。

1317 劉賢 諸侯王表,菑川王。景三年反。

1318 劉賢 諸侯王表,元延四年以悼惠王子武成侯爲菑川王,反,誅。

1319 劉賢 諸侯王表,膠東哀王劉賢,元狩三年嗣。景十三王傳,王寄之子。

1320 劉賢 王子侯表,臨眾侯六世賢嗣,謚𠳲。

1321 劉賢 王子侯表,臨河侯賢,代共王子,元朔三年封,〔三〕更爲高俞侯,酎金免。

1322 劉賢 王子侯表,元康二年,柴敬侯賢嗣。

1323 劉賢 王子侯表,眾陵節侯賢,長沙定王子,元朔二年封。

1324 劉賢 王子侯表,神爵元年,〔三〕挾節侯賢嗣。

1325 劉賢 王子侯表,拘侯賢,城陽頃王子,元鼎元年封,酎金免。

1326 劉賢 王子侯表,陽城節侯賢,郇田子,嗣。

1327 劉賢 王子侯表,安定戾侯賢,燕王子,本始元年封。

〔一〕「三」,據漢書改。
〔二〕「元」,山西書局本作「三」,據漢書改。
〔三〕山西書局本作「三」。

1328 劉賢　王子侯表，高柴鼇侯賢嗣。

1329 劉賢　王子侯表，祁鄉節侯賢，〔二〕梁夷王子，永始二年封。同名十三。

1330 董賢　散侯金吾之孫，征和三年坐咀咒下獄死。

1331 董賢　外戚恩澤侯表，高安侯，以侍中駙馬都尉告東平王咀咒侯，千戶，益封二千戶，建平四年封。元壽二年，〔三〕坐爲大司馬不合衆心免，自殺。何武傅董賢亦薦武。毋將隆傅，上使中黃門發武庫兵，前後十輩，送董賢舍。侯幸傅，字聖卿，雲陽人也。爲人美麗自喜，代丁明爲大司馬衛將軍，時年二十二。贊曰：柔曼之傾意，非惟女德，蓋亦有男色焉。觀籍、閎、韓、鄧之徒非一，而董賢之寵尤甚。

1332 韋賢　扶陽節侯，以丞相，七百一十一戶，〔三〕本始三年封，〔四〕孟之五世孫。與，立宣帝，賜關内侯。代蔡義爲丞相，封扶陽侯。爲相五歲，八十二薨，諡節。

1333 灌賢　功臣表，穎陰侯嬰孫，元光二年紹封爲臨汝侯，後坐子傷人首匿，免。千戶。灌夫傅，行酒次至臨汝侯灌賢，灌賢方與程不識耳語，又不避席，夫乃罵賢云云。

1334 搖賢　功臣表，元壽二年，〔六〕詔賜毋餘代後者賢爵關内侯。

〔二〕「祁」，山西書局本作「初」，據漢書改。
〔二〕「上」之「一」字，山西書局本脫，據漢書補。
〔三〕「三」，山西書局本作「元」，據漢書改。
〔四〕「戶」，山西書局本作「元」，據漢書改。
〔五〕「長孺」，山西書局本作「玄成」，據漢書改。
〔六〕「壽」，山西書局本作「爵」，據漢書改。

1335 郭賢 功臣表,何陵侯亭之玄孫,元康四年,茂陵公乘詔復家。

1336 唐賢 功臣表,斥丘侯厲之孫,文後六年嗣。

1337 戚賢 功臣表,臨轅侯鰓之曾孫,建元四年嗣。元鼎五年,酎金免。

1338 郝賢 功臣表,衆利侯,以上谷太守四從大將軍擊匈奴,首虜千級以上,侯,千一百户。元狩二年,坐爲上谷太守入戈卒財物,計謾,免。師古曰:上財物計簿欺不實也。霍去病傳,上谷太守四從大將軍,捕首虜千三百級,封爲終利侯。表作「衆利」。

1339 蘇賢 功臣表,平陵侯建之子,爲騎都尉,武之弟也。見蘇建傳。

1340 蘇賢 趙廣漢傳,丞相史逐去廣漢私酤酒客,客疑男子蘇賢言之,語廣漢,廣漢使長安丞按賢。又見上聲禹韻。

1341 濁賢 元后傳,皇后遣掖庭令濁賢送政君太子宮。互見杜輔下。

1342 趙賢 伍被傳,王曰:左吴、趙賢、朱驕如皆以爲十八九成。[二]師古曰:淮南三臣也。

1343 孫賢 莽封車騎都尉孫賢五十五人爲列侯。

1344 辛武賢 翟義傳,元后遣掖庭令濁賢送政君太子宮。
宣紀,神爵元年,拜酒泉太守辛武賢爲破羌將軍,擊西羌。趙充國傳,酒泉太守請以七月上旬賫三十日糧,分兵並出張掖、酒泉合擊罕、開在鮮水上者。後即拜爲破羌將軍,賜璽書嘉納其策,以讓充國云云。烏孫傳,遣破羌將軍辛武賢至敦煌,遣使者案軍,

[一]「朱」,山西書局本作「成」,據漢書改。

1345 執金吾賢 行表，穿卑鞮侯井以西，欲通渠轉穀云云。[二]

1346 博士臣賢 神爵二年，南陽太守賢爲執金吾。藝文志，雜家，有博士臣賢對一篇。

1347 劉元 諸侯王表，[三]河間王，元帝建昭元年廢。注：漢世，難韓子、商君。迫令自殺凡七人。殺少史留貴之母。徙房陵，遷房陵。景十三王傳，元取諸侯姬廉等事露，髡。漢中太守請治，病死。

1348 劉元 諸侯王表，元鳳元年，平干繆王元嗣。[三]後坐殺謁者等罪，薨，不得代。詳景十三王傳。

1349 劉元 王子侯表，參戶頃侯元。無年。

1350 劉元 王子侯表，公丘侯元嗣。無年。莽篡，絕。

1351 劉元 王子侯表，良成戴侯元嗣。無年。

1352 劉元 王子侯表，修市釐侯元嗣。良成釐侯原之子。[四]

1353 劉元 王子侯表，昌城節侯元，廣川繆王子，神爵三年封。[五]同名七。

1354 陳元 功臣表，即涓曾孫，元康四年，即丘公士詔復家。

[一]「渠」，山西書局本作「穿」，據漢書改。

[二]「諸侯王」，山西書局本作「王子侯」，據漢書改。

[三]「諸侯王」、「繆」，山西書局本作「王子侯」、「膠」，據漢書改。

[四]此條「良成」，山西書局本作「容丘」，據漢書改。

[五]「三」，山西書局本作「元」，據漢書改。

1355 邢元 百官公卿表，元鳳五年，侍中邢元下獄。見公卿朱壽條中。

1356 郉元 百官公卿表，地節二年，執金吾郉元。

1357 鍾元 百官公卿表，元始三年，尚書令潁川鍾元寧君爲大理。何並傳，潁川鍾元爲尚書令，

1358 嚴元 朱雲傳，九江嚴望及望兄子元，字仲，能傳雲學。[二]

1359 蘇元 武傳，武子男元與上官安有謀，坐死。

1360 傅元 領廷尉，爲弟威請一等之罪。

1351 史玄 傅太后傳，傅太后父元與同母弟四人，三曰子元。

宣紀，中郎將，爲列侯。

外戚恩澤侯表，平臺康侯，以悼皇考舅子侍中中郎將關內侯

有舊恩，侯，千九百戶，元康二年封。又見史良娣傳，[三]史恭之子。[四]

1362 劉玄 諸侯王表，河平二年，淮陽文王玄嗣。又見淮陽憲王傳。

1363 劉玄 王子侯表，石山節侯玄，城陽戴王子，永光三年封。

1364 劉玄 王子侯表，富春侯玄，河間孝王子，建平二年封。同名三。

1365 趙玄 哀帝紀，太初元年，御史大夫趙玄有罪，減死。又見百官公卿表。朱博傳，傅太后使

[一]「兄子」，山西書局本作「弟」，據漢書改。

[二]「能」，山西書局本作「卿」，據漢書改。

[三]「娣」，山西書局本作「姊」，據漢書改。

[四]「恭」，山西書局本作「參」，據漢書改。

1366 趙玄

孔鄉侯宴風丞相，令奏免喜侯。博受詔，〔一〕與御史大夫趙玄議，玄言事已前決，得無不宜。博云云，玄即許可。後上疑博、玄承指，即召玄詣尚書問狀。玄辭服，減玄死罪三等。初朱博封陽鄉侯，玄以少府爲御史大夫，並拜於前殿，延登受策，有音如鐘聲，語在五行志。師丹傳，與朱博奏丹不宜有爵邑，免爲庶人。儒林傳，鄭寬中授東郡趙玄，至御史大夫，最知名。

元延三年，尚書僕射趙玄少平爲光祿勳，二年爲太子太傅，綏和元年爲衛尉。傅昭儀傳，天子立楚孝王孫景爲定陶王，后、太子議欲謝，少傅閻崇以爲不當謝，太傅趙玄以爲當謝。

1367 衛玄

平紀，平帝舅，賜爵關内侯。〔二〕又見中山衛姬傳。

1368 衛玄

外戚恩澤侯表，長平侯青之曾孫，〔三〕永始元年，以長安公乘爲侍郎。

1369 王玄

百官公卿表，成河平元年，衛尉王玄，字仲都。師古曰：中讀作仲。

1370 丁玄

毋將隆傳，隆治中山馮太后獄，本謁者令史立、侍御史丁玄自典考之，與隆連名奏事，徙合浦。又見馮昭儀傳。

1371 伊玄

莽傳，伊玄爲褒衡子，奉伊尹後。

1372 韓玄

匈奴傳，戊己校尉司馬丞韓玄等共殺校尉刁護。〔四〕又詳見車師傳，韓玄領諸壁。

〔一〕「詔」，山西書局本作「召」，據漢書改。
〔二〕「賜」，山西書局本作「即位」，據漢書改。
〔三〕「長」上，山西書局本衍一「乘」字，據漢書刪。
〔四〕「共」上，山西書局本衍一「護」字，據文意與漢書刪。

1373 劉遷 王子侯表，皋狼侯遷，代共王子，元朔五年封，無後。

1374 劉遷 王子侯表，南曲煬侯遷，清河綱王子，元始五年封。

1375 劉遷 王子侯表，伊鄉頃侯遷，城陽戴王子，永光三年封。

1376 劉遷 王子侯表，平樂節侯遷，梁敬王子，建昭元年封。

1377 劉遷 淮南王安傳，后荼生子遷為太子，取皇太后外孫脩成君女為太子妃。后荼、太子遷及女陵擅國權。同名五。

1378 郭遷 功臣表成安侯忠之子，本始三年嗣，建平元年嗣，[二]諡愛。

1379 甘遷 功臣表，義成侯延壽之孫，建平元年嗣，諡節。陳湯傳，

1380 王遷 外戚恩澤侯表，平丘侯，以光祿大夫與大將軍定策侯，千二百五十三戶，本始元年封。地節二年，坐平尚書聽請受賕六百萬，自殺。霍光傳，請吏文學光祿大夫臣遷。師古曰：王遷也。

1381 孫遷 外戚恩澤侯表，成安侯，平丘侯，以光祿大夫與大將軍定策侯，元始五年封。

1382 閻遷 外戚恩澤侯表，定鄉侯，以常侍謁者與平晏同功侯，元始五年封。

1383 廷尉遷 鄉侯閻遷為折衝將軍，西擊趙明等。百官公卿表，建元四年，[三]廷尉遷。無姓。

〔一〕「元」，山西書局本作「二」，據漢書改。
〔二〕「元」，山西書局本作「武」，據漢書改。

1384 司馬遷　藝文志，司馬遷賦八篇。有傳。

1385 桑遷　杜延年傳，弘羊子遷亡，過故吏侯史吳。後遷捕得，伏法。

1386 金遷　金日磾傳，金欽從父弟遷爲尚書令，欽至京兆尹。[二]

1387 傅遷　孔光傳，定陶太后從弟子遷在左右尤傾邪，光與師丹言之，[三]卒不得遣，復爲侍中。

1388 孟遷　杜鄴傳，制書侍中駙馬都尉傅遷不忠巧佞。

1389 劉延　諸侯王表，孝景後元年嗣城陽王，大赦天下，曰：洎南㯉虜若豆，孟遷不用此書。

1390 劉延　王子侯表，宰鄉侯延，以魯頃王孫封，諡頃。元封六年，坐不出持馬，要斬。戶千八百。師古曰：時發馬給軍，匿而不出也。

1391 召延　功臣表，黎頃侯奴之子，元朔五年嗣。同名二。

1392 陽城延　功臣表，梧齊侯，以軍匠從起郟，入漢，後爲少府，作長樂、未央官，築長安城先就，侯，五百戶。

1393 陽延　功臣表，鄧侯何少子，高后二年封爲築陽侯，孝文元年更爲鄧，諡定。

1394 陽咸延　百官公卿表，高帝五年，軍正陽咸延爲少府。

1395 大司農延　百官公卿表，五鳳元年，大司農延。無姓。

[二]「欽」，山西書局本作「積」，據漢書改。
[三]「丹」，山西書局本作「史」，據漢書改。

延

1396 守左馮翊

百官公卿表，初元二年，守左馮翊延。無姓。

少府延

1397 百官公卿表，初元四年，少府延。無姓。
1398 郭延 百官公卿表，建昭二年，左馮翊郭延。
1399 賈延 綏和元年，詹事平陵賈延初卿為少府，三年。建平三年為光祿勳，四年為御史大夫。孔光傳，御史大夫賈延免，孔光代之。王嘉傳，嘉與御史大夫賈延上封事，爭董賢之爵。息夫躬傳，疏詆御史大夫賈延墮弱不任職。

1400 徐延 儒林傳，魯徐生之孫延，頗能，通經未善也。為禮官大夫。

1401 王延 莽傳，大師舜死，以舜子延為安新公。莽敗，降漢，殺之。

1402 仇延 莽傳，九廟蓋構成，封都匠仇延為邯淡里附城。[二]

1403 劉宣 諸侯王表，桃鄉頃侯也。子即中山王成都也。王子侯表，桃鄉頃侯，東平思王子，鴻嘉二年封。

1404 劉宣 王子侯表，平的侯六世宣嗣。無年。

1405 劉宣 王子侯表，太初三年，阿武敬侯宣嗣。

1406 劉宣 王子侯表，遽鄉侯宣，真定列王子，元康二年封。

〔二〕「里」，山西書局本作「都」，據漢書改。

卷一百六十六 西漢書姓名韻（三） 平聲 十一先

一三三

1407 劉宣 王子侯表，鍾武孝侯宣嗣。[一]

1408 劉宣 王子侯表，方城侯宣，廣陽繆王子，元始二年封。同名六。

1409 孔宣 功臣表蓼侯玄孫，元康四年，[三]長安公士詔復家。

1410 蟲宣 功臣表，曲城侯達之玄孫，元康四年，茂陵公乘詔復家。

1411 張宣 功臣表，東陽侯相如之六世孫，元康四年茂陵公乘詔復家。

1412 薛宣 本傳，字贛君，東海郯人也。高陽侯，以丞相侯，千九十戶，鴻嘉元年封。永始二年，坐西州郡盜免。其年復封。綏和二年，坐不忠孝，父子賊傷近臣，免。杜業傳，業奏薛宣有不養母之名。朱雲傳，薛宣謂雲曰：「且留東閣，可以觀四方奇士。」雲曰：「小生乃欲相吏耶？」薛宣不敢復言。傅山曰：宣亦才吏。外戚恩澤侯表，高陵侯方進之子，綏和二年嗣。居攝元年，弟東郡太守義舉兵欲討莽，滅其宗。方進傳，長子，字太伯，亦明經篤行，君子人也。及方進在，至南郡太守，義舉兵，莽殺之。

1413 翟宣 外戚恩澤侯表，高陵侯方進之子，綏和二年嗣。居攝元年，弟東郡太守義舉兵欲討莽，滅其宗。方進傳，長子，字太伯，亦明經篤行，君子人也。及方進在，至南郡太守，義舉兵，莽殺之。

1414 咸宣 百官公卿表，元封元年，[三]御史中丞咸宣為左內史。師古曰：咸音減。酷吏傳，楊人也。為御史中丞，治主父偃及淮南反獄，殺者甚衆。又為左內史，其治米鹽，難以為經。中廢為右扶風，自殺。互見信韻。張湯傳，李文事下咸宣，咸宣與湯有隙，窮竟

[一]「孝」，山西書局本作「節」，據漢書改。
[二]「四」，山西書局本脫，據漢書補。
[三]「元」，山西書局本作「六」，據漢書改。

1415 楊宣 其事。石奮傳，慶欲請治九卿咸宣，不能服，反受其過。五行志載，諫大夫楊宣對曰：五侯封日，天氣赤黃，丁、傅復然。此殆爵土過制，傷亂土氣之祥。元后傳，王氏皆就國，諫大夫楊宣上封事言曰：太皇太后年七十，勑令親屬引領以避丁、傅云云。

1416 鮑宣 息夫躬傳，疏詆鮑宣有直項之名，内實駑不曉政事。本傳，字子都，勃海高昌人。爲司隸，徙長子，死於莽。

1417 滿宣 儒林傳，書，平當授上黨鮑宣，平當授朱普，普授上黨鮑宣、河内鄭寬中，宣至[前薦]謁者滿宣，立爲冀州刺史。

1418 彭宣 買捐之傳，謂楊興曰：前薦謁者滿宣，至司隸校尉。外戚恩澤侯表，長平頃侯，哀元壽二年以大司空侯，二千七百七十四戶。本傳，字子佩，淮陽陽夏人。治易，事張禹，封長平侯。韋玄成傳，光祿勳彭宣五十三人以爲孝武親盡宜毀。張禹傳，成就弟子尤著者彭宣。又見儒林傳，禹授易彭宣，積官至左將軍。朱博傳，左將軍彭宣等奏，朱博不忠不道；趙玄柱義附從，大不敬；博互見失禮不敬。

1419 任宣 霍光傳，光薨，大中大夫任宣與侍御史五人持節護喪事。史皇孫王夫人傳，令大中大夫任宣考問王媼鄉里知識者云云。

1420 任宣 霍光傳，禹故長史任宣問禹疾，禹曰「我何病」云云。宣謂禹曰：「大將軍時何可復行！」

1421 謁者令宣 楊惲傳，又中書謁者令宣[一]持單于使者語，[二]視諸將軍，惲曰：單于得漢食謂之殽惡，

〔一〕「使」，山西書局本作「侍」，據漢書改。

1422 丞相宣　翟方進傳，涓勳奏丞相宣本不師受經術云云。互見眞韻「勳」下。宣當是薛宣。

董賢傳，册免丁明曰：將軍族父左曹屯騎校尉宣用栩丹爲御屬。[二]互見寒韻栩丹下。

1423 丁宣　莽傳，公孫祿曰：太史令以凶爲吉，亂天文云云。後有星孛于張，莽數問太史令宗宣

1424 宗宣　等，皆繆言天文安善。

1425 韓宣　烏孫傳，都護韓宣奏，烏孫大吏、大祿、大監皆可賜金印紫綬，以尊輔大昆彌，許之。

復奏星靡怯弱，可免。更以左大將樂代爲昆彌，不許。

1426 周堅　功臣表，勃子侯，景後元元年紹封爲平曲侯，諡共。

1427 酈堅　功臣表，曲周侯商子，景中三年紹封爲繆侯，諡靖。

1428 陳堅　功臣表，龍陽侯署之子，高后七年嗣，文後元年有罪，免。

1429 直堅　功臣表，塞侯不疑之孫，元朔四年嗣，元鼎五年酎金免。

1430 魏鮮　天文志，魏鮮集臘。孟康曰：魏鮮，人姓名，作風角者。

1431 朱先　功臣表，都昌侯軫玄孫，元康四年，昌侯國公士詔復家。

1432 鄧先　䵷錯傳，建元中，上招賢良，公卿言鄧先，鄧先時免，起家爲九卿。一年，復謝病歸。

即鄧公也。

1433 正先　京房傳，弟子姚平曰：秦時有正先者，非刺趙高而死，高威自此成，故秦之亂，正先

〔二〕「父」，山西書局本作「夫」，據漢書改。

1434 張騫 博望侯，以校尉數從大將軍擊匈奴，知道水，及前使絕國大夏，侯。元狩二年，坐以將軍擊匈奴畏懦，當斬，贖罪，免。見功臣表及本傳。李廣傳，廣出右北平，[二]騫將萬騎與廣異道。西南夷傳，騫盛言大夏在漢西南，慕中國，患匈奴隔其道云云。[三]又烏孫傳。

1435 劉騫 王子侯表，榮關侯騫，濟北貞王子，元朔二年封，坐殺人，會赦，免。

1436 任當千 功臣表，梁期侯破胡之子嗣。太始四年，坐賣馬一匹，價錢十五萬，過平，贓五百以上，免。

1437 王千 莽傳，[三]莽子宇之子，建國元年封功隆公，又封千奉帝譽後。又莽傳。

1438 劉淵 王子侯表，博石頃侯淵，城陽荒王子，初元元年封。

1439 王淵 外戚恩澤侯表，安平侯舜之孫，陽朔四年嗣，謚釐。

1440 楊焉 溝洫志，杜欽言，丞相史楊焉言王延世受焉術塞河，蔽不肯見，宜遣焉等雜作。

1441 李焉 莽傳，魏成大尹李焉與卜者王況謀，況曰：君姓李，李音徵，[四]徵火也，[五]當為漢輔云云。因為焉作讖書十餘萬言。焉令吏寫其書，吏亡告之。捕治，皆死。互見況韻。

〔一〕「廣」，山西書局本作「傳」，據漢書改。
〔二〕「隔」，山西書局本脫，據漢書補。
〔三〕「莽傳」，山西書局本作「外戚恩澤侯表」，據漢書改。
〔四〕「音」，山西書局本作「者」，據漢書改。
〔五〕「火」，山西書局本作「大」，據漢書改。

1442 宇妻焉 莽傳，莽殺宇妻焉，懷子繫獄，須產子已，殺之。

1443 劉纏 王子侯表，秭陵終侯纏，江都易王子，元朔元年封，亡後。

1444 劉纏 功臣表，射陽侯，即項伯，兵初起，與諸侯共擊秦，爲楚左令尹。漢楚有隙於鴻門，纏解難，以破羽降漢，侯，兩劉纏。

1445 徐纏 功臣表，容城攜侯盧之子，建元二年嗣，謚康。

1446 陳涓 功臣表，河陽嚴侯，以卒前元年起碭從，以二隊將入漢，[三]擊羽，得梁郎將處，侯。

1447 奚涓 功臣表，魯侯，以舍人從起沛，至咸陽爲郎，入漢以將軍定諸侯，四千八百戶，功比舞陽侯，死軍事。

1448 伊即軒 功臣表，下摩侯諱毒尼之子，元鼎五年嗣，謚煬。

1449 伊即軒 功臣表，眾利侯，以匈奴歸義樓剌王從驃騎擊左王，手劍合，侯，千一百戶。師古曰：用手劍而合戰也。去病傳，樓剌王伊即軒從驃騎以丞相定齊。

1450 劉前 諸侯王表，泗水戴王前，昭帝元鳳元年薨。[三]

1451 馮媛 外戚馮昭儀傳，中山孝王太后，哀帝建平元年有罪，自殺。奉世傳，長女媛，爲元帝昭儀，產中山孝王。

1452 劉睃 王子侯表，陽朔二年，魯文王睃嗣，亡後。師古曰：睃，子緣反。

[一]「將」，山西書局本作「收」，據漢書改。

[三]此條「前」，中華書局標點本漢書作「賀」。

1453 劉鑴　王子侯表，柳安侯鑴嗣。無年。〔一〕

1454 劉原　王子侯表，良成釐侯原嗣。〔二〕無年。

1455 劉德　王子侯表，承鄉侯天嗣，鴻嘉二年，坐恐猲國人，受財贓五百以上免。〔三〕

1456 劉天　王子侯表，陽城懿侯田，〔四〕平干頃王子，神爵四年封。

1457 陳傳　王子侯表，復陽侯胥之六世孫，元始元年詔賜帛百定。

1458 魏連　王子侯表，甯侯遬之子，文十六年嗣，諡共。

1459 朱言　功臣表，僑陵侯濞之曾孫，元康四年，陽陵公士詔復家。

1460 先賢撣　功臣表，歸德靖侯，以單于從兄日逐王率衆降，侯，二千二百五十戶，神爵三年封。

1461 杜爰　百官公卿表，甘露三年，鴈門太守建平杜爰爲太常，七年坐盜賊多免。〔五〕

1462 項燕　陳勝傳，項燕爲楚將，數有功，愛士卒，楚人憐之，或以爲在。卽項梁之父。

1463 封煎　趙充國傳，征和五年，先零豪封煎等通使匈奴，匈奴使人至小月氏，傳告請羌云云。

1464 抱闐　陳湯傳，康居副王抱闐將數千騎，寇赤谷城東，湯縱胡兵擊之。

〔一〕此條「鑴」，中華書局標點本漢書作「攜」。

〔二〕「良成」，山西書局本作「容丘」，據漢書改。

〔三〕「五」，山西書局本作「百」，據漢書改。

〔四〕「陽城」，山西書局本作「城陽」，據漢書改。

〔五〕此條「爰」，中華書局標點本漢書作「緩」。

十二蕭

1465 孔穿　光傳，箕生子高穿。

1466 王偏　趙后傳，驗問有昭儀御者王偏。

1467 謁者令肩　匈奴傳，使中大夫意、謁者令肩遺單于。

1468 趙堯　功臣表，江邑侯，以漢五年爲御史，用奇計徙御史大夫周昌爲趙相，代昌爲御史大夫，從擊陳豨，功侯，六百戶。漢十一年，詔御史大夫昌下相國。注：「贊曰，昌已爲趙相，當是趙堯。」高后元年，有罪，免。

1469 趙堯[二]　功臣表，武原侯朓之玄孫，元康四年，郭公乘詔復家。功臣表。

1470 趙堯　魏相傳，高帝中謁者趙堯舉春。

1471 謝堯　百官公卿表，綏和元年，南陽謝堯爲執金吾。二年，爲大鴻臚，三年徙。[三]建平二年，爲右扶風，一年遷。元始四年，將作大匠謝堯爲右扶風，年七十病免，賜爵關內侯。

1472 大司農堯　傅山曰：表中無遷將作大匠之由，且建平二年免爲右扶風矣。百官公卿表，永光元年。[三]無姓。

[一]「衞」，山西書局本作「趙」，據漢書改。
[二]「三」，山西書局本作「二」，據漢書改。
[三]「元」，山西書局本作「二」，據漢書改。

1473 大司農堯 百官公卿表，元延三年。無姓。傅山曰：與前永光元年堯去卅三年。〔一〕
1474 尚書令堯 諸葛豐傳，使尚書令堯賜臣豐書。
1475 夏侯堯 勝傳曰，孫堯至長信少府，司農、鴻臚。
1476 劉調 王子侯表，棘樂敬侯，楚元王子，景帝封。
1477 劉調 景十三王傳，廣川王海陽、楚元王子，景帝封。
1478 劉調 張敞傳，廣川王同族宗室劉調爲賊囊橐，敞搜索得之殿屋重檽中，皆捕格斷頭。同名三。
1479 黃調 功臣表，邟侯極忠之六世孫，元康四年，邟公乘詔復家。〔二〕
1480 趙調 游俠傳有南陽趙調。總見紙韻姚氏下。
1481 非調 功臣表，永光二年，光祿大夫非調爲大司農。
1482 令史調 張延壽傳，放使大奴駿等入樂府攻射官寺游徼，莽及守令史調皆徒跣叩頭謝，放乃止。
1483 劉饒 王子侯表，成康侯饒，膠東戴王子，地節四年封。〔三〕
1484 金饒 金日磾碑附傳，敞之子，越騎校尉。
1485 蓋寬饒 本傳，字次公，沛郡人，奏封事「以刑餘爲周召」云云，下吏，引佩刀自剄北闕下。
1486 奉常饒 百官公卿表，孝文二年，奉常饒。無姓。

〔一〕「元年」，山西書局本作「二年」；「卅三年」，山西書局本作「卅二年」，據漢書改。
〔二〕此條「邟」，山西書局本作「邞」，據漢書改。
〔三〕「四」，山西書局本作「二」，據漢書改。

1487 待詔臣饒　藝文志小說家，待詔臣饒心術二十五篇。注：武帝時。[二]別錄云齊人，不知姓。

1488 陳饒　匈奴傳。莽篡後，遣陳饒等六人重遺單于，後椎破單于故印者，燕士也，果悍。又見莽傳。

1489 劉朝　高后紀，[三]惠帝后宮子，高后元年立為軹侯。

1490 劉朝　王子侯表，武陶節侯朝，廣川繆王子，五鳳元年封。[三]

1491 劉臨朝　王子侯表，蘭旗頃侯臨朝，[四]魯安王子，元始五年封。

1492 董朝　功臣表，成侯溴曾孫，元光三年，嗣為節氏侯。元狩三年，坐為濟南太守與城陽王女通，耐為鬼薪。

1493 唐朝　功臣表，斥丘侯厲之子，文九年嗣，謚共。

1494 呂朝　外戚恩澤侯表，以孝惠子為軹侯，高后元年封，四年為常山王。

1495 王朝　張湯傳，長史王朝，齊人，以術至右內史。朝與朱買臣、邊通皆害湯。

1496 都尉朝　儒林傳，孔光國以尚書授都尉朝。

1497 中郎將朝　李廣利傳，詔曰：危須以西及大宛皆合約殺期門車令、[五]中郎將朝。

[二]「武」，山西書局本作「別」，據漢書改。
[二]「高后紀」，山西書局本作「王子侯表」，據漢書改。
[三]「五鳳元」，山西書局本作「神爵四」，據漢書改。
[四]「旗」，山西書局本作「期」，據漢書改。
[五]「令」，山西書局本作「會」，據漢書改。

1498 劉囂 諸侯王表，宣帝子，甘露二年立爲定陶王，徙楚，諡孝。

1499 劉囂 王子侯表，劇節侯囂嗣。無年。

1500 劉囂 莽傳，前輝光謝囂奏武功長孟通浚井得白石。

1501 隗囂 莽傳，遣七公幹士隗囂等七十二人分下赦令。囂等既出，因逃亡。

1502 騎都尉囂 莽傳，遣騎都尉囂等分治黃帝園位於上都橋畤云。

1503 任囂 南越傳，二世時，南海尉任囂病且死，召龍川令趙佗云云。

1504 劉招 王子侯表，元狩元年，[二]劇魁思侯招嗣。

1505 劉招 王子侯表，平隄嚴侯招，河間獻王子，地節二年封。劉攽曰：獻王薨至此六十年，不應有未封之子，疑誤。

1506 彤昭 功臣表，芒侯跖之子，文九年嗣，有罪，免。景三年，以故列侯將兵擊吳楚，復封張侯。

1507 劉昭 王子侯表，容丘侯昭嗣。莽篡，絕。

1508 薄昭 外戚恩澤侯表，[三]軹侯，高祖七年爲郎，從軍十七年，以中大夫迎文帝於代，以車騎將軍迎皇太后，侯，萬戶。文元年封。十年，坐殺使者，自殺。帝臨，爲置後。淮南厲王傳有薄昭遺王書。又外戚傳。

[二]「狩」，山西書局本作「封」，據漢書改。

[三]「外戚恩澤侯」，山西書局本作「功臣」，據漢書改。

1509 梁后昭　梁王立傳，任寶妻園子，王之姑，寶兄子昭又爲王后，王數過寶飲食，遂有園子之事。

1510 陳功臣表　費侯賀曾孫，元康四年，茂陵上造詔復家。

1511 正伯僑　郊祀志引正伯僑，燕人，爲方仙道，例同宋毋忌等。

1512 張子僑　藝文志，張子僑賦三篇。注：與王褒同時。王褒傳，上令褒與張子僑等並待詔，所幸

1513 張子僑　東平王宇傳，事太后，不相得，以差賜帛。蕭望之傳，華龍與張子僑

宮館，輒爲歌頌，弟其高下，太后上書求守杜陵園，於是遣大中大夫張子僑奉璽書

敕諭之。

1514 伯僑　楊雄傳，其先出自有周伯僑，食采於晉之楊。

1515 子僑　莽傳，是乃予之皇祖叔父子僑。詳衍公侯喜下。

1516 閩君搖　惠帝紀，三年，〔二〕立閩越君搖爲東海王。閩越傳，閩君搖皆勾踐之後，姓騶氏。互見無

諸下。又孝惠三年，〔三〕立搖爲東海王，都東甌，世號曰東甌王。後從濞反，既又受漢

購，殺濞丹徒。〔三〕

1517 劉廖　王子侯表，爰戚侯當之兄，謀反，殺。

1518 豫章太守廖　昌邑王傳，廖奏不當爲賀置後。

〔一〕「三」，山西書局本作「二」，據漢書改。
〔二〕「三」，山西書局本作「二」，據漢書改。
〔三〕「丹徒」，山西書局本作「從丹」，據漢書改。

1519 蘇雕 功臣表，江陽康侯息之曾孫，元朔六年嗣，元鼎五年酎金免。

1520 陽雕 趙充國傳，封羌陽雕爲言兵侯。

1521 劉驕 王子侯表，郁根侯驕，魯共王子，元朔三年封，[一]酎金免。

1522 王黽 百官公卿表，元狩六年，右內史王黽。

1523 王超 元延三年，水衡都尉南陽王超，字驕君。

1524 李椒 李廣傳，李廣子，爲郎，兄當戶早死，拜李椒爲代郡太守。三年坐淳于長，自殺。

1525 韓遼 匈奴傳，匈奴郎中也。文帝遺匈奴書曰：「使當戶且渠雕渠難、郎中韓遼遺朕馬二匹」云云。

1526 女嫖 竇后傳，代王獨幸竇姬，生女嫖，是爲館陶長公主。

1527 張紹 莽傳，劉崇與相張紹謀誅莽，紹等從者百餘人進攻宛，不得入而敗。紹者，張竦之從兄也。

十三爻

1528 魏咎 魏豹傳，秦二世元年，魏咎自立爲魏王，後章破殺之。

1529 曹咎 項籍傳，漢三年九月，羽謂海春侯大司馬曹咎曰：「謹守成皋，[三]慎勿與戰，勿令得

[一]「三」，山西書局本作「二」，據漢書改。
[二]「成」，山西書局本作「城」，據漢書改。

1530 趙高

高紀，秦相趙高恐，乃殺二世，使人來，約分王關中，沛公不許。藝文志，蒼頡爰曆六章，〔二〕趙高作。

1531 貫高

高紀，趙相，恥上不理其王，謀弒上。後泄公赦之，絕亢而死。又詳景十三王傳。

1532 劉高

諸侯王表，地節四年，趙哀王高，以頃王昌子紹封。

1533 旅高

功臣表，共侯罷師之孫，文十五年嗣，謚懷。

1534 史高

外戚恩澤侯表，樂陵安侯，以悼皇考舅子侍中關內侯與發霍氏姦侯，二千三百戶，地節四年封。黃霸傳，薦史高可太尉。天子使尚書問霸曰：「太尉官罷久矣。將相之官，朕之任焉。」史良娣傳，〔三〕恭子。又霍光傳。宣紀，黃龍元年為大司馬車騎將軍，元帝永光元年賜安車免。蕭望之傳，宣帝疾，引史高與望之、周堪至禁中，同受遺詔。初，宣帝時，弘恭、石顯久典樞機，亦與車騎將軍史高為表裏云云，望之由是與高等忤。又匡衡傳，高以楊興之言薦衡。儒林傳。

1535 應高

吳王濞傳，使中大夫應高口說膠西王卬分割天下。

〔一〕「頡」字下，山西書局本衍一「注」字，據漢書刪。

〔二〕「娣」，山西書局本作「姊」，據漢書改。

〔三〕「元年」，山西書局本作「二年」，據漢書改。

1536 丙高　丙吉傳，吉少子，爲中壘校尉。[二]

1537 羨門高　郊祀志引羨門高，燕人，爲方仙道，例同宋毋忌等。

1538 公羊高　藝文志，齊人。

1539 歐陽高　儒林傳，歐陽生曾孫高，字子陽，爲博士。

1540 東高　涿郡大姓西高氏、東高氏，自郡吏以下皆畏避之，延年遣趙繡按高氏得其死罪。互見「繡」下。

1541 西高　涿郡大姓西高氏、東高氏，自郡吏以下皆畏避之，延年遣趙繡按高氏得其死罪。嚴延年傳。互見「繡」下。

1542 中尉高　南粵傳，上書曰：「中尉高凡三輩上書」云云。

1543 共敖　羽立懷王柱國共敖爲臨江王，都江陵。高紀，本傳，趙王耳子，嗣耳爲王，坐相貫高等謀反，廢爲宣平侯，諡武。陳勝傳，勝封敖爲成都君。

1544 張敖

1545 任敖　功臣表，廣阿懿侯，以客從起沛，爲御史，守豐二歲，擊羽，爲上黨守，陳豨反，堅守，侯，千八百戶。後遷爲御史大夫。敖傳，沛人也。高祖避吏，吏繫呂后，[三]遇之不謹，敖擊傷主呂后吏。

1546 公孫敖　武紀，元光六年，驃騎將軍公孫敖出代。功臣表，合騎侯，以護軍都尉三從大將軍擊

[二]「中」，山西書局本脫，據漢書補。
[三]「吏繫呂后」，山西書局本作「吏呂祖」，據漢書改。

匈奴，至右王庭得王侯。元朔六年，從大將軍，益封，九千五百戶。元狩二年，坐將兵擊匈奴與驃騎期後，畏懦當斬，贖罪。李廣傳，是時公孫敖新失侯，為中將軍，大將軍亦欲使與俱當單于。衛青傳，長公主囚衛青，欲殺之，其友騎郎公孫敖與壯士往篡之，得不死。又詔御史曰：「護軍校尉公孫敖三從大將軍擊匈奴，常護軍傅校獲王，封合騎侯也。」去病傳，公孫敖再出匈奴，亡士多，下吏，當死，詐死，亡居民間五六歲。後覺，復繫。[一] 坐妻為巫蠱，族。凡四為將軍。李陵傳，上遣因杅將軍公孫敖迎陵。敖軍無功還，曰：「捕得生口，言李陵教單于為兵以備漢軍，故臣無所得。」上於是族敖家，築受降城。又見匈奴傳，公孫敖出代郡，為胡所敗。又詩，游俠傳，游俠聞名州郡者，有霸杜君敖。

1547 杜君敖

儒林傳，書，胡常授徐敖，敖授九江陳俠。[二] 由是言毛詩者，本之徐敖。

1548 徐敖

閩粵傳，故粵建成侯敖與繇王居股謀，俱殺餘善，以眾降橫海軍，漢封為開陵侯。功臣表作開陵侯建成。

1549 粵敖

有傳。漢六年，立弟文信君交為楚王，諡元，高祖同父少弟也。

1550 劉交

諸侯王表，高五王傳，齊懷王交。[三]

1551 劉交

[一]「繫」，山西書局本作「擊」，據漢書改。
[二]「授」，山西書局本作「挾」，據漢書改。
[三]「交」，中華書局標點本漢書諸侯王表作「友」。

1552	劉交	王子侯表，臨鄉侯交嗣，免。
1553	劉交	王子侯表，博鄉節侯交，六安繆王子，竟寧元年封。
1554	劉交	王子侯表，梁鄉侯交，趙共王子，綏和元年封。
1555	劉交	百官公卿表，永始四年，沛郡太守劉交游君爲宗正，十年遷。
1556	褎	元帝紀，遣光祿大夫褎等循行天下。
1557	劉褎	王子侯表，安衆釐侯褎嗣。無年。
1558	劉褎	王子侯表，本始二年，皋虞節侯褎。[二]名同安衆。
1559	劉褎	王子侯表，箕侯褎嗣，免。
1560	劉褎	王子侯表，鳌鄉侯褎嗣，東平煬王子，元始元年封。
1561	劉褎	開陵侯褎嗣，謚質，無後。
1562	成褎	功臣表，鳌鄉侯褎，
1563	柳褎	王褎傳，宣帝益召高才柳褎等待詔金馬門。
1564	王褎	王褎郊祀志，或言益州有金馬碧雞之神，可致，於是遣諫大夫王褎持節而求之。藝文志有王褎賦十六篇。本傳，字子淵，蜀人也。刺史王襄聞有俊才，使褎作中和、樂職、宣布詩，習而歌之。爲聖主得賢臣頌。太子喜褎所爲甘泉及洞簫賦，五行志，成帝綏和二年八月，鄭通里男子王褎衣絳衣小冠，帶劍入北司馬門殿東門，上前殿，入非常屋中，解帷組結佩之，招前殿署長業等曰：「天帝令我居此。」考問，

[二] 此條「褎」，中華書局標點本漢書作「哀」。

1565 廉 褒

褒故公車大誰卒，病狂易，不自知入宮然。

百官公卿表，永始三年，金城太守廉褒子上爲執金吾，一年遷，四年爲右將軍，免。

趙充國傳贊，山西出將，有襄武廉褒。劉輔傳，廉褒上書訟輔。又傳介子等贊曰，都護廉褒以恩信稱。烏孫傳，都護廉褒賜姑莫匿金繒。

1566 泠 褒

師丹傳，郎中令泠褒、黃門令段猶等復奏：「定陶共皇太后、〔二〕共皇后皆不宜復引定陶蕃國之名以冠大號」云云。又宜爲共皇立廟。〔三〕

1567 大司馬護軍

莽傳大司馬護軍褒奏莽遭子宇云云，喟然憤發作書八篇，以戒子孫，宜頒郡國，令學官教授，比孝經。

1568 劉 皋

王子侯表，杜原侯皋，城陽共王子，元朔元年封，酎金免。

1569 枚 皋

藝文志，枚皋賦百二十篇。本傳，乘子，字少孺。乘在梁時，取皋母爲小妻。乘東歸，母不肯隨乘，分數千錢，留與母居。年十七，上書梁共王，得召爲郎。後得罪，亡之長安，自陳，上得之大喜。

1570 雕陶莫皋

天文志，鴻嘉元年，匈奴單于雕陶莫皋死。匈奴傳，大閼氏生四子，長雕陶莫皋。見「胥」下。

1571 韓 説

功臣表，弓高侯隤當之孫。〔三〕元朔五年，以都尉擊匈奴得王，侯，封龍額侯。元鼎五

〔一〕「定」，山西書局本作「丁」，據漢書改。
〔二〕「皇」字下，山西書局本衍一「后」字，據漢書刪。
〔三〕「隤」，山西書局本作「穨」，據漢書改。

1572 韓陶 功臣表，荻苴侯，以朝鮮相將，漢兵圍之，降，侯，五百四十戶。元封三年封，[二]終年，酎金免。譊，女交反。

1573 薄昭 文紀，遣太后弟薄昭見太尉勃。

1574 召騷 陳勝傳，武臣自立爲趙王，張耳、召騷爲左右丞相。

1575 橋桃 貨殖傳，塞之斥也，唯橋桃以致馬千匹，牛倍之，羊萬，粟以萬鍾計。

1576 衛子豪 中山衛姬傳，父子豪，中山盧奴人。子豪女弟爲宣帝婕妤，生楚孝王；長女又爲元婕妤，生平陽公主。

1577 烏頭勞 西域傳，罽賓國王烏頭勞數剽殺漢使。

1578 蘭包 匈奴傳，莽遣中郎將蘭包招誘呼韓邪單于諸子。莽傳，遣中郎將蘭包、戴級馳之塞下，召拜當爲單于者。

十四歌

1579 蕭何 高紀，蕭何爲主吏，主進云云。本傳。鄭文終侯，以客初入漢，爲丞相，守蜀及關中，給軍食，佐定諸侯，爲法令宗廟，侯，八千戶。百官公卿表，元年，沛相爲丞相。初勸漢王王巴蜀得力。

1580 隨何 英布傳，謁者，爲漢說九江王布，使舉兵畔楚也。布間行與隨何歸漢。以隨何爲護軍

〔一〕
〔二〕「三」，山西書局本作「元」，據漢書改。

1581 劉何 王子侯表，元鼎四年，德侯何嗣，坐酎金中尉。

1582 劉何 周望康侯何，濟北貞王子，元朔三年封。

1583 劉何 陸元侯何，菑川靖王子，元鼎元年封。〔二〕

1584 劉何 樂信孝侯何嗣。同名四。

1585 陳何 功臣表，曲逆侯平之曾孫，孝景五年嗣，戶一萬六千。元光五年，坐略人妻，棄市。

1586 灌何 功臣表，潁陰侯嬰之子，孝文五年嗣，謚平。鼂錯傳，舉錯。

1587 温何 功臣表，撑侯齮之孫，文後七年嗣。

1588 楊何 藝文志，易傳，楊氏二篇。注：名何，字叔元，菑川人。遷傳，受易於楊何。儒林傳，王同授楊何，易爲卜筮之事，傳者不絕。漢興，田何傳之。字子裝。儒林傳，易孫虞授齊

1589 田何 藝文志，易爲卜筮之事，傳者不絕。漢興，徒杜陵，〔三〕號杜田生。

1590 狼何 趙充國傳，羌侯狼何遣使至匈奴借兵，欲擊鄯善、燉煌以絕漢道。充國以爲狼何，小月氏種，在陽關西南，勢不能獨造此計，〔三〕疑匈奴使已至羌中。

1591 涉何 朝鮮傳，漢使涉何譙諭右渠，右渠不奉詔。何去至界，臨浿水，使馭刺殺送何者朝鮮

〔一〕 山西書局本作「二」，據漢書改。

〔二〕 「徙」，山西書局本作「從」，據漢書改。

〔三〕 「勢」，山西書局本作「執」，據漢書改。

裨王長，遂馳入塞，歸報曰「殺朝鮮將」云云，拜何爲遼東東部都尉。朝鮮怨何，發兵攻殺之。

1592 呂它 功臣表，陽信侯呂青之曾孫，[一]文九年嗣，諡惠。

1593 呂它 功臣表，俞侯，父嬰以連敖從高祖破秦，入漢，以都尉定諸侯，功比朝陽侯，死事，子侯。四年，坐呂氏誅。姓名同陽信惠侯。[二]

1594 郭它 功臣表，東武侯蒙之子，呂后六年嗣，戶萬一百。景六年，有罪，棄市。

1595 繒它 功臣表，祁侯賀之孫，景六年嗣。元光二年，坐大射擅罷，免。

1596 劉它 功臣表，平皋煬侯，漢六年以碭郡長初從，功比軑侯，侯，五百八十戶。[三]本項，賜姓。

1597 馮它

1598 杜它 功臣表，闕氏侯解敢之子，十二年嗣，諡共。

1599 項它 延年傳，曾孫與延年中子它相愛善，延年知曾孫德美。高紀，豹反，漢王遣它，羽使從兄子項它爲大將。魏豹傳，楚使項它從周市救魏。灌嬰傳，虜柱國項它。籍傳，羽使從兄子項它爲大將。曰：「步卒將誰也？」曰：「項它。」曰：「是不能當曹參。」

1600 趙它

──────

[一]「信」，山西書局本作「青」，據漢書改。
[二]「信」，山西書局本作「青」，據漢書改。
[三]「五百八十」，山西書局本作「五千八百」，據漢書改。

1601 尉它
　　尉它即趙它。

1602 祁侯它
　　楊王孫傳，友人，與王孫善。

1603 劉佗
　　王子侯表，南蠻侯佗，趙敬肅王子。不得封年。酎金免。

1604 趙佗
　　南粵王，真定人也。

1605 謝多
　　藝文志，侍郎謝多賦十篇。

1606 僕多
　　霍去病傳，校尉僕多有功，封爲煇渠侯。功臣表作僕朋。

1607 周苛
　　功臣表，以内史從擊破秦，爲御史大夫，入漢，功比辟陽侯。楚圍漢王滎陽，紀信詐爲漢王降，周苛守滎陽，因與樅公殺魏豹。後羽拔滎陽，生得周苛，烹之。而封其子成爲侯。百官公卿表，元年爲御史大夫。

1608 莽何羅
　　武紀，後元元年，侍中僕射莽何羅與弟通謀反。金日磾傳。

1609 荆軻
　　藝文志有荆軻論五篇，司馬相如等論之也。

1610 女娥
　　高五王傳，武帝太后愛女脩成君有女娥，太后欲嫁之於諸侯，宦者徐甲請使齊，令王上書請娥，王太后大怒。

1611 朝那
　　馮唐傳，匈奴新大人朝那殺北地都尉卬。

1612 揚州刺史柯
　　昌邑王傳，揚州刺史柯奏賀與故太守卒史孫萬世交通。

1613 王阿母
　　毋將隆傳，使中黃門發武庫兵，前後十輩，送董賢及上乳母王阿舍，隆上書言之。

1614 烏氏嬴
　　貨殖傳，烏氏嬴畜牧，求奇繒物，間獻戎王，谷量馬牛，秦始令比封君。

十五麻

1615 亡波 西南夷傳，上曰：「鉤町侯亡波率其邑君長人民擊反者，其立亡波爲鉤町王。」[一]

1616 秦嘉 秦二年正月，秦嘉立景駒爲楚王。陳勝傳，勝初立時，凌人秦嘉等皆特起，將兵圍東海守於郯。勝使武平君監郯兵。嘉自立爲大司馬，惡屬人，遂矯王令殺武平君。後嘉立景駒爲楚王，項梁擊死。又項籍傳。

1617 紀嘉 景紀，三年，詔：「襄平侯嘉子恢說不孝，謀反，欲死嘉，其赦嘉爲襄平侯。灼曰：紀通子也。以功表考之，嘉先名相夫。

1618 姬嘉 外戚恩澤侯表，周子南君，元鼎四年封。

1619 王嘉 新甫侯，建平三年以丞相侯，[二]元壽二年下獄瘐死，千六十八戶。又見兩龔傳，[三]尚書劾嘉言事恣意，迷國罔上。」又曰，遣振武將軍王嘉與馬宮、宗伯鳳、袁聖是爲四師。

1620 王嘉 字公仲，平陵人，封還益董賢戶及賜傅宴、傅商、鄭業侯國詔書。

1621 王嘉 王莽傳，衍功侯王光自殺，莽令光子嘉嗣爵爲侯。又命尉睦侯王嘉曰：「女作五威侯關將軍。」

1622 王嘉 莽傳，京兆尹王嘉爲保拂，與馬宮、宗伯鳳、袁聖是爲四師。

〔一〕此條「鉤」，山西書局本作「鈞」；「其」作「共」，據漢書改。
〔二〕「三」，山西書局本作「二」，據漢書改。
〔三〕「兩」，山西書局本作「丙」，據漢書改。

卷一百六十六 西漢書姓名韻（三） 平聲 十五麻

一五五

1623　許　嘉　外戚恩澤侯表，平恩侯廣漢弟子也。元帝初元元年封。又見許皇后傳，延壽中子，[二] 奉戴侯廣漢後，諡共　賈捐之傳，謂楊興曰：捐之前言平恩侯可將軍。百官公卿表，初元三年，侍中衛尉許嘉爲右將軍，五年遷。永光三年，爲大司馬車騎將軍。建始三年免。匈奴傳，使大司馬車騎將軍許嘉諭曉單于。韋玄成傳，大司馬車騎將軍許嘉等二十九人議文帝宜爲太廟之宗。馮奉世傳，羌彡姐反，召韋玄成及許嘉等議，漠然莫有應者。

1624　呂　嘉　外戚恩澤侯表，呂王台子，嗣台爲王，坐驕廢。

1625　呂　嘉　藝文志，黃門書者王廣呂嘉賦五篇。

1626　南粵相呂嘉　武紀，元鼎五年反。南粵傳，相呂嘉年長矣，相三王，宗族官貴爲長史七十餘人，男盡尚王女，女盡嫁王子云云。後，反，粵郎都稽得之。

1627　召　嘉　功臣表，廣嚴侯歐之孫，孝文十一年嗣，諡共。

1628　蕭　嘉　功臣表，何孫，孝景二年爲武陽侯，二千戶。

1629　陳　嘉　功臣表，棘蒲侯孫，元康四年，雲陽上造詔復家。

1630　陳　嘉　功臣表，復陽侯胥之子，文十一年嗣，諡共。

1631　鄂　嘉　功臣表，安平敬侯秋之子，惠三年嗣，諡簡。

1632　翟　嘉　功臣表，衍簡侯盱之孫，高后六年嗣，諡節。

〔二〕「壽」，山西書局本作「春」，據漢書改。

1633	程嘉	功臣表,建平敬侯,以將軍擊吳楚,用江都相封。
1634	劉嘉	諸侯王表,燕王澤子,孝文三年嗣王,諡康。田蚡傳曰,取燕王女爲夫人。師古曰:
1635	劉嘉	康王嘉女。
1636	劉嘉	諸侯王表,梁荒王嘉嗣。
1637	劉嘉	王子侯表,景中元年,紅敬侯嘉嗣。
1638	劉嘉	王子侯表,平度侯六世嗣。
1639	劉嘉	王子侯表,利昌康侯嘉嗣。
1640	劉嘉	王子侯表,蒲領侯嘉,廣川惠王子,元朔三年封。
1641	劉嘉	王子侯表,薪處侯嘉,中山靖王子,元朔元年封,後坐酎金免。
1642	劉嘉	王子侯表,元鳳五年,繁安頃侯嘉嗣。
1643	劉嘉	王子侯表,平利質侯嘉嗣。
1644	劉嘉	王子侯表,安平侯嘉嗣。
1645	劉嘉	王子侯表,石山鼇侯嘉嗣。
1646	劉嘉	王子侯表,平侯嘉嗣,免。
1647	劉嘉	王子侯表,陵陽侯嘉,元始元年以東平思孫封。
1648	劉嘉	王子侯表,方樂侯嘉,廣陽繆王子,元壽元年封,十一年免。
	劉嘉	王子侯表,魏其侯嘉嗣,莽篡,絕。

1649 劉　嘉　燕王旦傳，廣陽思王之子嘉嗣，王莽時以獻符命爲扶美侯，賜姓王氏。諸侯王表曰，〔三〕

1650 劉　嘉　建平四年嘉嗣，莽篡貶爲公，明年廢。

莽傳，安衆侯舉兵敗，張竦與崇族父劉嘉詣闕自歸，竦因爲嘉作奏，願爲宗室倡始，父子兄弟馳之南陽，豬崇官室云云。莽封嘉爲帥禮侯，子七人皆關內侯。又曰率禮侯劉嘉等三十二人知天命，賜姓王。同名十七。

1651 馬　嘉　百官公卿表，綏和二年，太山馬嘉次君爲右扶風，一年免。

1652 張　嘉　百官公卿表，平元始元年，左馮翊張嘉。

1653 蘇　嘉　蘇建傳，平陵侯建之子，爲奉車都尉，武之兄。

1654 申屠嘉　功臣表，故安節侯，孝文二年舉淮陽守，從高祖功，食邑五百戶，用丞相侯。有傳。

1655 博士嘉　成帝紀，河平四年，遣光祿大夫博士嘉等行舉瀕河郡困乏者。

1656 中尉嘉　景元年，中尉嘉。䵷錯傳，中尉嘉等劾奏錯當要斬。無姓。

1657 大中大夫嘉　成帝紀，永始三年，臨遣大中大夫嘉等循行天下。不著姓。

1658 廷尉嘉　百官公卿表，文十年，廷尉嘉。無姓。

1659 段　嘉　藝文志，京氏段嘉十二篇。注：蘇林曰：「東海人，爲博士。」師古曰：「即從京房受易者。」

〔三〕「諸侯王」，山西書局本作「王子侯」，據漢書改。

1660 殷嘉 儒林傳，易，京房授東海殷嘉，爲郎。
1661 賈嘉 賈誼傳，孝武初立，舉誼孫二人至郡守。賈嘉最好學，世其家。
1662 侯嘉 兩龔傳，[二]勝薦濟陰侯嘉，至爲諫大夫。
1663 長信少府霍嘉 霍光傳。師古曰：不知姓。
1664 傅嘉 霍光傳，昌邑王侍中傅嘉數進諫，繫嘉獄。
1665 傅嘉 孔光傳，復免傅嘉，曰：前爲侍中，毀仁賢，誣愬大臣云云，免爲庶人，歸故郡。
1666 樊嘉 貨殖傳，自元、成臨菑，京師富人杜陵樊嘉，五千萬。
1667 伊嘉 諸所交結，御史中丞伊嘉爲鴈門都尉。長安謠曰：伊徙鴈云云。[三]
1668 守廷尉加 百官公卿表，甘露四年，中山相加守廷尉。無姓。
1669 劉差 王子侯表，昌侯差，城陽頃王子，元鼎元年封，酎金免。
1670 呂瑕 功臣表，中水侯馬童之子，文十年嗣，謚夷。
1671 季瑕 功臣表，戚圉侯必之孫，文四年嗣，是爲躁侯。
1672 廷尉瑕 百官公卿表，景中六年，廷尉瑕爲大理。無姓。
1673 費家 藝文志，易傳，民間有費、高二家之說。不著名。

　［二］「兩」，山西書局本作「丙」，據漢書改。
　［三］此條「伊」，山西書局本均作「倪」，據漢書改。

1674 高家 藝文志，易傳，民間有費、高二家之說。不著名。

1675 朱家 季布傳，朱家心知其季布也，乃之雒陽見滕公說之。又見游俠傳。

1676 利家 王尊傳，御史中丞楊輔爲尊書佐，常醉過尊大奴利家，[二]利家捽搏其頰。互見姥韻「輔」、庚韻「閼」下。

1677 錡華 藝文志，雒陽錡華賦九篇。

1678 倚華 戾太子傳，使舍人無且夜入未央宮長秋門，因長御倚華白皇后。

1679 田巴 魏豹傳，齊遣田巴隨周市救魏。

1680 侯芭 楊雄傳贊，鉅鹿侯芭嘗從雄居，受其太玄、法言。雄卒，芭爲起墳，喪之三年。

十六遮

1681 呼韓邪 宣紀，單于。又匈奴傳，稽侯狦立爲呼韓邪單于。

1682 公孫渾邪 功臣表，平曲侯，以將軍擊吳楚，用隴西太守侯。鼂錯傳，隴西太守臣渾邪。景六年封，中四年罪，免。藝文志，陰陽家有公孫渾邪十五篇。典屬國公孫渾邪爲上泣曰：「李廣材氣，天下無雙，數與虜角，恐亡之。」上乃徙廣上郡太守。

1683 濕陰定侯 功臣表，以匈奴昆邪王將衆十萬降侯，萬戶。霍去病傳，封昆邪王萬戶，爲濕陰侯。

〔二〕「奴」，山西書局本作「怒」，據漢書改。

1684	昆邪 趙廣漢傳，立蘇回庭下，使長安丞龔奢叩堂戶曉賊，無得殺質。
1685	龔奢
1686	伊稚斜 匈奴傳，單于遣云、當子男大且渠奢至塞迎王咸等。
	大且渠奢 匈奴傳，軍臣單于死，弟左谷蠡王伊稚斜自立爲單于。
	伊稚斜 莽後封之爲後安侯。
1687	高祖邦

十七陽

1687 高祖邦 高紀。注：荀悅曰：「諱邦，字季。邦之字曰國。」師古曰：「邦之字曰國者，臣下所避以相代也。」

1688 周昌 高紀，漢十一年，代相陳豨反，趙相周昌請誅常山二十城守尉。上不從，令周昌選趙壯士可令將者，白見四人。外戚傳，爲趙相。太后召趙王，使者三反，周昌不遣。太后召趙相至長安。

1689 周昌 有傳。汾陰悼侯。初起，以職志擊秦，入漢，出關，以内史堅守敖倉，以御史大夫侯，比清陽侯。

1690 周昌 功臣表，胐成侯緤之子嗣，有罪，免。

1691 甯昌 高紀，秦三年，遣魏人甯昌使秦。

1692 鄭昌 高紀，元年，項羽旣殺韓王成，聞漢王並關中，乃以故吳令鄭昌爲韓王，拒漢。後二年，使太尉韓信擊韓，韓王鄭昌降。

1693 鄭昌 刑法志，涿郡太守鄭昌言：「律令一定，愚民知避，姦令無所弄。今不正其本，而置

一六一

1694 鄭昌　蓋寬饒傳，諫大夫鄭昌上書頌寬饒，不聽。

1695 宋昌　文紀，勸文帝勿疑大臣之迎。功臣表，壯武侯，以家吏從高祖起山東，[二]以都尉從滎陽，食邑，以代中尉勸王入卽位，侯，四百戶。景中四年，奪一級，爲關内侯。

1696 蘇昌　宣紀，太常蒲侯昌。師古曰：「蘇昌也。」百官公卿表，蒲侯，以圉小史捕反者故越王子鄒起侯，千二十六戶。[三]征和二年封。元鳳四年爲太常。十一年，坐藉霍山書泄祕書，免。元康四年，復爲太常，六年病免。甘露元年，復爲太常，二年病免。又霍光傳。田廣明傳，圉尉史蘇昌共收捕公孫勇云云。[四]

1697 劉昌　諸侯王表，[五]征和元年，趙頃王昌嗣。

1698 劉昌　王子侯表，武始侯昌，趙敬肅王子，元朔三年封，[六]後爲趙王。

1699 劉昌　王子侯表，麥侯昌，城陽頃王子，元鼎元年封，酎金免。
祖死，上問宦者武始侯昌，對曰：「無咎無譽。[七]遣使者立之也」。

　　景十三王傳，趙王彭

[一]「東」，山西書局本作「都」，據漢書改。
[二]「十」字上，山西書局本衍一「百」字，據漢書刪。
[三]「二」，山西書局本作「元」，據漢書改。
[四]「尉」，山西書局本作「御」，據漢書改。
[五]「諸侯王」，山西書局本作「王子侯」，據漢書改。
[六]「三」，山西書局本作「二」，據漢書改。
[七]兩「無」字，山西書局本均作「天」，據漢書改。

一六二

1700 劉昌　王子侯表，膠東康王子，元封元年封。[一]

1701 劉昌　王子侯表，廣陵厲王子，[二]本始元年封，坐賊殺人免。

1702 劉昌　王子侯表，河間孝王子，五鳳元年封。建始二年，坐朝私留他縣，使庶子殺人，棄市。

1703 劉昌　王子侯表，陽興侯昌，

1704 劉昌　王子侯表，長沙王子，建平四年封，[三]十一年免。

1705 劉昌　王子侯表，茲鄉頃侯昌嗣。

1706 郭昌　諸侯王表，景十三王中山靖王子昌嗣，謚哀。同名九。

武紀，元封二年，將軍郭昌平西南夷。又地節中，光祿大夫郭昌使行河北曲三所水流之勢。溝洫志，上使汲仁、郭昌發卒數萬人塞瓠子決河。又見衞青傳末。西南夷傳，中郎將郭昌、衞廣引兵還，行誅隔滇道者且蘭，[四]遂平南夷爲牂柯郡。去病傳，郭昌，雲中人，以校尉從大將軍。後爲拔胡將軍，屯朔方。還擊昆明，無功，奪印。又見匈奴傳。

1707 郭昌　李尋傳，甘忠可以天官曆、包元太平經教東郡郭昌等。又曰郭昌爲長安令，勸李尋宜助夏賀良等。

[一]「元封」，山西書局本作「元鼎」，據漢書改。

[二]「厲」，山西書局本作「利」，據漢書改。

[三]「四」，山西書局本作「二」，據漢書改。

[四]「滇」，山西書局本作「淇」，「且」作「具」，據漢書改。

1708 韓昌 宣紀，甘露三年，騎都尉昌送單于。晉灼曰：韓昌也。匈奴傳，甘露二年正月，漢遣車騎都尉韓昌迎呼邪單于，後又送單于出朔方雞鹿塞。又元帝初即位之明年，復遣與張猛送呼韓邪侍子，〔二〕俱登匈奴諾水東山，刑白馬，飲血盟，還。馮奉世傳，護軍都尉韓昌為偏裨，屯臨洮。互見入聲任立下。

1709 王昌 功臣表，景嚴侯競之玄孫，元康四年，長安公士詔復家。

1710 王昌 百官公卿表，建昭五年，京兆尹王昌為鴈門太守。

1711 王昌 百官公卿表，建始三年，南陽太守王昌為右扶風，三年免。

1712 王昌 翟義傳，莽以中少府建威侯王昌為中堅將軍。車師傳，莽使中郎將王昌告單于，單于執二王付使君。匈奴傳，漢遣中郎將韓隆、〔三〕王昌、副校尉甄阜、侍中謁者帛敞、長水校尉王歙告單于不得受西域降。又遣使匈奴頒四條。

1713 許昌 功臣表，柏至侯益之孫，文十五年嗣。百官公卿表，景後三年，為太常。建元二年，為丞相。申屠嘉傳，許昌，丞相備員而已。又見田蚡傳。

1714 張昌 功臣表，宣平侯敖之玄孫，元鼎二年嗣睢陵侯，太初二年坐為太常乏祠，〔三〕免。

1715 革昌 功臣表，棘棗侯朱之孫，景中三年嗣，有罪，免。百官公卿表，中三年，為奉常。

〔一〕「邪」字下，山西書局本衍一「邪」字，據漢書刪。
〔二〕「隆」，山西書局本作「容」，據漢書改。
〔三〕「常」，山西書局本作「帝」，據漢書改。

1716 齊昌　功臣表，平定侯受之玄孫，元鼎四年嗣。〔二〕六年，有罪，免。

1717 丙昌　外戚恩澤侯表，博陽侯吉之孫，鴻嘉元年紹封。百官公卿表，元壽三年，〔三〕博陽侯丙昌長矯爲太常，二年貶爲東郡太守。丙吉傳，鴻嘉元年，封吉孫丙昌爲博陽侯。

1718 傅昌　外戚恩澤侯表，汝昌侯商之兄子，元壽二年紹奉祀封，坐非正免。

1719 安昌　功臣表，臺侯野玄孫，元康四年，長陵上造復家。

1720 趙步昌　功臣表，須昌侯衍之七世孫，元康四年，長安簪褭詔復家。

1721 李步昌　藝文志，鉤盾冗從李步昌八篇。注：宣帝時數言事。又有賦二篇。

1722 劉次昌　諸侯王表，元光四年嗣齊王，諡厲。高五王傳，主父偃爲齊相，治王與紀翁主姦事，王自殺。

1723 張廣昌　王子侯表，元鼎二年劇孝侯廣昌嗣。

1724 劉廣昌　衡山王賜傳，王與奚慈、張廣昌謀，求能爲兵法候星氣者。

1725 劉始昌　王子侯表，臨衆敬侯，菑川懿王子，元朔元年封。

1726 王始昌　功臣表，新市侯棄之子嗣，〔四〕元光四年爲人所賊殺，諡煬。

1727 夏侯始昌　儒林傳，始昌通五經。夏侯都尉傳族子始昌，始昌傳勝。又曰轅固詩弟

〔一〕「四年」，中華書局標點本漢書校改爲「二年」。

〔二〕「六年」，中華書局標點本漢書校改爲「四年」。

〔三〕「三年」，中華書局標點本漢書校改爲「二年」。

〔四〕「棄之」，山西書局本作「彝之」，據漢書改。「子」字上，傅山全書初版本衍一「之」字，據山西書局本刪。

1728 柏始昌　子，昌邑太傅夏侯始昌，[二]魯人，通五經，明陰陽，先言柏梁臺災日，果然。西南夷傳，天子乃令柏始昌等十餘輩間出西南夷，指求身毒國云。

1729 劉永昌　王子侯表，柳泉侯永昌嗣，莽篡，免。

1730 監益昌　功臣表，湘成侯居翁之子嗣，莽篡。

1731 張富昌　功臣表，題侯，以山陽卒與李壽共得衛太子侯，八百五十八戶，征和二年封，後爲人所賊殺。戻太子傳，入室自經。山陽男子張富昌爲卒，足踏開戶，封題侯。

1732 先賢富昌　歸德侯揮之子，竟寧元年嗣，謚煬。

1733 富昌　趙充國傳，詔長水校尉富昌與酒泉侯奉世將婼，[三]月支兵四千人。

1734 趙昌　百官公卿表，建平三年，尚書令涿郡趙昌爲少府，一年爲河內太守。鄭崇傳，尚書令趙昌諂佞，素害崇，因奏崇與宗族通，疑有姦，請治。孫寶傳，請治昌，毋將隆傳，尚書令昌徙合浦，以醫鄭崇。

1735 滿昌　溝洫志，滿昌、師丹等數言百姓可哀，盡，宜毀。王嘉傳，薦儒者滿昌。儒林傳，詩，匡衡授潁川滿昌，字君都，爲詹事滿昌等五十三人皆以爲孝武親盡，宜毀。王嘉傳，薦儒者滿昌。儒林傳，詩，匡衡授潁川滿昌，字君都，爲詹事莽傳，滿昌爲講詩。

[一]「夏侯始昌」，山西書局本作「夏侯昌」，據漢書改。
[二]「侯」，中華書局標點本漢書校改爲「候」。
[三]「昌」，山西書局本作「寶」，據漢書改。

1736 滿昌　莽傳，莽欲得烏孫心，引小昆彌使置大昆彌使上。保成師友祭酒滿昌劾奏使者云云，莽怒，免昌官。

1737 廷尉宜昌　藝文志，曆譜有耿昌月行帛圖二百三十二卷，月行度二篇。

1738 　　　　　百官公卿表，文十年，昌。不記姓。又文十五年，廷尉宜昌。鼂錯傳，廷尉臣宜昌。

1739 申章昌　儒林傳，穀梁學，丁姓受楚申章昌，字曼君，爲博士，至長沙太傅。李奇曰：姓申章，名昌也。

1740 司馬昌　司馬遷傳，蘄孫昌，爲秦王鐵官。

1741 太常臣昌　霍光傳。不具姓。

1742 高昌　霍光傳，昌邑王使中御府令高昌奉黃金千斤賜君卿。

1743 耿壽昌　宣紀，五鳳四年，大司農中丞耿壽昌奏設常平倉，以結北邊，賜爵關內侯。食貨志，大司農中丞耿壽昌以善爲算能商功利得幸於上，言羅三輔、弘農、河東、上黨、太原郡穀足供京師，可以省關東漕卒過半。又白增海租三倍。復白立常平倉。陳湯傳，解萬年與湯議，以爲大司農中丞耿壽昌造杜陵賜爵關內侯。趙充國傳，吾謂耿中丞，羅二百萬斛穀，羌人不敢動矣。請羅百萬斛，乃得四十萬斛耳。嚴延年傳，丞義道耿壽昌爲常平倉，利百姓云。蕭望之傳，是時大司農耿壽昌奏設常平倉，望之非壽昌。

1744 嚴昌　馮奉世傳，奉世與其副嚴昌計，擊莎車王，攻拔其城。

1745 匡昌　匡衡傳，衡之子，爲越騎校尉，醉殺人，繫詔獄。越騎官屬與昌弟謀篡昌。

傅山全書 第十三册

1746 嫣昌 莽傳，〔二〕莽封嫣昌爲始睦侯，奉虞帝後。

1747 唐昌 莽傳，平陽唐昌爲講書。

1748 徵事臣昌 渠犂傳，桑弘羊上書曰：「臣謹遣徵事臣昌分部行邊」云云。

1749 任昌 烏孫傳，漢使司馬魏和意、副候任昌送侍子，謀置酒會，罷，使士拔劍擊狂王。狂王傷，上馬馳去。後檻車至長安，皆斬之。

1750 周章 陳涉之將周章，秦二世元年九月西入關，至戲，章邯拒破之。勝傳作周文。見

1751 劉章 高后紀，朱虛侯，以呂祿女爲婦，知祿等逆謀，告兄齊王發兵西，卒與太尉、丞相定難。孝文二年王城陽，諸侯王表。

1752 劉章 諸侯王表，元朔四年，紅哀侯章嗣，亡後。

1753 劉章 諸侯王表，東野戴侯章，中山靖王子，元朔四年封。〔三〕

1754 劉章 王子侯表，揤裴頃侯章嗣。亡年。

1755 劉章 王子侯表，廣陵王胥傳，初高密王弘以廣陵王少子立，子頃王章嗣。宣處節侯章，中山康王子，本始三年封。〔三〕

1756 劉章 王子侯表，襄鄉侯章嗣，免。

1757 劉章 高紀，真韻。

〔一〕「莽傳」，山西書局本作「王子侯表」，據漢書改。
〔二〕山西書局本作「二」，據漢書改。
〔三〕山西書局本作「元」，據漢書改。

一六八

1758 劉章　翟義傳，莽詔，已捕斷信子穀鄉侯劉章。

1759 王章　同名八。

1760 王章　成紀，陽朔元年，京兆尹王章下獄死。本傳，字仲卿，泰山鉅平人。爲京兆尹，上書言王鳳，爲鳳所陷。元后傳，對言，日食之咎，在王鳳。薦馮野王代鳳。後成帝又使尚書劾奏章，死。公卿表，河平四年，司隸校尉王章爲京兆尹，一年下獄死。馮野王傳，章薦野王代王鳳。〔二〕又見王商傳。

1761 王章　外戚恩澤侯表，宜春侯訢曾孫，元延元年嗣，諡剛。

1762 許章　外戚恩澤侯表，安平侯舜之子，建昭四年嗣，諡質。〔二〕又見王商傳。

1763 許章　五行志，元帝初元三年，孝武園白鶴館災，下許章坐走馬上林下烽馳逐，免官。蕭望之傳，侍中許章白見鄭朋。

1764 許章　諸葛豐傳，章以外屬貴幸，不法。豐案劾章，適逢章私出，豐駐車舉節曰：「下！」欲收之。章馳入宮門，自歸上。於是收豐節。司隸去節自豐始也。

1765 樊章　平帝紀，初封噲玄孫之子章爲列侯。樊噲傳，噲六世孫，元始二年紹封，千戶。

1766 蕭章　功臣表，何八世孫，綏和元年嗣。元始元年，益滿二千戶。諡質。

1767 雍章　功臣表，齒之玄孫，元康四年嗣。長安上造詔復家。〔三〕

〔一〕「章」，山西書局本作「鳳」，據漢書改。

〔三〕中華書局標點本漢書無雍章。

1768 其章　功臣表，陽河侯石之曾孫，元鼎四年更封爲埤山侯，謚共侯，三千九百一十三戶，地節四年封。霍光傳，李竟、張赦謀殺魏丞相等，長安男子

1769 張章　功臣表，博成侯，以長安男子先發覺大司馬霍禹等謀反，[二]以告期門董忠，忠以聞，

1770 魏章　功臣表，鄧公子章，以脩黄老言顯諸公間。

1771 鄧章　

1772 吳章　黽錯傳，平陵人。云敞師章。與王莽子謀，以血塗莽門，坐要斬。章爲當世大儒，教授尤甚。儒林，書，許商以門人平陵吳章字偉君爲言語。科後爲莽誅，四科獨此一人。又見莽傳，莽子宇謀子與師吳章議云云。

1773 蘇章　鮑宣傳，北海蘇章傳，友人侍郎章亦上疏言：聖王以禮讓爲國，宜優養玄成，勿枉其志。

1774 侍郎章　韋玄成傳，與士伍開章謀反，事覺，長安尉奇等捕開章，爲棺槨衣衾，葬之肥陵。

1775 士伍開章　淮南厲王傳，與友人侍郎章謀反，事覺，長安尉奇等捕開章，殺以閉口，爲棺槨衣衾，葬之肥陵。漫吏曰「不知安在」。

1776 大謁者章　魏相傳，高皇帝所述書天子所服第八日，大謁者章。臣章受詔長樂宮，曰：令羣臣議天子所服，制曰：「可。」

1777 萬章　王尊傳，長安大猾城西萬章。詳語韻「萬」下。游俠傳，字子夏，長安人，號曰「城

〔二〕「謀反」，山西書局本作「反謀」，據漢書改。
〔三〕「讓」，山西書局本作「爲」，據漢書改。

一七〇

1778 楊章　西萬子夏」。爲京兆尹門下督，與石顯善，得其權力。王尊爲京兆尹，殺之。

1779 任章　王尊傳，長安大猾楊章。楊章皆通邪結黨，上干王法云云。互詳語韻「萬」下。

1780 哀章　儒林梁丘賀傳，任宣坐反，誅。宣子章爲公車丞，亡在渭城界，中夜玄服入廟，執戟立廟門，待上至，欲爲逆，伏誅。

1781 孫卬　莽傳，梓潼人哀章學問長安，素無行，見莽居攝，即作銅匱，爲兩，一署曰「天帝行璽金匱圖」，一曰「赤帝行璽某傳予黃帝金策書」。某者，高皇帝名也。書莽大臣八人，又取令名王興、王盛、章因自竄姓名，凡十一人，皆署官爵，爲輔佐。莽於是即眞。建國元年，爲國將、美新公。又曰國將哀章頗不清，莽爲選置和叔。又遣與太師匡並力擊山東。莽敗死，國將哀章雒陽，傳詣宛，斬之。

1782 司馬卬　文紀十四年，匈奴殺北地都尉卬。師古曰：「與缾侯單父力戰死事合，徐廣曰段卬無據。」又見匈奴傳。

1783 劉卬　高紀，趙別將，秦三年，司馬卬方欲渡河入關。項羽傳，後羽分魏，立爲殷王，都朝歌。遷傳，始皇之時，崩蕢玄孫卬爲武信君將而狥朝歌。諸侯相王卬，卬於殷也。後歸漢。

1784 內史卬　諸侯王表，悼惠王子，封平昌侯，爲膠西王，景三年反。百官公卿表，元光元年。無姓。[二]

1785 張卬　溝洫志，拜卬爲漢中守，發數萬人作斜道五百餘里。道果便近，而水多湍石，不可漕。

[一] 中華書局標點本漢書百官公卿表元光元年無內史卬，或是建元元年內史卬之誤。

1786 綦母卬

卬，湯子也。樊噲傳，破得綦母卬、尹潘軍於無終、廣昌。似豨將。

1787 姚卬

周勃傳，擊章平、姚卬軍，西定汧。

1788 臣卬

霍光傳，臣卬。趙充國子也。充國傳，子右漕中郎將卬，將兵疏捕山間虜。又充國欲屯田待羌敝，作奏未上，得進兵璽書。卬懼，使客諫充國，充國嘆曰：何言之不忠也。後爲辛武賢恨充國上書告卬泄省中語。卬坐禁止而入至充國幕府司馬中下吏，自殺。

1789 項梁

項籍傳，秦二世元年九月，項梁與兄子羽起吳，再破秦軍，有驕色。九月，章邯夜銜枚擊，破之於定陶，遂殺之。

1790 劉梁

王子侯表，高城節侯梁，長沙頃王子，元始六年六月乙未封。[二]無卒年月日，昭表。

1791 劉梁

王子侯表，高城節侯梁，長沙頃王子，元康元年正月癸卯封。宣表。傅山曰：右二人皆長沙頃王子，一封於始元，一封於元康，其子及孫、曾孫又皆同名，焉有四世同名之理？當是一人，傳寫有誤，遂分作二人。註皆不及此，何也？但其間相去十八年，是爲可疑也。有考別見，再抄附入。

1792 劉梁

王子侯表，平纂節侯梁，平干頃王子，神爵四年封。

1793 薄梁

功臣表，軹侯昭之孫，建元二年嗣。

〔二〕「六年」，山西書局本作「五年」，據漢書改。

1794	大鴻臚梁	百官公卿表,本始四年,山陽太守梁爲大鴻臚。無姓。
1795	馮梁	噲傳,虞代丞相馮梁。
1796	曹梁	伍被傳,王問:「大將軍何如人也?」被曰:「謁者曹梁使長安來,言大將軍令明,當敵勇」云云。
1797	牢梁	石顯傳,與中書僕射牢梁結爲黨友,民歌之曰「石耶牢耶」云云。後坐免官。互見震韻陳順下。
1798	臣梁	霍光傳。不知姓。
1799	張良	功臣表,留文成侯,以廐將從起下邳,以韓申都下韓,入武關,設策降秦王嬰,解上與楚隙,請漢中地,常爲計謀,侯萬戶。有傳。
1800	劉良	王子侯表,淮南厲王子,東城侯,亡後。見厲王傳。
1801	劉良	景十三王傳,成帝建始元年,立河間王弟上郡庫令劉良爲王。爲太后喪三年,詔益封萬戶。表諡惠。建始元年,河間惠王良以孝王子紹封。
1802	劉良	王子侯表,桃煬侯良,廣川繆王子,初元元年封。
1803	劉良	王子侯表,鄭侯良嗣,免。
1804	劉良	王子侯表,南皮侯彭祖之子,建元六年嗣,諡夷。
1805	石良	五行志,成河平元年,長安男子石良、劉音相與同居,有如人狀在其室中,[二]擊之,

〔二〕「如」,山西書局本作「女」,據漢書改。

1806 兒良 藝文志，兵家，兒良一篇。六國時人。

1807 李良 藝文志，兵形勢家，李良三篇。

1808 李良 陳餘傳，武臣既自立爲趙王，使李良略常山。已定常山，報趙王，武臣復使良略太原。至石邑，秦將詐稱二世書遺良，不封，使反趙爲秦，赦良罪。會逢趙王姊，伏謁，姊醉，使騎謝。李良慚，乃追殺姊，襲邯鄲，殺武臣，進兵擊陳餘。餘敗，李良走歸章邯也。

1809 任良 藝文志，蓍龜家，任良易旗七十一卷。

1810 任良 京房傳，上令房上弟子曉知考功課吏事者，欲試用之。京上郎中任良、姚平，願以爲刺史。

1811 夏賀良 天文志，建平二年，[二]夏賀良等言當改元易號，改爲太初元年。哀紀，建平二年，待詔夏賀良等言赤精子之讖，皆伏辜。[三]李尋傳，甘忠可以天官曆、包元太平經教重平夏賀良。莽傳，莽奏，甘忠可、夏賀良讖書藏蘭臺，於今信矣。

1812 徐良 儒林傳，禮大戴授瑯邪徐良，字斿卿，爲博士、州牧、郡守，家世傳業。

1813 侍中謁者 蕭望之傳，繁延壽奏：侍中謁者良使承制詔望之，望之再拜已。良與望之言，望之不起，因故下手，而謂御史曰良禮不備。

―――――
[一][二]，山西書局本作「元」，據漢書改。
[三]「皆」，山西書局本作「后」，據漢書改。

1814	壽良	詔兗州牧壽良等毆進所部州郡兵,[二]迫措青、徐。
1815	陳良	莽傳,孫建奏之。匈奴傳,時戊己校尉史陳良等共謀殺戊己校尉刁護。後匈奴械付使者,莽燒殺之。見「音」下。又詳見車師傳,陣良屯桓且谷僑匈奴云云。
1816	劉良	莽傳。
1817	霍光	諸侯王表,以悼惠王子扐侯爲濟南王,景三年反。有傳。麟閣第一人。博陸宣成侯,以奉車都尉捕反者莽何羅侯,二千三百五十戶,以大將軍益封萬七千三百戶,始元二年封。
1818	劉光	諸侯王表,魯共王子,元朔元年嗣,諡安。
1819	劉光	諸侯王表,甘露四年,六安頃王光嗣。
1820	劉光	王子侯表,太始三年,平望敬侯光嗣。
1821	劉光	王子侯表,臨樂穆侯光,中山靖王子,元朔二年封。
1822	劉光	王子侯表,繁安孝侯光嗣。無年。
1823	劉光	王子侯表,文成侯光,城陽頃王子,元鼎元年封,酎金免。
1824	劉光	王子侯表,甘井侯光,廣川繆王子,元鼎元年封,後坐殺人棄市。
1825	劉光	王子侯表,樂孝侯劉光,繆東戴王子,地節四年封。[三]
1826	劉光	王子侯表,昆山節侯光,城陽荒王子,初元元年封。

[二]「亟」,山西書局本作「丞」,據漢書改。

[三]「四」,山西書局本作「三」,據漢書改。

1827 劉光　王子侯表，鄩鄉侯光，楚思王子，元始元年封。

1828 劉光　功臣表，平皋侯它之孫，景元年嗣，諡節。本姓項。

1829 劉光　景十三王，魯共王子，安王光，初好音樂輿馬，[一]晚節遴，唯恐不足於財。

1830 劉壽光　王子侯表，自當子，嗣侯。五鳳二年，坐與姊亂，下獄病死。

1831 劉傅光　王子侯表，本始四年，魏其原侯嗣。魏其煬侯昌之子。

1832 劉時光　王子侯表，曲梁節侯時光嗣。

1833 大行令光　百官公卿表，建元元年，[二]大行令光。無姓。

1834 孔光　本傳，字子夏，孔子十四世孫。博山簡烈侯，[三]以丞相侯，千戶，元始元年益萬戶。綏和二年封。建平二年，坐眾職廢，免。元壽元年，復以丞相侯，六年薨。王嘉傳，光祿大夫孔光劾嘉罔上不道，遂可光奏。然嘉且死，以爲丞相孔光、大司空何武賢而不能進。又儒林傳劉歆數見丞相孔光，爲言左氏以求，光卒不肯。董賢傳，與孔光並爲三公，上故令賢私過孔光，拜謁送迎甚謹，不敢以賓客鈞敵之禮。上聞之喜，立拜兩兄子爲諫大夫侍常。又見馮昭儀傳。傅山曰：光本碌碌，嘉何爲賢之？嘉死而思其言，昌園侯之玄孫，元康四年，昌上造詔復家，賜黃金十斤。

1835 旅光　功臣表，

[一]「興」，山西書局本作「與」，據漢書改。
[二]「建元」，山西書局本作「元光」，據漢書改。
[三]「烈」，山西書局本作「列」，據漢書改。

1836 翟光 功臣表，衍簡侯盯之玄孫，元康四年，陽陵公乘詔復家。

1837 徐光 功臣表，容城侯盧之孫，元朔三年嗣。後元二年，坐咀咒，要斬。

1838 趙光 功臣表，隨桃頃侯，以南越蒼梧王聞漢兵至，降，侯，三千戶，元鼎六年封。南粵傳，蒼梧王趙光與粵王同姓，聞兵至，降，爲隨桃侯。

1839 鄭光 功臣表，安遠侯吉之子，初元元年嗣，亡後。

1840 王奉光 外戚恩澤侯表，邛成共侯，以皇后父關內侯侯，二千七百五十戶，元康二年封。外戚傳，孝宣王后父，少時好鬭雞，宣帝在民間數與奉光會，相識。女爲后，封爲邛成侯，謚共。[二]

1841 唯塗光 百官公卿表，太始三年，容城侯唯塗光爲太常，徙爲安定都尉。

1842 濟北王后 濟北王勃傳，式王后光。表作成王。

1843 江都后成光 景十三王傳，江都王建罪多恐誅，與其后成光使越婢下神咀咒。

1844 李光 宣紀，廷尉光，爵關内侯。師古曰：「李光。」又霍光傳。

1845 李光 元鳳六年，廷尉李光，四年免。

1846 麻光 律曆志，治曆大司農中丞麻光。

〔二〕此條「邛」，山西書局本作「卬」，據漢書改。

1847 服光藝文志，易傳，服氏二篇。師古曰：劉向別錄，齊人，號服光。

1848 平都令光食貨志，民苦少牛，平都令光教過以人輓犁，過奏光以爲搜粟都尉之丞，教民相與庸輓犁。

1849 張光勸視淮陽王以不義。淮陽憲王傳，言願盡力與博共爲王求朝。

1850 張光五行志，太子賓客張光等，商丘成獲之。

1851 解光劉屈氂傳，谷永論河決當修政以應之，[一] 是時李尋、解光亦以陰氣盛云云。李尋傳，司隸校尉解光亦以明經通災異得幸，白夏賀良所挾忠可書。後賀良等坐誅，李尋與解光減死，徙燉煌郡。[三] 元后傳，解光劾奏王根。趙皇后傳司隸解光奏言聞許美人等云云。元后傳，廷尉光以治詔獄，請溫舒署奏曹掾。張晏曰：[三] 解光也。

1852 田光韓信襲齊，齊守相田光走城陽，爲灌嬰追得。嬰傳，得相田光。

1853 鄧光田儋傳，[四] 李廣利傳，乃案言伐宛尤不便者鄧光等。[五]

1854 楊光陳湯傳，[六] 解萬年與湯議，以爲武帝時工楊光以所作數可意，[七] 自致將作大匠。

[一]「谷」，山西書局本作「各」，據漢書改。

[二]「郡」，山西書局本作「甘」，據漢書改。

[三]「張晏」，山西書局本作「師古」，據漢書改。

[四]「儋」，傅山全書初版本與山西書局本均誤作「檐」，據中華書局本漢書改。

[五]「伐」，山西書局本作「代」，據漢書改。

[六]「陳」，山西書局本作「張」，據漢書改。

[七]「可意」，山西書局本作「可可」，據漢書改。

1855 公孫光　王嘉傳，薦儒者公孫光。

1856 賈子光　游俠傳，王尊殺有酒市賈子光。

1857 王光　莽傳，王兄永早死，有子光，莽使學博士門下，莽使同日納婦。三年，封光爲衍功侯。後司威陳崇奏光私報執金吾寶況，令殺人，光母子自殺。

1858 暴利長　武紀，注：暴利長遭刑，屯田燉煌界，數於水旁見羣馬中有奇異者，與凡馬來飲水，利長收得其馬，獻之，云從水出也。

1859 素光　烏孫傳，肥王復尚楚主，生兩女，小女素光，爲若呼翎侯妻。〔二〕

1860 淳于長　百官公卿表。〔三〕成帝侍中衛尉白昌陵宜早止。侍中衛尉言昌陵不可成侯，千戶。皇太后姊子。佞幸有傳。外戚恩澤侯表，〔三〕定陵侯，以侍中衛尉言昌陵不可成侯，千戶。皇太后姊子。佞幸傳，字子孺，魏郡元城人。元延三年封，綏和元年坐大逆，下獄死。蕭育傳，坐與淳于長厚善，免官。佞幸傳，淳于長以材能爲九卿，在莽右，陰求其罪過，爲黃門郎，以言罷昌陵封定陵侯。莽傳，淳于長以材能爲九卿，在莽右，陰求其罪過，因曲陽侯根白之，伏誅。永始元年爲水衡都尉，三年免。

1861 劉久長　王子侯表，高郭孝侯久長嗣。無年。

1862 季長　功臣表，戚圉侯必之子，文元年嗣，是爲貢侯。

1863 郭長　功臣表，成安侯忠之曾孫，陽朔三年嗣，曰郮侯。師古曰：郮音梟。

〔一〕「爲」，山西書局本作「若」，據漢書改。

〔二〕「百官公卿表」，山西書局本作「外戚恩澤侯表」，據文意和漢書改。

〔三〕「外戚恩澤侯表」，山西書局本作「百官公卿表」，據漢書改。

1864 傅長 功臣表，義陽侯介子之曾孫，元始四年紹封，更始元年爲兵所殺。傅介子傳，元始中，繼功臣後，復封介子曾孫爲義陽侯，莽敗，絕。

1865 劉長 有傳。十一年，英布反，詔擇可立爲淮南王者，立子長。孝文六年反，廢徙，死雍，諡厲。

1866 劉長 燕王旦傳，遂與中山哀王子結謀，長於是爲旦命令羣臣云云。

1867 李長 藝文志，成帝時將作大匠李長作元尚篇，皆蒼頡中正字也。

1868 于長 藝文志，陰陽家，于長天下忠臣九篇。注：「平陰人。別錄云：傳天下忠臣。」傅山曰：天下忠臣如何陰陽家？

1869 班長 敍傳，孺生長，官至上谷守。[二]

1870 酈商 右渠子長朝鮮傳，左將軍使右渠子長與路最告諭其民，殺成巳，漢封爲幾侯。互見「巳」下。

1871 酈商 有傳。曲周景侯，以將軍從起岐，攻長社以南，別定漢及蜀，定三秦，擊羽，侯，四千八百戶。

1872 酈商 食其弟。食其見沛公，後以酈商爲將，將陳留兵。後與審食其言不發喪事。高陽人，陳勝起，商聚少年數千人屬沛公。

1873 劉商 諸侯王表，元鼎二年，以常山憲王少子立爲泗水王，諡思。景十三王傳，憲王多所幸姬，生商，後封三萬戶，爲泗水王。

[二]「至上」，山西書局本作「上至」，據漢書改。

1874 劉商

王子侯表，臨眾侯七世商嗣，[二]莽篡位，絕。

1875 劉商

王子侯表，州鄉釐侯劉商嗣。無年。

1876 劉商

王子侯表，夫夷侯六世商嗣，莽篡，絕。

1877 王商

有傳。樂昌侯武之子，甘露二年嗣，謚戾。於宣帝爲舅兄弟。元帝時，定陶共王愛幸，[三]永光三年，侍中中郎將王商爲右將軍，十一年遷。建始三年爲左將軍，四年爲丞相，代匡。即樂昌侯也。

1878 王商

幾代太子，王商擁佐，與有力焉。又見史皇孫王夫人傳。百官公卿表，

1879 王商

成紀，帝舅五侯，元延元年薨。百官公卿表，永始二年爲大司馬衞將軍。元后傳，禁八男，五商，字子夏，封成都侯。嘗病，從上借明光宮避暑。又穿長安城，引内灃水注第中行船，上恨之。後又以特進領城門兵，置幕府。音死，商代爲大司馬衞將軍。輔政四歲死，謚景成。子況嗣。樓護傳，商至護家。成都景成侯，河平二年，以皇太后弟關内侯侯，二千户，以大司馬益封二千户。王章傳，鳳弟成都侯商復爲大將軍，白上還章妻子故郡。莽傳，商願分邑封莽。

〔一〕「七」，山西書局本作「六」，據漢書改。
〔二〕「幸」，山西書局本作「姬」，據漢書改。
〔三〕「百官公卿表」，山西書局本作「外戚恩澤侯表」，據漢書改。

傅山全書 第十三冊

1880 王商 藝文志，黃門書者假史王商賦十三篇。〔二〕以皇太后從父弟封汝昌侯，千戶。後以奉先侯祀益封，外戚恩澤侯表，建平四年，〔三〕

1881 傅商 凡五千戶。元壽元年，坐外附諸侯，免。鮑宣傳，上書：「汝昌侯傅商亡功而封。」傳昭儀傳，幼君之子也。鄭崇傳，哀帝欲封祖母傅太后從弟商，崇諫之。

1882 許商 五行志，孝武時，夏侯始昌通五經，善推五行傳，下及許商，皆以教所賢弟子。溝洫志，丞相、御史白博士許商治尚書，善為算，能度功用。遣行視屯氏河，又遣與楊焉雜作。藝文志，許商五行傳記一篇，儒林傳，周堪授長安許商。善為算，著五行論曆，

1883 許商 四至九卿，以弟子為四科，可笑矣。杜欽傳杜業奏：光祿勳許商被病殘人，但以附從方進，獲尊官。

1884 許商 百官公卿表，永始三年，詹事許商為少府，二年為侍中光祿大夫。〔三〕綏和元年為大司農，數月遷。〔四〕

1885 牛商 百官公卿表，鴻嘉三年，張掖太守牛商子夏為右扶風，四年免。

1886 馮商 藝文志，馮商所續太史公七篇。韋昭曰：「馮商受詔續太史公十餘篇，在班彪別錄。」又賦九篇。見五十九卷張湯傳贊，注：如淳曰：「班固目錄，馮商，長安字子高。」

〔一〕「門」，山西書局本作「問」，據漢書改。
〔二〕「四」，山西書局本作「三」，據漢書改。
〔三〕「三」，山西書局本作「二」，據漢書改。
〔四〕「月」，山西書局本作「日」，據漢書改。

1887 韓商　人，成帝時以能屬文待詔金馬門，受詔續太史公十餘篇。」師古曰：「劉歆七略云，商，陽陵人，治易，事五鹿充宗，能屬文，博通強記，與孟柳俱待詔，頗序列傳，未卒，會病死。又七十六卷趙廣漢等贊論曰：馮商傳王尊。[一]

1888 扈商　儒林傳，嬰孫商，為博士。

1889 浩商　孫寶傳，寶為益州刺史。廣漢太守扈商者，大司馬車騎將軍王音姊子，不任職，寶劾商為亂首，商徵下獄。

1890 求商　翟方進傳，北地浩商為義渠長所捕，亡，長取其母，與獄豬連係都亭。商兄弟會賓客，自稱司隸掾，長安縣尉，殺義渠長妻子六人，亡。又尹賞傳，北地浩商云云。何武傳，武弟顯市租不入，市嗇夫求商捕辱顯家，顯怒，欲以吏事中商，武卒白太守，召商為卒吏。

1891 任商　匈奴傳，右曲候任商等謀共殺戊己校尉刁護。[三]互見「護」、「帶」、「玄」、「良」下。詳見車師傳，曰任商領諸壘。

1892 劉辟彊　諸侯王表，趙幽王子，王遂之弟，孝文二年封辟彊為河間王，[三]諡文。

1893 劉辟彊　楚元王傳，紅侯富子辟彊等四人共養其母太夫人於京師，[四]仕於朝。字少卿，好讀書，

[一]「王」，山西書局本作「二」，據漢書改。
[二]「候」，山西書局本作「侯」，據漢書改。
[三]「二」，山西書局本作「三」，據漢書改。
[四]「四人」，山西書局本作「四」，脫「人」字，據漢書補。

清淨少欲，不肯仕。霍光拜爲光祿大夫，受長樂衞尉，年八十矣。徙爲宗正，數日卒。

1894 朱辟彊 昭紀，始元二年，舉宗室茂才辟彊爲光祿大夫。百官公卿表，始元二年，宗正劉辟彊卒。藝文志，宗正劉辟彊賦八篇。

1895 林辟彊 功臣表，都昌侯軫之玄孫，景三年嗣，亡後。

1896 張辟彊 功臣表，平棘侯揳之子，文五年嗣，景三年嗣。有罪，爲鬼薪。外戚呂后傳，留侯子張辟彊爲侍中，年十五，謂丞相平曰：「太后哭而不悲，君知其解未？」平曰：「何解？」辟彊曰：「帝無壯子，太后畏君等。今請拜呂台、呂產爲將，將兵居南北軍」云云。

1897 劉便彊 宣紀，元康四年，遣大中大夫彊等循行天下。

1898 大中大夫彊 王子侯表，蘭陵侯便彊嗣，免。

1899 左馮翊彊 百官公卿表，神爵元年，左馮翊彊，三年免。無姓。

1900 右扶風彊 百官公卿表，永光二年。無姓。

1901 廣川相彊 景十三王傳，廣川王去數置酒，令倡俳嬴戲坐中以爲樂，〔二〕相彊劾係倡，闌入殿門，奏狀，事下考案。

1902 靳彊 高紀，鴻門，從間道走也，靳彊步從之。功臣表，汾陽嚴侯彊，以郎中騎千人前三年

〔二〕「嬴」，山西書局本作「嬴」，據漢書改。

1903 劉彊 王子侯表，城陽頃王子，元鼎元年封，酎金免。

1904 劉彊 王子侯表，膠東戴王子，地節四年封。[一]

1905 劉彊 王子侯表，廣川繆王子，神爵三年封。

1906 劉彊 王子侯表，樂信頃侯彊，神爵三年封。

1907 劉彊 王子侯表，東安孝侯彊，甘露四年封。

1908 劉彊 王子侯表，魯孝王子，建始二年封。

1909 劉彊 王子侯表，實梁懷侯彊嗣，河間孝王子，綏和元年封。同名六。

1910 李彊 百官公卿表，元康四年，大中大夫李彊中君守少府，三年遷。神爵元年爲鴻臚。蕭望之傳，與少府李彊議入穀贖罪，不可。王貢傳序，李彊，益州牧，謂楊雄曰：吾眞得嚴君平矣。

1911 王彊 功臣表，清河侯吸之子，孝文元年嗣，諡哀。

1912 灌彊 功臣表，穎陰侯嬰孫，景中三年嗣，八千四百戶，有罪免。李廣傳，與故穎陰侯屛居藍田南山中射獵。注曰：灌彊也。

1913 陳彊 功臣表，復陽侯胥之曾孫行，元朔元年嗣。元狩二年，[三]坐父拾非祖嘉之子，免。

1914 張彊 功臣表，東陽侯相如之曾孫，景四年嗣，諡哀，亡後。

1915 陸彊 功臣表，遒侯，以匈奴王降侯，千五百七十戶，景中三年封。

[二]「四」，山西書局本作「二」，據漢書改。
[三]「三」，山西書局本作「三」，據漢書改。

1916 內嬖 禮樂志，黃門名倡內嬖之屬，富顯於世。

1917 襄彊 陳勝傳，葛嬰至東城，立襄彊爲楚王。復聞陳勝已立，乃殺襄彊，還報。勝殺嬰。

1918 朱彊 義縱傳，爲南陽太守，平氏朱彊與爲牙爪之吏任用。

1919 劉彊 高后紀，後宮子，高后元年立爲淮陽王。

1920 劉彊 王子侯表，平的戴侯彊，[二]菑川懿王子，元朔二年封。

1921 王彊 王子侯表，宜春侯章之子，建平三年嗣。

1922 劉漢彊 王子侯表，[三]元康元年，象氏孝侯漢彊嗣。

1923 田牆 貨殖傳，關中富商田牆。

1924 王嬯 匈奴傳，呼韓邪單于自言願壻漢氏以自親，元帝以後宮良家子王嬯賜之，字昭君。[四]

1925 瑕丘申陽 瑕丘申陽下河南。文穎曰：「姓瑕丘，名申陽。」師古曰：「即羽所封河南王者，非姓瑕丘也。」羽傳，瑕丘公申陽，張耳嬖臣也，先下河南，迎楚河上。立爲河南王。異姓諸侯王表，楚將。羽分韓，立爲河南王，都雒陽。尋降漢，屬漢爲河南郡。

1926 東郭咸陽 食貨志，以東郭咸陽、孔僅爲大農丞，領鹽鐵事。師古曰：「姓東郭名咸陽也。」咸陽，齊之大商，鬻鹽，致產累千金，鄭當時進言之。

〔一〕「平」字上，山西書局本衍一「王」字，據漢書刪。

〔二〕「三」，山西書局本作「元」，據漢書改。

〔三〕「王子」，山西書局本作「外戚恩澤」，據漢書改。

〔四〕此條「嬯」，山西書局本作「墻」，據漢書改。

1927 劉海陽 宣紀，甘露四年，廣川王海陽殺人有罪，〔二〕徙房陵。

1928 劉海陽 景十三王傳，廣川戴王文之子，坐畫屋爲男女裸交接，置酒請父姊妹飲，令仰視畫；又女弟爲人妻，〔三〕而使與幸臣姦。

1929 劉陽 諸侯王表，太始三年，清河頃王嗣，代王義之子。傳作「湯」。

1930 劉陽 諸侯王表，綏和二年，眞定王陽嗣。莽篡，貶爲公，廢。

1931 劉陽 王子侯表，平鄉侯陽嗣，免。同名三。景十三王傳共王普之子。

1932 吳陽 王子侯表，沅陵頃侯，以父長沙王功侯。

1933 吳陽 功臣表，外石侯，以故東越衍侯左繇王功侯，千戶，元封元年封。閩粵傳，故粵衍侯吳陽前在漢，〔三〕漢使歸諭餘善，不聽。及韓說軍至，陽以其邑七百人反，攻粵軍於漢陽，卒殺餘善，封爲外石侯。功臣表作「外石」。

1934 王陽 有傳。即王吉也。世傳「王陽能作黄金」。

1935 王陽 張禹傳，從瑯邪王陽問論語。

1936 呂陽 功臣表，陽信侯玄孫，元康四年，長陵大夫詔復家。

1937 霍陽 外戚恩澤侯表，即光從父昆弟之曾孫，元始二年，以龍勒士伍紹封，〔四〕三千戶。莽篡，

〔一〕「川」，山西書局本作「州」，據漢書改。
〔二〕「女」，山西書局本作「妻」，據漢書改。
〔三〕「故」，山西書局本作「古」，據漢書改。
〔四〕「勒」，山西書局本作「勤」，據漢書改。

卷一百六十六　西漢書姓名韻（三）　平聲　十七陽

一八七

絕。光傳，元始二年，封光從父昆弟曾孫陽爲博陸侯，千戶。平帝紀，封光從父昆弟曾孫霍陽宣平侯。

1938 朱陽 郊祀志，王莽議復長安南北郊，列名大中大夫朱陽。

1939 鄒陽 藝文志，縱橫家有鄒陽七篇。有傳。齊人，仕吳，諫濞，濞不內，去之梁，從孝王游。羊勝等惡之，下吏。孝王始與勝等謀，[二]枚乘、嚴忌皆不敢諫，而鄒陽爭以爲不可。

1940 別栩陽 藝文志，賦五篇。

1941 孫陽 莽傳，公孫祿曰：「地理侯陽造井田，使民失土業」云云。

1942 魏楊 功臣表，當塗侯不害之孫嗣，謚剌。

1943 金楊 功臣表，即安上之曾孫，元始元年嗣，謚戴。莽敗，絕。

1944 王楊 功臣表，信成侯定之孫，元始五年紹封，千戶。

1945 秦楊 貨殖傳，秦楊以田農而甲一州。

1946 房揚 莽傳，王尋屯雒陽。亡其黃鉞。尋士房揚素狂直，乃哭曰：「所謂喪其齊斧。」[三]自劾去，莽殺之。[三]

1947 陳煬 功臣表，紀信匡侯倉之孫，文後二年嗣。景二年，謀反，誅。

1948 曹毋傷 高紀，沛公左司馬曹毋傷聞羽怒，欲攻沛公，使人言羽曰：「沛公欲王關中，令子嬰

〔一〕「謀」，山西書局本作「陽」，據文意與漢書改。
〔二〕「齊」，山西書局本作「資」，據漢書改。
〔三〕此條「揚」，山西書局本作「楊」，據漢書改。

1949 劉母傷 諸侯王表，珍寶盡有之。」欲以求封。鴻門之會，羽曰：「此公左司馬曹毋傷言之。」

1950 華母傷 田儋傳，橫使毋傷軍歷下以拒漢。灌嬰傳，擊破齊軍歷下，所將卒虜車騎將軍華毋傷。太始元年，梁貞王毋傷嗣。[一]平王襄之子。傳作頎。

1951 劉胡傷 王子侯表，封斯戴侯胡傷，趙敬肅王子，元朔元年封。

1952 劉湯 王子侯表，本始四年，瑕丘孝侯湯嗣。

1953 劉湯 王子侯表，元鼎二年，茶陵哀侯湯嗣，亡後。

1954 劉湯 王子侯表，定敷共侯湯嗣。亡年。

1955 許湯 功臣表，樂成敬侯延壽之子，甘露元年嗣，諡惠。

1956 張湯 有傳。

1957 陳湯 有傳。字子公，山陽瑕丘人。少好書，博達善屬文。家貧匄貸無節。[二]沉勇有大慮，多策謀，喜奇功。[三]建昭三年，與甘延壽出西域，矯制發城郭兵、車師戊己校尉屯田吏士，斬郅支單于，而為匡衡排妒。又見康居傳。莽傳，中郎陳湯等咸為莽言。

1958 金湯 附金安上傳，金涉子，侍中諸曹將大夫，後更封湯為都成侯，[四]受封日，不敢還家，以明為人後之誼。

[一]「貞」，山西書局本作「眞」，據漢書改。
[二]「匄貸」，山西書局本作「匄貧」，據漢書改。
[三]「喜」，山西書局本作「善」，據漢書改。
[四]「都成」，山西書局本作「成都」，據漢書改。

傅山全書　第十三冊

1959　辛湯

趙充國傳，四府舉武賢小弟湯可護羌校尉，充國遽起奏：「使酒，不可典蠻夷。」後湯以數醉酗羌人，羌人反畔，如充國言。

1960　兒湯

魏相傳，高帝時，兒湯舉秋。

1961　劉康

元帝紀，立子爲濟陽王。有傳。定陶共王，元帝子。初爲濟陽，再徙山陽，後徙定陶。

1962　劉康

諸侯王表，陽朔三年，〔三〕定陶王康薨。

1963　劉康

欣爲哀帝，追尊康爲共皇帝，置寢廟京師，序昭穆，如元帝。

1964　劉康

王子侯表，邯會原侯張之子。

1965　奴康

王子侯表，建鄉釐侯康，魯頃王子，陽朔四年封。〔三〕

1966　高康

張延壽傳，使奴康等之李游君家，賊傷三人。

儒林傳，易，相傳康子，以明易爲郎。翟誼舉兵未發，康知東郡有兵，私語門人，門人上書言之。後兵起，莽召問，對受師康。莽惡惑衆，斬之。高、費之學，皆未嘗立於學官。

1967　劉蒼

王子侯表，邯會侯七世蒼嗣，亡後。亡年。

1968　劉蒼

王子侯表，安城思侯蒼，長沙定王子，元光六年封。

1969　劉蒼

王子侯表，陰城思侯蒼，趙敬肅王子，元朔二年封。〔三〕子有罪，不得代。同名三。

〔一〕「三」，山西書局本作「元」，據漢書改。

〔二〕「四」，山西書局本作「二」，據漢書改。

〔三〕「三」，山西書局本作「元」，據漢書改。

1970 黎朱蒼 功臣表,軑侯,以長沙相侯,七百戶。

1971 后蒼 百官公卿表,本始二年,博士后蒼為少府,二年。[二]執金吾辟兵,三年。藝文志,后蒼作齊詩。又禮經曲臺后蒼九篇。蕭望之治齊詩,事同縣后蒼。儒林傳,字近君,東海郯人,事夏侯始昌,亦通詩禮,為博士,至少府,說禮數萬言,號曰后氏曲臺記。

1972 聊蒼 藝文志,縱橫家,待詔金馬門聊蒼三篇。注:「趙人,武帝時。」師古曰:「嚴助傳作膠

1973 張蒼

1974 杜蒼 藝文志,陰陽家有張蒼十六篇。

1975 陳蒼 孫寶傳,字君敖,櫟季弟也,名出櫟季右。在游俠中。

1976 張蒼 功臣表,紀信匡侯,以中涓從起豐,以騎將入漢,以將軍擊羽,後攻盧綰,侯,七百戶。

1977 燕倉 文紀,御史大夫臣。本傳,北平文侯,以客從起武陽,至霸上,為常山守,得陳餘,為代相,徙趙相,以代相侯。為計相四歲,淮南相十四歲。千二百戶。律曆志,蒼用顓頊曆。又儒林傳,張蒼脩左氏。昭紀,燕王等謀反,稻田使者燕倉先發覺,封列侯。功臣表,宜城戴侯,以假稻田使者先發覺左將軍桀等反謀,告大司農敞,侯。侯安削戶六百,定七百。元鳳元年封。

1978 假倉 儒林傳,書,張山拊授陳留假倉,字子驕,以謁者論石渠,至膠東相。

[一]「三」,山西書局本作「三」,據漢書改。

卷一百六十六 西漢書姓名韻(三) 平聲 十七陽

一九一

1979 臣倉 霍光傳，博士臣倉。不知姓。

1980 劉當 王子侯表，爰戚侯當，趙敬肅王子，不得封年，坐與兄廖謀反，自殺。

1981 劉當 王子侯表，承鄉節侯當，魯孝王子，甘露四年封。同名二。

1982 劉當 王子侯表，建鄉侯自當，建鄉鼇侯康之子，嗣，免。

1983 劉自當 王子侯表，安成思侯蒼之子，元鼎元年嗣侯，諡節。同名二。

1984 華當 王子侯表，朝陽侯寄之孫，文十四年嗣。元朔二年，坐教人上書枉法，耏爲鬼薪。戶五千。

1985 王當 功臣表，即恬啓之曾孫，元狩五年嗣。元封元年，坐闌入甘泉上林，免。

1986 姬當 外戚恩澤侯表，子南君之孫，始元四年嗣。地節三年，坐使奴殺家丞，棄市。

1987 金當 功臣表，秺侯日磾之曾孫，元始四年紹封，千戶。莽敗，絕。日磾傳，元始四年，繼絕世，封日磾孫金當爲秺侯。

1988 韓頹當 功臣表，弓高壯侯，以匈奴相國降，侯。故韓王信子。濞傳，遺膠西王書。

1989 少府當 百官公卿表，元鼎二年，少府當，四年下獄死。無姓。

1990 辛當 莽傳，言亭中新井。詳劉京下。

1991 烏夷當 匈奴傳，且莫車立爲單于，遣子右於塗仇撣王烏夷當入侍。

1992 須卜當 匈奴傳，單于遣右骨都侯言，漢單于印言「璽」不言「章」，又無「漢」字，願得故印云云。又曰匈奴用事大臣須卜當，即昭君女之壻。後莽封之爲後安公，又拜爲須卜單于。又見莽傳。

編號	姓	內容
1993	劉黃	王子侯表，阿武頃侯黃嗣。無年。
1994	王黃	功臣表，山都貞侯恬啓之子，文四年嗣，諡惠。
1995	王黃	韓王信傳，韓王信之子，與曼丘臣共立趙後利爲王，收信散兵，與匈奴距漢。又將騎千餘軍曲逆。又匈奴傳，冒頓與韓信將王黃期，而久不來。樊噲傳，破豨別將胡人王黃軍代南。後虜得。
1996	劉璜	王子侯表，武平侯璜，東平煬王雲子，建平二年封，四年坐父大逆免，元始元年復封，居攝二年舉兵死。
1997	劉璜	燕王旦傳，廣陽思王璜嗣。同名二。諸侯王表。
1998	張璜	敞傳，敞所誅殺太原吏，吏家怨敞，隨至杜陵刺殺敞中子璜。
1999	王璜	儒林，易，瑯邪王璜平仲能傳費直之學，而又兼傳古文尚書。又書胡常傳毛詩，授王璜。
2000	劉襄	諸侯王表，嗣悼惠王齊，諡哀。
2001	劉襄	諸侯王表，建元五年，梁平王襄嗣。共王買之子。
2002	劉襄	功臣表，桃安侯，以客從，漢王二年起定陶，以大謁者擊布，侯，千戶。爲淮南太守。
2003	劉襄	景十三王傳，廣川王海陽廢、除。平帝元始二年，復立戴王文弟襄之子韄侯爲廣德王。[三]
		項氏親。惠七年有罪，[二]免，二年復封。

〔一〕「七」，山西書局本作「二」，據漢書改。
〔二〕「復」，山西書局本作「後」，據漢書改。

2004 王襄 同名四。

功臣表，即陵玄孫，元康四年，長安公乘詔復家。〔二〕

2005 王襄 外戚恩澤侯表，陽平侯禁之孫，陽朔三年嗣，〔三〕諡鰲。鴻嘉元年爲衛尉，五年徙。永

始二年爲太僕，病免。

2006 王襄 曹參傳，魏安邑得魏將王襄。

2007 王襄 益州刺史王襄聞褒有俊才，使作中和、樂職、宣布詩，〔三〕選好事者令依鹿鳴

之聲習而歌之。又見何武傳。

2008 曹襄 功臣表，元光五年平陽共侯襄嗣。

2009 孫襄 功臣表，臨蔡侯都之子嗣。太初元年，坐擊番禺奪人虜掠，死。

2010 襄 功臣表，海陽侯毋餘之子嗣。惠三年嗣，諡哀。

2011 先賢襄 功臣表，即揮之曾孫，建武二年嗣。

2012 武襄 百官公卿表，元始二年，大司馬司直沛武襄君孟爲右扶風，三年爲冀州。元始五年，

宰衡護軍武襄爲京兆尹，〔四〕數月遷。

2013 宋襄 冠軍義之子。籍傳，義救距鹿，留安陽，遣其子相齊，送之無鹽，飲酒高會。羽殺義，

〔二〕「安」，山西書局本作「陵」，據漢書改。

〔三〕「三」，山西書局本作「二」，據漢書改。

〔三〕「宣」字下，山西書局本衍一「帝」字，據漢書刪。

〔四〕「軍」，山西書局本作「君」，據漢書改。

2014 徐襄 使人追殺於齊。

2015 棘丘侯襄 儒林傳，魯徐生之孫襄，資性善爲頌，[二]不能通經。

2016 執盾襄 功臣表，以執盾隊史前元年從起碭，破秦，治粟内史入漢，以上郡守擊定西魏地，功比高後元年，有罪，免。户九百七十。不著姓。

2017 孔襄 百官公卿表，高帝元年，執盾襄爲治粟内史。不言姓。

2018 趙襄 鮒弟子，爲孝惠博士。

2019 項莊 光傳，諫大夫趙襄爲先後。

2020 桑弘羊 高紀，鴻門舞劍，項伯翼之。

食貨志，桑弘羊，洛陽賈人之子，以心計，年十三侍中，言利事析秋豪。後爲治粟都尉，領大農，盡代孔僅幹天下鹽鐵，[三]置平準於京師。又請令民入粟補吏、贖罪。它郡各輸急處，諸農各置粟，山東於是漕溢歲六百萬石。一歲之中，太倉、甘泉滿。邊餘穀，諸鈞輸帛五百萬疋。民不益賦而天下用饒。賜爵左庶長，黃金者再百焉。會小旱，卜式請烹弘羊。弘羊自以爲國興大利，伐其功，怨望霍光，遂與上官傑等謀反，[四]誅滅。渠犂傳，搜粟都尉桑弘羊奏請屯田輪台以東，公孫賀等贊曰：桑大夫據當世，

[一]「頌」，山西書局本作「容」，據漢書改。
[二]「頌」，山西書局本作「容」，據漢書改。
[三]「幹」，山西書局本作「容」，據漢書改。
[四]「上」，山西書局本作「小」，據漢書改。

卷一百六十六 西漢書姓名韻（三） 平聲 十七陽

一九五

合時變，上權利之略，雖非正法，鉅儒宿學不能自解，博物通達之士也。然攝公卿之位，不師古始，放於末利，果隕共性，以及厥家。

2021 劉方 王子侯表，寧陽侯方嗣。亡年。

2022 劉方 王子侯表，賁侯方，城陽頃王子，元鼎元年封，酎金免。

2023 劉方 王子侯表，東鄉節侯方，梁敬王子，建昭元年封。

2024 周方 王子侯表，汾陰悼侯昌之子，孝惠四年嗣，諡哀。

2025 尹開方 功臣表，城父侯恢之子，惠三年嗣。高后三年，奪爵爲關內侯。

2026 王辟方 功臣表，安國侯陵曾孫，建元元年嗣，諡安。

2027 蔡辟方 功臣表，樊侯兼之孫，元朔二年嗣。元鼎四年，坐搏捖，完爲城旦。

2028 王子方 霍光傳，任宣曰：百官以下但事馮子都、王子方等。

2029 薛方 鮑宣傳，清名之士，齊則薛方子容，嘗爲郡掾祭酒。莽以安車迎薛方，曰堯舜在上云云。居家教授，著詩賦數十篇。

2030 右大且方 匈奴傳，復遣稽留昆同母兄右大且方與婦人侍。[二]

2031 劉芳 諸侯王表，陽朔元年，楚懷王芳嗣。

2032 劉坊 王子侯表，地節三年，廣饒共侯坊嗣。[三]

──────

[二]「婦」，山西書局本作「夫」，據漢書改。

[三]此條「坊」，山西書局本作「忮」，「三年」作「二年」，據漢書改。

2033 劉毋妨〔二〕 王子侯表，地節三年，安衆繆侯妨嗣。

2034 王妨 莽傳，宗姊妨爲衞將軍王興夫人，〔三〕祝詛姑，殺婢滅口。莽使中常侍䌷憚責問妨、興，皆自殺。

2035 朱防 陳勝傳，諸故人無親勝，以朱防爲中正。

2036 王臧 武帝紀，建元二年，郎中令王臧奏請毋奏事太皇太后，〔三〕下獄。自殺。石奮傳，王臧以文學獲罪太后。儒林傳，臧受詩申公。

2037 王臧 百官公卿表，元光元年，太常王臧。

2038 王臧 綏和元年，光祿大夫王臧幼公爲執金吾，三月遷。

2039 孔臧 功臣表，太常蓼侯藂子，孝文九年嗣。又賦二十篇。儒林傳，公孫弘奏云，謹與太常孔臧等議，免。藝文志，太常蓼侯孔臧十篇。

2040 田臧 陳勝傳，將軍田臧等矯陳王令誅吳廣，獻其首於勝。勝賜臧楚令尹印。臧西迎秦軍，與戰，死。

2041 郭穰 宣紀，内謁者令郭穰夜至郡邸獄，丙吉閉不得入，曾孫全。丙吉傳，内謁者令郭穰夜到郡邸獄，吉閉門，穰還以聞，因劾奏吉。武帝亦悟，曰：天使之也。劉屈氂傳，内者令郭穰告丞相夫人，使巫祠社祝詛，及與貳師共鑄祠，欲令昌邑王爲帝

〔一〕「毋」，山西書局本作「無」，據漢書改。
〔二〕「姊」，山西書局本作「子」，據漢書改。
〔三〕「毋奏」，山西書局本作「母奉」，據漢書改。

2042 薛穰 廣平侯歐之曾孫，元朔四年嗣。元狩元年，坐受淮南賂稱臣，在赦前，免。

2043 屠耆堂 宣紀，杜侯屠耆堂。蘇林曰：「姓復陸。」霍光傳，杜侯臣屠耆堂。

2044 屠耆堂 宣紀，五鳳三年，詔曰：「呼韓邪擊殺屠耆堂。」與杜侯同名。

2045 屠耆堂 匈奴傳，顓渠閼氏與右賢王屠耆堂私通，虛閭權渠死，顓渠閼氏與左大且渠都隆奇謀，立屠耆堂爲握衍朐鞮單于。後都隆奇與左賢王共立之，爲屠耆單于。

2046 薄胥堂 匈奴傳，日逐王先賢撣歸漢，單于更立其從兄薄胥堂爲日逐王。

2047 銖婁渠堂 宣紀，呼韓邪子，甘露元年入侍。

2048 題除渠堂 趙充國傳，匈奴發十萬餘騎南旁，至符奚盧山，欲入爲寇，亡者題除渠堂降漢言之。匈奴傳，呼韓邪遣子右賢王銖婁渠堂入侍。匈奴傳，單于將十餘萬騎欲入寇，會其民題除渠堂亡降漢言狀，漢以爲言兵鹿奚盧侯有傳。

2049 馮唐 不能爲官。奉世傳，唐，代相子也。薪館侯未央嗣。文帝即位，求賢良，舉馮唐，九十餘，論雲中守魏尚。武帝即位，求賢良，舉馮唐，九十餘，不能爲官。

2050 劉未央 王子侯表，薪館侯未央，中山靖王子，元朔二年封，[二]坐酎金免。

2051 劉未央 王子侯表，容丘頃侯未央嗣。亡年。

2052 劉未央 王子侯表，新昌哀侯未央嗣，亡後。

2053 劉未央 王子侯表，臨都節侯未央，梁敬王子，建昭元年封。同名四。

[二]「三」，山西書局本作「元」，據漢書改。

2054 搖未央 功臣表，海陽侯六世孫，元康四年，不更詔復家。

2055 郝宿王刑未央 匈奴傳，虛閭權渠單于死，郝宿王刑未央使人召諸王未至云云。

2056 朱央 匈奴傳，匈奴入代郡，殺都尉朱央。

2057 京房 元紀，建昭二年，以魏郡太守京房坐窺道諸侯邪意，〔二〕棄市。

2058 京房 儒林傳，梁丘賀從大中大夫京房受易。房者，淄川楊何弟子也。房出為齊郡，賀更事田王孫。宣帝時，聞京房為易，明求其門人，得賀。師古曰：自別一京房，非壽弟子，或書字誤耳。

2059 道房 趙后傳，解光奏：驗問有官婢道房，房與曹宮封食。應劭曰：宮人自相與為夫婦名對食。

2060 孔房 光傳，福蕘，子房嗣。

2061 王君房 貨殖傳，長安賣丹王君房為天下高訾。

2062 劉君將 王子侯表，廣戚節侯將，魯共王子，元朔元年封。

2063 宋將 馮奉世傳，都尉宋將言莎車與旁國共攻殺漢所置莎車王萬年云云。

〔二〕「京房」，山西書局本作「張博」，據漢書改。

2064 末振將　段會宗傳，立小昆彌兄末振將。烏孫傳，安日爲降民所殺，漢立其弟末振將爲小昆彌。久之，大昆彌翕侯難棲殺末振將，末振將恐爲所幷，使貴人烏日領詐降刺殺雌栗靡。又可去聲漾韻。時大昆彌雌栗靡强，末振將恐爲所幷，使貴人烏日領詐降刺殺雌栗靡。

2065 劉江　王子侯表，甘露三年，南曲節侯江嗣。

2066 劉江　王子侯表，昌城質侯江嗣，[二]亡後。

2067 中郎將江　李廣利傳，匈奴共邀絕大月氏使，遮殺中郎將江。[三]

2068 陳羌　功臣表，猗氏侯遬之孫，景三年嗣，謚頃。

2069 吳羌　異姓諸侯王表，[三]芮傳，靖王羌嗣，共王右之子也。[四]

2070 當羌　西南夷傳，夫子令王然於等間出西南夷，至滇，滇王當羌乃留爲求道。

2071 劉匡　諸侯王表，居攝元年，嚴鄉侯子匡爲東平王，[五]奉開明後。又見東平王傳，嚴鄉侯信之子也。

2072 鍾匡　功臣表，童鄉侯祖之子，元始五年紹封。莽敗，絕。

2073 魯匡　食貨志，義和魯匡言：名山大澤，鹽鐵錢布帛，五均賒貸，斡在縣官，[六]唯酒酤獨未

[一]「質」，山西書局本作「盾」，據漢書改。
[二]「遮殺」，山西書局本作「邀使」，據漢書改。
[三]「異姓諸侯王」，山西書局本作「功臣」，據漢書改。
[四]此條「羌」，中華書局標點本漢書吳芮傳作「差」，異姓諸侯王表作「產」。
[五]「嚴」，山西書局本作「延」，據漢書改。
[六]「在」，山西書局本作「不」，據漢書改。

2074 張匡

幹。請法古，令官作酒，以二千五百石爲一均，犨五十釀爲準。用粗米二斛，麴一斛，得成酒六斛六斗。各以其市月朔米麴三斛，并計其價，而三分之，其一爲酒一斛之平。除米麴本價，計其利而什分，以其七入官，其三及醯醢灰炭，給工器薪樵之費。莽傳，公孫祿曰：義和魯匡設六筦以窮工商云云。左遷匡爲五原卒正。[一]

2075 王匡

陳湯傳，王商按驗湯所犯，有弘農太守張匡坐贓百萬以上，恐下獄，使人報湯，湯爲訟罪，許謝錢二百萬。王商傳，大中大夫蜀郡張匡，其人巧佞，上書因日食願對，傷商。西南夷傳，遣大中大夫張匡持節和解，[二]夜郎王興等不從命。莽傳，封舜子匡爲同心侯。舜死，又爲褒新侯。又因日正黑，下書王匡遣吏考問上變事者。

2076 王匡

莽傳，王匡與廉丹開東方諸倉云云。[三]互見廉丹下。

2077 王匡

莽傳，敗死，太師王匡降雒陽，傳詣宛，斬之。

2078 王匡

莽傳，江夏王匡等起雲杜綠林，[四]號下江兵。互見霸、牧二韻。

2079 王匡

莽幸侍者增秩生王匡。王安且死，封匡爲功建公。

2080 甄匡

莽傳，封豐孫匡爲並力侯。

[一]「左」，山西書局本作「大」，據漢書改。
[二]「和」，山西書局本作「利」，據漢書改。
[三]「開東」，山西書局本作「東開」，據漢書改。
[四]「綠」，山西書局本作「祿」，據漢書改。

2081 于匡 莽傳，析人于匡起兵，自稱右將軍。詳鄧曄下。又九虎至華陰回豀，于匡持數千弩，乘堆挑戰，六虎敗走云云。

2082 劉張 王子侯表，甘露元年，邯會原侯張嗣。

2083 水衡都尉張 百官公卿表，元鼎二年，水衡都尉張。亡姓。

2084 士孫張 儒林傳附梁邱賀傳，字仲方。儒林，易五鹿充宗授平陵士孫張，為博士，至揚州牧，光祿大夫給事中，〔一〕家世傳業。

2085 王伉 儒林傳附梁邱賀傳，清河侯彊之子，孝文八年嗣侯。師古曰：伉又工郎反。

2086 樊伉 功臣表，噲子，孝惠七年嗣武陽侯。高后八年，坐呂氏，誅。

2087 衛伉 功臣表，長平侯青之子，元朔五年以青功封宜春侯。衛青傳，元朔五年，封青子伉為宜春侯。外戚恩澤侯表，長平侯青之子，元鼎元年，坐矯制不害，免。太初元年嗣侯。五年，闌入宫，〔三〕完為城旦。

2088 孫伉 徐自為築城障至盧朐，使長平侯衛伉屯其傍。又見匈奴傳，建武中，錄舊德，以伉為諸長孫寶傳，寶之孫也。

2089 劉常 王子侯表，安丘侯常，高密頃王子，鴻嘉元年封。綏和二年，安丘侯劉常為太常，四年病，賜金百斤，安車駟馬就國。

2090 陳常 功臣表，費侯賀之子，文元年嗣，諡共。

〔一〕「給」，山西書局本作「結」，據漢書改。
〔二〕「闌」，山西書局本作「蘭」，據漢書改。

2091 戚常 功臣表，臨轅候戎之玄孫，元康四年，梁郎官大夫詔復家。師古曰： 仕梁爲郎而有官大夫之爵也。〔二〕

2092 張常 功臣表，鹵嚴侯平之六世孫，元康四年，長安公士詔復家。

2093 上常 功臣表，汲紹侯不害之玄孫，元康四年，安陵五大夫詔復家。

2094 靈常 功臣表，陽羨定侯，以荊令尹漢五年初從，擊鐘離眛及陳公利幾，從爲漢中大夫，至陳，取韓信，遷中尉，以擊布，侯，二千戶。

2095 金常 功臣表，都成侯安上之子，五鳳三年嗣，謚夷。安上子，光祿大夫。

2096 姬常 外戚恩澤侯表，子南君嘉之七世孫，天鳳元年嗣鄭公，建武二年更爲周承休侯。

2097 許常 外戚恩澤侯表，樂成思侯湯之子，〔三〕初元二年嗣，謚哀。

2098 廷尉常 百官公卿表，征和元年，廷尉常。亡姓。

2099 左馮翊常 百官公卿表，宣黃龍元年，左馮翊常。亡姓。

2100 南夏常 百官公卿表，元壽二年，光祿大夫南夏常仲齊爲右扶風。

2101 夏侯常 兩龔傳，〔三〕夏侯常見勝應公孫祿不和，〔四〕起至勝前曰：〔五〕「宜如奏所言。」勝以手推常兩龔傳，

〔一〕「梁」，山西書局本作「郎」，據漢書改。

〔二〕「思」，山西書局本作「敬」，據漢書改。

〔三〕「兩」，山西書局本作「丙」，據漢書改。

〔四〕「和」，山西書局本作「利」，據漢書改。

〔五〕「曰」，山西書局本作「月」，據漢書改。

2102 丘常

楊惲傳，郎中丘常謂惲曰：「聞君侯訟韓馮翊罪，當得活乎？」惲曰：「事何容易！脛脛者未必全也。」

2103 虞常

蘇武傳，緱王與長水虞常等謀反匈奴中。虞常在漢時，與張勝相知，私候勝曰：「聞漢天子甚怨衞律，常能爲漢伏弩射殺之。吾母與弟在漢，幸蒙其賞賜。」張勝許之，以貨物與常。後月餘，單于出獵，緱王等皆死，生得虞常。

2104 胡常

字少子。翟方進傳，清河宿儒胡常與方進同經，常爲先進，名出方進下，心害其能。方進知之，候伺常大都授時，遣門生至常所問大義疑難，常知方進之宗讓己，其後嘗稱方進，遂相親友。又儒林傳，膠東庸生以尚書授胡常，常授虢梁賀胡常。

2105 馮常

蕪傳，納言馮常諫六筦之令，蕪大怒，免常官。

2106 王常

功臣表，王常等數千人走入南界。又曰江博士以穀梁授胡常。又傳左氏。

2107 楊孟嘗

功臣表，赤泉侯喜之孫，元康四年，茂陵不更詔復家，[二]賜黃金十斤。

2108 秦壽王

功臣表，彭侯同之玄孫，元康四年，費公士詔復家。

2109 張壽王

律曆志，元鳳三年，太史令張壽王上書，宜更曆。鮮于妄人等言壽王治黃帝調曆，課

〔二〕「不」，山西書局本作「又」，據漢書改。

2110 吾丘壽王 皆疏潤，又移帝王錄舜、禹年歲不合人年，又言化益為天子代禹，驪山女亦為天子，在殷周間不合經術，作妖言亂制度，不道。奏可。壽王候課，比三年下，終不服。誹謗益甚，竟下吏。藝文志有吾丘壽王六篇，又賦十五篇。有傳。字子贛，趙人。年少，以善格五召待詔。與公孫弘辨禁弓弩。汾陰得鼎，壽王曰：「非周鼎，漢鼎也。」上賜黃金十斤。後坐事誅。東方朔傳，使大中大夫吾丘壽王舉藉阿城以南云云。

2111 孫 功臣表，丞父侯，以告反者太原白義等侯，千一百五十戶，[三]征和四年封。始元元年，[三]

2112 伊細王 功臣表，義陽侯厲溫敦之子，謀反者。

2113 趙文王 功臣表，歸義與無侯多卯追反虜者。

2114 緱王 坐殺人，會赦，免。蘇武傳，緱王者，昆邪王姊子也，與昆邪王與降漢，後隨浞野侯趙破奴沒胡中。及衛律所將降者，陰相謀劫單于母閼氏歸漢。又見虞常下。

2115 狂王 蕭望之傳，翁歸靡死，其兄子狂王背約自立。[三]烏孫傳。

2116 郁成王 再見張騫李廣利傳。

2117 折蘭王 同霍去病傳，斬盧侯王。張晏曰：皆胡國名。

[一]「千一百五十戶」，山西書局本作「一千戶」，據漢書改。
[二]「始元」，山西書局本作「元始」，據漢書改。
[三]「子」，山西書局本脫，據漢書補。

2118 盧侯王　同霍去病傳，殺折蘭王，斬盧侯王。

2119 單桓王　霍去病傳，得單于單桓、酋塗王。[二]張晏曰：皆胡王也。

2120 酋塗王　霍去病傳，得單于單桓、酋塗王。張晏曰：皆胡國名。

2121 遬濮王　同去病傳，鷹擊司馬破奴斬遬濮王，捕稽且王

2122 稽且王　同去病傳，鷹擊司馬破奴斬遬濮王，捕稽且王。

2123 呼于耆王　去病傳，高不識捕呼于耆王。

2124 屯頭王　去病傳，歷度難侯山，濟弓盧，獲屯頭王、韓王等三人。

2125 韓王　去病傳，歷度難侯山，濟弓盧，獲屯頭王、韓王等三人。李奇曰：皆匈奴王號。

2126 馮野王　杜欽傳，救解馮野王罪過。馮譚之弟，字君卿。馮奉世附傳，[三]御史大夫李延壽病卒，在位多舉野王。上曰：剛強堅固，確然無欲，大鴻臚野王是也。以後宮親用。石顯傳，顯言：「野王親昭儀兄，恐後世以陛下私後宮親以爲三公」云云。

2127 西祁王　趙充國傳，擊匈奴，獲西祁王。文穎曰：匈奴王也。

2128 趙武靈王　匈奴傳引之，秦昭王時，義渠戎王與太后亂，有二子。宣太后詐殺義渠戎王於甘泉。

2129 義渠戎王　匈奴傳引之。

2130 甌脫王　匈奴傳，漢生得甌脫王，匈奴見甌脫王在漢，恐爲道擊之，卽西北遠去。

〔二〕此條「桓」，山西書局本作「栢」，據漢書改。

〔三〕「奉」，山西書局本作「壽」，據漢書改。

2131 犂汙王　匈奴傳，單于使犂汙王窺邊，屬國千長義渠王騎士射殺之。
2132 犂汙王　即射殺犂汙王者，賜黃金二百斤，馬二百匹，因封之爲犂汙王。
2133 右賢王　與犂汙王入張掖者。又有右賢王。
2134 左賢王　狐鹿姑死，左賢王與右谷蠡王怨望。
2135 右谷蠡王　狐鹿姑單于死，謂諸貴人：「我子少，不能治國，立弟右谷蠡王。」衛律乃矯令立左谷蠡王。互見「鞮」下。
2136 左谷蠡王　單于弟左谷蠡王思衛律言，欲和親而恐漢不聽。此當是壺衍鞮單于子，弟壺衍鞮以左谷蠡王爲單于矣。
2137 盧屠王　匈奴傳，壺衍鞮單于立，左賢王、右谷蠡王以不得立怨望，[二]即脅盧屠王，欲與西降烏孫，謀擊匈奴。盧屠王告之，左賢王、右谷蠡王不服，反以其罪罪盧屠王。
2138 呼盧訾王　匈奴傳，左大且渠請與呼盧訾王各將萬騎南邊塞獵云云。
2139 姑息王　匈奴傳，烏桓擊匈奴東邊姑息王，姑息王恐，即與烏禪幕及左地貴人共立㸕爲呼韓邪單于。
2140 奧鞬王　匈奴傳，[三]又康居小王五中有奧鞬王爲烏藉都尉，呼揭王自立爲單于，奧鞬王卽自立爲車犂單于，是時，西方呼揭王來與唯犂當戶謀，共讒右賢王。後屠耆殺唯犂當戶，呼揭治奧鞬城。
2141 呼揭王　匈奴傳，屠耆單于使右奧鞬王爲烏藉都尉，呼揭

〔二〕「望」，山西書局本作「王」，據漢書改。
〔三〕「單于」，山西書局本作「鞮王」，據漢書改。

卷二百六十六　西漢書姓名韻（三）　平聲　十七陽

二〇七

2142 休旬王　匈奴傳，屠耆單于從弟休旬王擊殺左大且渠，並兵，至右地，自立爲呼韓計，勸令稱臣入朝。又見「訾」下。

2143 左伊秩訾〔二〕　匈奴傳，呼韓邪之敗于郅支單于也，左伊秩訾王爲呼韓計，勸令稱臣入朝。

2144 呼衍王　匈奴傳，呼韓邪孿左伊秩訾兄呼衍王女二人。〔三〕

2145 醢槧王　匈奴傳，夏侯藩求匈奴地，直張掖郡者，囊知牙斯單于曰：此温偶駼王所居地。

2146 温偶駼王　匈奴傳，興既立，貪利賞陽，遣大且渠奢與云女弟當戶居次子醢槧王俱奉獻。

2147 去胡來王　匈奴傳，姑羌，王號去胡來王。

2148 子合王　西域傳，西夜國，王號子合王。

2149 介和王　西域傳，車師後城長國，天漢二年，以匈奴降者介和王爲開陵侯，擊車師。

2150 摯綱　貨殖傳，自元成訖莽，京師富人有茂陵摯綱。〔三〕

2151 宋綱　莽傳，鄧曄、于匡進攻右隊大夫宋綱，殺之。

2152 傅剛　王尊傳，南山羣盗傰宗爲吏民害，故弘農太守傅剛爲校尉逐捕，歲餘不能擒。

2153 須桑　功臣表，陸量侯無之子，十二年嗣，謚共。

2154 充郎　百官公卿表，甘露二年，守左馮翊廣川相充郎。初元二年，爲大司農。

〔一〕「伊」，傅山全書初版本誤作「佐」，據山西書局本改。

〔二〕「孿」，山西書局本脱，據漢書補。

〔三〕此條「綱」，中華書局標點本漢書作「網」。「訖」，山西書局本脱，據漢書補。

公孫滂洋 郊祀志，天子幸汾陰，汾陰男子公孫滂洋等見汾旁有光如絳，上遂立祠於汾陰脽上。〔二〕

靡忘 趙充國傳，罕羌豪靡忘使人來言：〔三〕「願得復還故國。」充國以聞，未報。靡忘來自歸，後封爲獻牛君。

〔二〕「脽」，山西書局本作「雎」，據漢書改。
〔三〕「罕」，山西書局本作「四千」，據漢書改。

卷一百六十七　西漢書姓名韻（四）

平聲

十八庚

2157　惠帝盈

2158　文帝恆

2159　昭帝弗陵　後但名弗。

2160　王陵　功臣表，安國武侯，以自聚黨定南陽，[一]漢王還擊羽，以兵屬，從定天下侯，五千戶。有傳。

2161　王陵　高紀，沛公至丹水，襄侯王陵降。晉灼曰：「安國侯王陵也。」師古曰：「王陵亦非安國侯。」如此，則又一王陵。

2162　李陵　李廣附傳，字少卿，李廣之孫，當戶遺腹子也。以步卒五千人入匈奴盡道窮，敗，暫降。漢以公孫敖之言族其家。單于以女妻之，立為右校王。陵為蘇武起舞，歌曰：「徑萬里兮渡沙幕，為君將兮奮匈奴。路窮絕兮矢刃

〔一〕「定南陽」，山西書局本作「定陶南陽」，據漢書改。

〔三〕「校」，山西書局本作「較」，據漢書改。

又別見蘇武傳。

催，士眾滅兮名已隤。老母已死，雖報恩將安歸！」嗚呼！悲矣。

2163 女陵 淮南王安傳，王有女陵，慧有口。王愛陵，多予金錢，[二]為中詗長安，結約上左右。

2164 泗監平 高紀，秦二年十月，沛公守豐，秦泗川監平將兵圍豐。二日，出戰，破之。又夏侯嬰傳，平以胡陵降。

2165 辛垣平[三] 文紀，十五年，辛垣平設五廟。語在郊祀志。後元年謀反，誅。刑法志，辛垣平謀為逆，復行三族之誅。郊祀志，趙人辛垣平，以望氣見上，言：「長安東北有神氣成五彩，若人冠冕焉。」於是作渭陽五帝廟，貴平至上大夫。明年，平使人持玉杯，獻之。平言曰：「闕下有寶玉氣來者。」又言：「日當再中。」及汾陰寶鼎事，有上書告平所言皆詐，下吏治，[三]誅夷平。[四]

2166 章平 高紀，章邯之弟。漢二年正月，諸將拔北地，虜章平。曹參傳，圍章平，平出好時走。周勃傳，擊章平軍，西定汧。又樊噲傳。

2167 陳平 功臣表，曲逆獻侯。以故楚都尉，漢王二年初起修武，[五]為都尉，以護軍中尉出奇計，[六]定天下，侯，五千戶。有傳。初事魏咎，又事項羽，後降漢。

[一] 「多予金錢」，山西書局本作「多賜予金錢」，據漢書改。
[二] 「辛」，中華書局標點本均作「新」。
[三] 「治」，山西書局本作「詔」，據漢書改。
[四] 「夷」，山西書局本脫，據漢書補。
[五] 「起」，山西書局本作「脩」，據漢書改。
[六] 「護」，山西書局本作「灌」，據漢書改。

2168 王平 昭帝紀，始元元年，遣故廷尉王平等行郡國，舉賢良。五年，擊益州反者，斬。百官公卿表，始元五年，軍正王平子心爲廷尉。杜延年傳，廷尉王平除侯史吳罪，侍御史劾故縱反者，卒論棄市。又霍光傳，任宣曰：「廷尉王平坐逆將軍意，死。」西南夷傳，遣軍正王平與大鴻臚田廣明大破益州。霍光傳中，女壻趙平爲散騎都尉，收其印綬。有客

2169 趙平 騎都尉趙平與霍雲等誅，見宣紀。

2170 劉平 諸侯王表，後封三萬戶，爲眞定王。眞定王，元鼎三年以常山憲王子紹封，諡頃。景十三王傳，憲王多所幸，姬生子平等，後封三萬戶，爲眞定王。

2171 劉平 諸侯王表，元封五年，膠東戴王通平嗣，景十三王傳，王賢之子。

2172 劉廣平 王子侯表，卽韋生子，元鳳三年嗣臨衆侯，諡頃。

2173 劉朝平 王子侯表，將梁侯朝平，中山靖王子，元朔元年封，後坐酎金免。

2174 劉平 王子侯表，元封五年，趙敬肅王子，元朔二年封。

2175 劉平 王子侯表，易安侯平，魯孝王子，甘露四年封。

2176 劉平 王子侯表，合陽節侯平，梁敬王子，建昭元年封，病狂自殺。

2177 劉平 王子侯表，貫鄉侯平，楚思王子，景始元年封。

2178 審平 王子侯表，安陸侯平，文四年嗣，景二年坐謀反自殺。

2179 宣平 功臣表，辟陽侯食其子，王陵傳，淄川王反，辟陽近淄川，平降之也。功臣表，土軍侯義之孫，景三年嗣，諡康。

卷一百六十七 西漢書姓名韻（四） 平聲 十八庚

二三

2180 復陸宣平 功臣表，杜侯復陸宣平嗣。無年。

2181 馮平 功臣表，閼氏侯解散之玄孫，景六年嗣。杜侯復陸支之曾孫嗣。

2182 周平 功臣表，高景侯成之曾孫，繩侯應之子，嗣。元狩四年，[二]坐爲太常不繕園屋，免。

2183 酈平 百官公卿表合。

2184 酈平 功臣表高梁侯齊之孫，元狩元年，坐詐衡山王酎金[三]免。

2185 張平 功臣表，鹵嚴侯，武陽侯遂卒。三世，侯平有罪，國除。功臣表。

2186 蔡平 功臣表，鹵嚴侯，以中尉前元年從起單父，不入關，以擊英布、盧綰，[三]得南陽，侯，二千七百戶。

2187 張平 功臣表，樊侯兼之孫，景中二年嗣，諡共。

2188 呂平 張良傳，張良之父，相韓釐、悼惠王。

2189 宋平 外戚恩澤侯表，扶柳侯，以皇太后姊長姁子，侯。高后元年封，八年，反，誅。師古曰：「平旣呂氏所生，不當姓呂，蓋史記唯記母族也。」[四]

2190 執金吾平 百官公卿表，成建始元年，弘農太守宋平次君爲京兆尹。百官公卿表，甘露四年。無姓。

[二]「詐」，山西書局本作「作」，據漢書改。

[三]「以擊英布、盧綰」，山西書局本作「以擊項羽、英布、盧綰」，據漢書改。

[四]「唯記」，山西書局本脫，據漢書補。

2191 博士平 儒林傳序，公孫弘謹與博士平等議。

2192 鄧平 律曆志，選治曆鄧平，用爲太史丞。

2193 召平 項籍傳，秦二年，廣陵人召平爲陳勝徇廣陵，[二]未下，聞勝敗走，章邯且至，乃渡江矯勝令，拜項梁爲楚上柱國，曰：「江東已定，急引兵西擊秦。」

2194 召平 齊王相召平聞駟鈞等發兵，乃發兵入衛王宮。魏勃紿平曰：「發兵，非有漢虎符也，相君圍王，固善，[三]勃請爲君將兵衛之。」平信之，既而勃圍相府，遂自殺。

2195 召平 高五王傳。

2196 姚平 漢書元帝紀：故秦東陵侯，勸何讓封勿受，悉以家財左軍。從其計，上說。蕭何傳。故秦東陵侯，勸何讓封勿受，悉以家財左軍。從其計，上說。

京房傳，上弟子中郎姚平願以爲刺史，房上書曰：「臣弟子姚平謂臣曰，房可謂知道，未可爲信道也。」又曰：「房可謂小忠，未可爲大忠也。」云云。儒林傳，易，京房授河東姚平，爲郎，博士。

2197 李平 孝成班婕妤傳，婕妤進侍者李平，是爲李婕妤。

2198 掾平 薛宣傳，移書顯責櫟陽令謝游云，使掾平鐫令。「平鐫，激切使之自知過也。」晉灼曰：「謂以微言鐫鑿遣之。」引王常爲光武鐫說其將帥云。

2199 嚴君平 王貢傳序，卜筮成都市。

[二]「徇」，山西書局本作「狗」，據漢書改。
[三]「固」，山西書局本作「顧」，據漢書改。

2200 燕相平 燕王旦傳，王旦之相平曰：「大王前與劉澤結謀，事未成而發覺者，以澤素夸，好侵凌也。平聞左將軍素輕易，車騎將軍少而驕，臣恐其如澤時不能成。」

2201 王昭平 景十三王傳，廣川王去，有幸姬王昭平、王地餘，許以爲后。去嘗疾，姬陽城昭信侍甚謹，更愛之。去與地餘戲，得袖中刀，[二]答問狀，服欲與昭平共殺昭信。昭平不服，以鐵鍼鍼之，令昭信擊昭平，皆死。後昭信病，夢見昭平等，告去，去掘尸，燒爲灰。[三]

2202 遲昭平 平原女子遲昭平，能說經博以八投，亦聚數千人在河阻中。

2203 南粤御史 南粤傳，書曰：「使御史平凡三輩上書謝過」云云。[三]

2204 平 田榮傳，始齊相。秦二世元年九月，田儋與從弟田榮、田橫起齊。漢二年，羽擊榮城陽。榮敗，走平原，平原民殺之，齊皆降楚。

2205 劉榮 景帝紀，三年，立爲皇太子。尋廢爲臨江王，[四]景帝子。諸侯王表，景帝子，臨江王，以故皇太子立，[五]自殺。葬藍田，燕數萬銜土上塚，百姓憐之。

2206 劉榮 王子侯表，地節三年，平隄繆侯榮嗣。

〔一〕「袖」，山西書局本作「褒」，據漢書改。

〔二〕「爲」，山西書局本脫，據漢書補。

〔三〕「三」，山西書局本作「十二」，據漢書改。

〔四〕「景」，山西書局本作「章」，據漢書改。

〔五〕「地」，山西書局本脫，據漢書補。

2207 楊榮 儒林傳，小戴授梁人楊榮字子孫。榮，琅邪太守。〔二〕

2208 田橫 田儋傳，漢二年四月，田橫收萬人，立榮子廣爲齊王。後漢虜廣，田橫自立爲齊王。漢使酈生說橫與連和，韓信襲齊，橫烹酈生。後與其從五百餘人入海。後自剄。

2209 任橫 平帝紀，元始三年，陽陵任橫盜庫兵，攻官寺，尋伏辜。

2210 劉橫 諸侯王表，永光四年，菑川孝王橫嗣。

2211 靈橫 功臣表，陽羨侯常之玄孫，元康四年，南和大夫詔復家。

2212 程橫 功臣表，建平敬侯嘉之子，元光二年嗣，謚節。

2213 王橫 溝洫志，大司空掾王橫言：「河入渤海，渤海地高於韓牧所欲穿處。」引周譜言，「定王五年河徙，〔三〕則今所行非禹之所穿也。」〔三〕師古曰：橫字平中，〔四〕瑯邪人。後二年，有罪，棄市。

2214 據侯橫 功臣表，陽信侯，以漢五年用令尹初從，功比堂邑侯，千戶。呂臣之父，秦二年九月爲令尹。瓚曰：諸侯之卿，惟楚稱令尹。時立楚後，故置官司如楚舊。

2215 呂青 功臣表，陽信侯，以漢五年用令尹初從，功比堂邑侯，千戶。呂臣之父，秦二年九月爲令尹。瓚曰：諸侯之卿，惟楚稱令尹。時立楚後，故置官司如楚舊。

2216 陶青 景紀，元年，使御史大夫青翟至代下與匈奴和親。瓚曰：「此陶青。作青翟，誤。」

〔一〕「琅」，山西書局本作「郎」，據漢書改。
〔二〕「五」，山西書局本脫，據漢書補。
〔三〕「今」，山西書局本作「令」，據漢書改。
〔四〕「中」，山西書局本脫，據漢書補。

2217 陶　青　功臣表，青，開封侯舍之子，諡夷。申屠嘉傳，自嘉死後，開封侯陶青等爲丞相，備員而已。

2218 衛　青　有傳，字仲卿，長平烈侯。以將軍擊匈奴，取朔方，侯。後破右賢王，益封，又封三子。皇后弟也，元朔二年封。父鄭季，通平陽侯主家僮衛媼，生青。青有同母兄衛長君，及姊子夫得幸武帝，故青冒姓衛氏。匈奴傳，衛青出上谷，得胡首虜七百人。

2219 傅　青〔一〕　功臣表，陽陵侯寬之子，孝惠六年嗣侯，諡頃。史記傳作須侯。青，表作頃侯清。〔二〕諡法無「須」字。

2220 巴　青〔三〕　貨殖傳，家得丹穴，擅利。清能守業，自衛，人不敢犯。始皇客之，爲築女懷清臺。

2221 劉　頃　王子侯表，桑丘侯頃，東平思王子，鴻嘉元年封。

2222 張釋卿　宦官也。高后紀，八年，封中謁者張釋卿爲列侯。注：初灌嬰爲中謁者，後常以閹人爲之。

2223 趙徵卿　宣紀，丙吉使女徒復作淮陽趙徵卿乳養宣帝。丙吉傳作郭徵卿。

2224 郭徵卿　丙吉傳曰：「獨渭城胡組、淮陽郭徵卿有恩。詔吉求徵卿。卿已死，有子孫。

2225 公孫卿　律曆志，大中大夫公孫卿言「曆紀壞廢，宜改正朔」。

2226 公孫卿　郊祀志，齊人公孫卿言：「今年得寶鼎，冬辛巳朔旦冬至，與黃帝時等。」卿有札書云

〔一〕「青」，漢書功臣表作「清」。
〔二〕「青，表作頃侯清」，山西書局本作「精，表作頃侯精」，據文意改。
〔三〕「青」，中華書局標點本作「清」。

2227 魯扶卿

2228 陶望卿

云。因所忠欲奏之,忠謝卿,卿因嬖人奏之。又言黃帝就青靈臺,十二日燒,乃治明庭。明庭,甘泉也。卿候神河南,[二]言見仙人跡縈氏城上。又言見神人東萊山,[三]又言仙人好樓居。

藝文志,傳有魯論魯扶卿。張禹傳,始魯扶卿等皆說論語。

景十三王傳,廣川王去幸姬陶望卿爲修靡夫人,主繒帛。後與昭信等飲,諸姬皆侍,去爲望卿作歌曰:「背尊章,嫖以忽。謀屈奇,起自絕。行周流,自生患。諒非望,今誰怨?」昭信知爲望卿,即誣望卿姦事。去與昭信至望卿所,裸其身擊之,燒灼,望卿投井死。昭信出之,與去支解,置大鑊中,取桃枝毒藥煮之,曰:「使不能神。」

2229 檀長卿

蓋寬饒傳,長信少府檀長卿於許伯第,[三]爲沐猴舞與狗鬭,坐皆大笑。寬饒劾奏不敬。

2230 兒長卿

游俠傳,有臨淮兒長卿。總見紙韻樊仲下。

2231 貫長卿

儒林傳,毛公詩,授同國貫長卿。又左氏貫公,子長卿,爲蕩陰令。文法又似爲賈誼子者。

2232 張游卿

儒林傳,張生長安兒子游卿,爲諫大夫,以詩授元帝。

〔一〕「候神河南」,山西書局本作「侯河神南」,據漢書改。「候」,傅山全書初版本誤作「侯」,據中華書局本漢書改。

〔二〕「萊」,山西書局本作「其」,據漢書改。

〔三〕「第」,山西書局本作「弟」,據漢書改。

2233 閭丘卿 魯人，孟卿授禮。

2234 劉仲卿 史皇孫王夫人傳，王媼嫁王迺始，寄居廣望節侯子劉仲卿家。仲卿謂迺始曰：「予我翁須，自養長之。」仲卿教翁須歌舞，後與賈長兒十里。

2235 王林卿 何並傳，卬成太后外家王氏貴，而侍中王林卿通輕俠云云。並為長陵令，追林卿行數十里。林卿迫窘，使奴冠其冠被其襜褕去。並斷奴頭，署曰：「故侍中王林卿。」

2236 王孫大卿 貨殖傳，長安賣豉王孫大卿，為天下高訾，以財養士，與豪傑交，葬以為京師市師。

2237 王卿 武紀，天漢三年，御史大夫王卿有罪，自殺。百官公卿表，天漢元年，濟南太守王卿為御史大夫。二年，有罪，自殺。

2238 王卿 朱博傳，姑幕縣有羣輩董八人報仇庭中，[三]皆不得。博口占檄文曰：「檄封，令丞就職，游檄王卿力有餘，如律令！」十餘日捕得五人。

2239 旅卿 功臣表，昌圉侯，以齊將漢王四年從韓信起無鹽，定齊，擊羽，又擊韓王信於代，侯，千戶。

2240 孫卿 藝文志，孫卿子三十三篇。又賦十篇。

2241 審卿 淮南王安傳，故辟陽侯孫審卿怨淮南王殺其大父，[三]陰求淮南陰事而搆之於公孫弘。

2242 栗卿 衞綰傳，綰為中尉。上廢太子，誅栗卿之屬。上以綰為長者，不忍，賜告歸，而使郅

〔二〕「報」，山西書局本作「執」，據漢書改。

〔三〕「陽」，山西書局本作「王」，據漢書改。

2243 君卿 霍光傳，昌邑王賜侍中君卿取十妻。

2244 孟卿 夏侯勝傳，後事蕭卿。儒林傳，夏侯勝又事同郡蕭卿。蕭卿，兒寬門人也。儒林傳，孟喜父號孟卿。善爲禮、[二]春秋。世所傳后蒼禮、疏廣春秋，皆出孟卿。又嬴公公羊，授東海孟卿。

2245 孟卿 儒林傳，周堪授牟卿。孔光亦事牟卿。[三]

2246 牟卿 匈奴傳，文帝拜昌邑侯盧卿爲上郡將軍，擊胡。

2247 盧卿 儒林傳，周堪授牟卿。孔光亦事牟卿。[三]

2248 范增 項羽傳，居巢人范增，年七十，好奇計，往說項梁。懷王以范增爲末將，救趙。

2249 韓增 梁立懷王孫心。高紀，懷王以范增爲末將，救趙。龍頟侯。昭紀，元鳳元年擊武都氏。[三]後元元年紹龍頟侯封畫麟閣。馮奉世傳，奏奉世以衛候使持節送大宛諸國客。奉世擊莎車，平諸國。宣帝召見韓增曰：「賀將軍所舉得人。」又西南夷，擊武都氏。本始二年，將三萬騎出雲中，斬首百餘級。後代張安世爲大司馬，領尚書事，保身固寵，不能有所建明，謚安。匈奴傳，本始二年，前將軍韓增三萬餘騎出雲中，出塞千二百餘里，至烏員，斬首捕虜，至候山百餘級，虜牛馬羊

[二]「善」，山西書局本作「器」，據漢書改。
[三]「事」，山西書局本作「可」，據漢書改。
[三]「武」，山西書局本脫，據漢書補。

卷一百六十七　西漢書姓名韻（四）　平聲　十八庚

三二一

2250 史宣紀，中郎將，爲列侯。〈外戚恩澤侯表，將陵哀侯，以悼皇考舅子侍中中郎將關內侯有舊恩，侯，二千二百戶，[二]元康二年封，無後。又見史丹傳。〉良娣傳，恭三子，次二千餘。

2251 劉曾，爲將陵侯。

2252 劉曾王子侯表，平曲節侯曾，廣陵厲王子，本始元年封。五鳳四年，坐父咒詛上免，[三]後復封。

2253 太僕嬰王子侯表，陵鄉侯曾，建平四年封。[三]王莽六年，舉兵欲誅莽，死。同名二。

2254 子嬰文紀，使太僕嬰清宮。

2255 灌嬰高紀，豹反，漢王問酈食其曰：「騎將誰也？」曰：「馮敬。」漢王曰：「雖賢，不能當灌嬰。」功臣表，睢陽販繒者，潁陰懿侯。以中涓從起碭，至霸上，爲昌文君。入漢，定三秦，食邑。以將軍屬韓信，定齊、淮南及八邑，殺羽，侯，五千戶。嬰傳，呂祿等以嬰爲大將軍，擊齊。至滎陽，乃與絳侯等謀，因屯兵滎陽，風齊王以誅呂氏事，齊兵止不前也。[四]

2256 劉嬰王子侯表，劇魁釐侯嬰嗣。無年。

[二]山西書局本作「三」，據漢書改。
[三]「咒詛上」，山西書局本作「咒咀」，據漢書改。
[四]山西書局本作「二」，據漢書改。
[四]「齊」，山西書局本作「有」，據漢書改。

2257 劉嬰 王子侯表，畢梁侯嬰，[一]廣川惠王子，元朔三年封。坐首匿罪人，爲鬼薪。

2258 劉嬰 王子侯表，元封元年，蔞釐侯嬰嗣。

2259 劉嬰 王子侯表，利鄉侯嬰，城陽共王子，元朔二年封。元狩三年，[二]有罪免。

2260 劉嬰 王子侯表，益昌頃侯嬰，廣陽頃王子，永光三年封。

2261 劉嬰 王子侯表，廣戚侯劉嬰，居攝元年爲孺子，莽篡爲定安公，莽敗，死。又見楚孝王傳。

2262 陳嬰 孝平王皇后傳，平帝崩，莽立宣帝玄孫嬰爲孺子。

2263 陳嬰 功臣表，堂邑安侯。以自定東陽爲將，屬項梁，爲楚柱國。籍傳，羽死，嬰，屬漢，定豫章、浙江、都漸，定自爲王壯息，侯，六百戶。復相楚元王。

2264 嚴嬰 功臣表，棗祖侯錯之子，惠三年嗣，[三]謚懷。

者。東陽少年殺令立嬰，嬰遵母命不敢爲王，以其衆屬梁。

2265 呂嬰 功臣表，武彊侯不職之子，高后七年嗣，謚簡。

2266 韓嬰 功臣表，襄城哀侯。以匈奴相國降，侯，二千戶。韓王信太子之子。

2267 韓嬰 藝文志，易傳，韓氏二篇。注：名嬰。[四]詩經，韓嬰作韓詩，燕人也。孝文時

[一]「畢」，山西書局本作「卑」，據漢書改。
[二]「三」，山西書局本作「二」，據漢書改。
[三]「三」，山西書局本作「二」，據漢書改。
[四]「儒林」，山西書局本作「藝文」，據文意改。

卷一百六十七 西漢書姓名韻（四） 平聲 十八庚

二二三

2268 竇嬰 爲博士，景帝時至常山太傅。作詩內、外傳數萬言，頗與齊、魯間殊。亦以易授人，燕、趙間好詩，故其易微。皇太后昆弟子，以將軍屯滎陽，扞破吳、楚七國，侯。景三年封，元光四年有罪，棄市。有傳。

2269 葛嬰 外戚恩澤侯表，魏其侯。

2270 芋嬰 藝文志，芋十八篇，名嬰，齊人也，七十子之後。

2271 曹參傳，陳勝傳，令符離人葛嬰將兵，徇蘄以東，[二]皆下之。後爲陳勝殺。

2272 羽嬰 曹參傳，擊羽嬰於昆陽，追至葉。

2273 桓嬰 灌嬰傳，擊王武別將桓嬰白馬下，破之。

2274 夏侯嬰 淮南厲王傳，列侯史二千石臣嬰等議。不具姓。

2275 韓成 有傳。沛人，汝陰文侯。以令史從降沛，爲太僕，常奉車，竟定天下，及全皇太子、魯元公主，侯，六千九百戶。脫孝惠、魯元於下邑，賜北第弟一。

2276 王成 魯元公主，初，項梁立韓后公子成爲韓王，張良爲司徒。羽不遣就國，與俱至彭城，殺之。韓王信傳，立公子橫陽君成爲韓王，更封爲穰侯。宣紀，膠東相成勞來不怠云云。師古曰：「王成也。」循吏傳，膠東相。宣帝地節三年，詔襃之，爵關内侯。又郡國計利對言，王成僞自增加，[三]以蒙顯賞云云。

2277 紀成 高紀，鴻門之走，紀成從之。

〔一〕「徇」，山西書局本作「狗」，據漢書改。
〔二〕「加」，山西書局本作「嘉」，據漢書改。

2278 劉成 王子侯表，宜春侯成，長沙定王子，元光五年封，後坐酎金免。

2279 劉成 王子侯表，杏山侯成，楚安王子，元光五年封，後坐酎金免。

2280 劉成 王子侯表，羽康侯成，濟北式王子，元朔二年封。

2281 劉成 王子侯表，元狩五年，廣陵侯成嗣，酎金免。

2282 劉成 王子侯表，缾敬侯成，菑川靖王子，元鼎元年封。燕王旦傳，缾侯劉成知澤等謀，告

之青州刺史雋不疑。

2283 劉成 王子侯表，羊石共侯成嗣。[一]

2284 劉成 王子侯表，膠鄉節侯成嗣，無後。

2285 劉成 王子侯表，平鄉侯成嗣。

2286 劉成 王子侯表，東昌趨侯成，清河綱王子，本始四年封。

2287 劉成 功臣表，平都侯到之子，文三年嗣，景二年有罪免。

2288 周成 功臣表，高景侯。以父苛死事，侯。文後五年嗣，下獄死。

2289 高成 功臣表，祝阿侯色之子，[二]文五年嗣，後三年坐為國人過律免。

2290 常成 功臣表，長羅侯惠之子，初元二年嗣，[三]謚嚴。

2291 李成 功臣表，延鄉侯譚之子，元始元年嗣，莽敗，死。

〔一〕「羊石共侯」，山西書局本作「羊共石侯」，據漢書改。
〔二〕「色」，山西書局本作「邑」，據漢書改。
〔三〕「二」，山西書局本作「元」，據漢書改。

卷一百六十七 西漢書姓名韻（四） 平聲 十八庚

二二五

2292 張成　百官公卿表，元鼎六年，大農令張成。

2293 張成　百官公卿表，漢使大司農張成等將屯，不敢擊，坐畏懦誅。

2294 相成　百官公卿表，宣本始元年，守京兆尹廣陵相成。不知相姓，是廣陵相？

2295 幸成　百官公卿表，元始二年，中郎將幸成子淵爲水衡都尉。

2296 始成　籍傳，章邯狐疑，陰使始成使羽，欲約。

2297 郭成　衞青傳，右賢王獨與其愛妾一人騎數百馳，潰圍北去。漢輕騎校尉郭成等追數百里，弗得。

2298 遂成　得右賢裨王十餘人，[一]衆男女萬五千餘人，畜數十百萬，衞青吏卒無封者，唯西河太守常惠、雲中太守遂成受賞。遂成秩諸侯相，賜食邑二百戶，黃金百斤。

2299 遂成　傅介子傳，詔曰：樓蘭殺略期門郎遂成等三輩。

2300 壽成　昌邑王傳，到霸上，王使僕壽成御，龔遂參乘。[二]

2301 佐成　楊惲傳，會日食變，驛馬猥佐成上書，[三]告楊惲「驕奢不悔過」，下廷尉案驗，斬。召拜成爲郎。如淳曰：主猥馬吏也，名成。

2302 甯成　傅本傳，南陽穰人，酷吏。爲濟南都尉，凌守郅都出其上。召爲中尉。武帝初，徙內史。外戚多毀之，抵罪髡鉗。迺解脫，詐刻傳出關歸家，致產數千萬，爲任俠，持吏長短，

[一]「裨王」，山西書局本作「王裨」，據漢書改。
[二]「參」，山西書局本作「騎」，據漢書改。
[三]「馬」，山西書局本作「長」，據漢書改。

2303	安成	出從數十騎。其使民威重於郡守，而不記所終。義縱為陽，[二]破碎其家。義縱傳，公孫弘曰：「甯成治，如狼牧羊。」張湯傳，湯給事內史，共殺使者，為甯成掾。
2304	華成	金日磾傳，會宛軍發，詔徵豪吏。溫舒行中尉，匿其吏華成，有告溫舒姦利事者。
2305	容成	王溫舒傳，莽何羅與通及小弟安成矯制夜出，發兵。
2306	陳成	房中有容成陰道二十六卷，藝文志。
2307	劉玄成	莽傳，狂女子碧呼道中云云，治者掌寇大夫陳成自免官去。[三]
2308	劉遂成	王子侯表，瑕丘釐侯遂成嗣。
2309	酈遂成	王子侯表，栗鄉侯玄成嗣，免。
2310	丁安成	功臣表，曲周侯商孫，元光四年紹封繆侯，諡康。無年。
2311	戎嘉成	功臣表，陽都侯復孫，文十年嗣，景四年嗣，戶萬七千，景二年有罪，免。
2312	單賈成	功臣表，柳丘侯賜之孫，景四年嗣，諡敬。
2313	黃榮成	功臣表，昌武侯究之孫，景中元年嗣。
2314	季信成	功臣表，邔侯極忠之子，[三]文十二年嗣，諡夷。
		功臣表，戚圉侯必之曾孫，建元三年嗣，元狩五年坐為太常縱丞相侵神道，為隸臣。公卿表作李。

[一] 漢書作義縱「為南陽太守」，見義縱傳。
[二] 「夫」，山西書局本作「人」，據漢書改。
[三] 「邱」，山西書局本作「卯」，據漢書改。

2315 便樂成 外戚恩澤侯表，爰氏肅侯，以少府與定策，侯，二千三百二十七戶。宣紀、杜周傳作使樂成，本始元年封。

2316 使樂成 霍光傳，任宣曰：「使樂成小家子得幸將軍，至九卿，封侯。」

2317 商丘成 武紀，征和三年，御史大夫商丘成二萬人出西河。劉屈氂傳，又發輯濯士，以予大鴻臚商丘成，[二]商丘成力戰獲反將張光，封為秺侯。秺侯以鴻臚擊衛太子，[三]力戰無他意，侯，二千一百二十戶。征和二年封，後坐為詹事侍祠孝文廟，醉歌堂下曰：「出居，安能鬱鬱。」大不敬，自殺。

2318 韋玄成 元帝丞相，有傳。外戚恩澤侯表，扶陽侯賢之子，神爵元年嗣。九年，有罪，削一爵為關內侯。永光二年復以侯，謚共。儒林傳，賢治詩，傳子玄成。馮奉世傳，尹姐旁種反，召丞相韋玄成入議，玄成等漠然莫有對者。朱雲傳，韋玄成容身保位，無能往來。

2319 韋玄成 淮南憲王傳，上以玄成讓侯兄，拜為淮南中尉，欲感諭王。

2320 韋玄成 字少翁，賢少子。

2321 徐遂成 馮昭儀傳，醫，言習，君之曰：「今愈上，不得封侯，不如殺上，令中山王代」云云。

〔一〕「予」，山西書局本作「與」，據漢書改。
〔二〕「衡」，山西書局本作「衡」，據漢書改。
〔三〕「祠」，山西書局本作「初」，據漢書改。

2322 令史成 鉅野令史，見公孫弘傳，弘子度爲山陽太守十餘歲，[二]詔徵鉅野令史成詣公車，[三]度不遣。

2323 御史成 高皇帝聞匈奴聚代谷之外，欲伐之，御史成諫曰：不可。

2324 京兆尹成 百官公卿表，甘露四年。無姓。當卽前守京兆者而卽眞。又初元四年。

2325 待詔臣安成 藝文志，小說，待詔臣安成未央術一篇。應劭曰：道家也。

2326 成 主父偃傳，高皇帝聞匈奴聚代谷之外（略）。十年，坐爲太常牲瘦，免。百官公卿表，在元封元年。

2327 蕭壽成 功臣表，何玄孫，元狩六年嗣，鄚。

2328 陰通成 藝文志，兵技巧家，有陰通成射法十一篇。

2329 劉武成 百官公卿表，陽朔元年，常山太守劉武成爲宗正，四年卒。

崔脩成 景十三王傳，[三]幸姬崔脩成爲明貞夫人，廣川王去，[三]明貞夫人主諸姬，淫亂難禁，請閉諸姬舍門，使其大婢爲僕射，上籥於后，[四]非大置酒召，不得見。去憐之，爲作歌曰：「愁莫愁，居無聊。心重結，意不舒。内拂鬱，

[一]「弘」，山西書局本作「孔」，據漢書改。
[二]「令」，山西書局本脱，據漢書改。
[三]「去」，山西書局本作「去疾」，據漢書改。
[四]「籥」，山西書局本作「簽」，據漢書改。

卷一百六十七 西漢書姓名韻（四） 平聲 十八庚

二三九

憂哀積。上不見天，生何益！〔一〕日催隤，時不再。願棄軀，死無悔。」令昭信聲鼓為節，教諸姬歌之，歌罷輒歸永巷，封門。

2330 即墨成 儒林傳，易，王同，授齊即墨成，至城陽相。師古曰：即墨，姓也。

2331 雍樂成 貨殖傳，掘塚搏掩，犯姦成富，雍樂成之徒。

2332 趙始成 李廣利傳，軍正趙始成功最多，為光祿大夫。

2333 開陵侯建 功臣表，以故東粵建成侯與繇王斬餘善，侯，二千戶，元封元年封。

2334 成 〔三〕出武關云云，令榮陽、成皋間且得休息。

2335 轅 生 高紀，漢王既出滎陽，自成皋入關，收兵欲復東。轅生說漢王，為宗正，二年免。〔三〕石顯傳，與顯迕，廢錮。

2336 劉革生 王子侯表，太始元年，臨衆康侯革生嗣。

2337 劉更生 王子侯表，太始二年，牟平敬侯更生嗣。有傳。宗正德之子，兄安民以戶五百贖之。百官公卿表，初元元年，散騎大夫劉更生為宗正，二年免。〔三〕石顯傳，與顯迕，廢錮。郊祀志，大夫更生獻淮南枕中洪寶苑秘之方，令尚方鑄作。〔四〕事不驗，更生坐論。蕭望之傳，選宗室明經達學劉更生，拾遺

〔二〕「益」，山西書局本作「意」，據漢書改。

〔三〕「王」，山西書局本作「令」，據漢書改。

〔二〕「二」，山西書局本作「六」，據漢書改。

〔四〕「方」，山西書局本脫，據漢書改。

2338 劉土生 王子侯表,樊輿頃侯土生嗣。無年。

2339 劉寄生 王子侯表,陽興侯寄生,元始元年以東平思王孫封,免。

2340 戎元生 功臣表,即賜玄孫,元康四年,長安公士詔復家。

2341 竇常生 外戚恩澤侯表,章武侯廣國之孫,元光三年嗣。元狩元年,坐謀殺人,未殺,免。

2342 室生 功臣表,清侯中同之玄孫,元鼎四年嗣,詔復家。

2343 宣生 功臣表,即平子,建元六年嗣。孝武初,有罪,爲隸臣。萬六千六百戶。

2344 張生 儒林傳,伏生教濟南張生,爲博士。

2345 張生 籍傳,羽燒宮室,略婦女而歸。秦民失望,於是韓生說羽都關中,羽不聽。韓生曰:「楚人沐猴而冠,果然。」羽殺之。

2346 韓生 功臣表南宮侯買之子,嗣。

2347 田生 劉澤傳,初以畫奸澤。〔二〕既爲澤說,張卿王諸呂,乃因諸呂之王而王。澤,瑯邪縱橫士也。

2348 田生 韓安國傳,安國受韓子、雜說鄒田生所。師古曰:「鄒縣人也。」

2349 白生 魯元王傳,元王少時嘗與白生、穆生俱受詩於浮丘伯。元王至楚,皆爲中大夫。

2350 穆生 見白生下。

〔二〕「奸」,山西書局本作「干」,據漢書改。

2351 鮑生蕭何傳，上與羽相距滎陽，數使使勞苦丞相，鮑生勸何遣子孫昆弟能勝兵者悉詣軍所，漢王大說。〔二〕

2352 棓生爰盎傳，盎心不樂，家多怪，乃之棓生所問占。〔三〕

2353 王生張釋之傳，用王生計，卒見謝，景帝不過也。使釋之結韤，重釋之。

2354 王生蓋寬饒傳，太子庶子王生遺寬饒書，責以太古久遠之事匡拂天子，勸以明哲保身云。

2355 王生龔遂傳，議曹王生從至京師，日飲酒，不視太守。後教遂對上治渤海「皆聖之德」云云，以王生為水衡丞。

2356 黃生司馬遷傳，習道論於黃子。師古曰：「儒林傳，黃生也。與轅固爭論上前。」儒林傳，黃生，湯、武非受命，乃殺也，與轅固爭論於上前。

2357 胡生廣陵王胥傳，召子女董訾、胡生等夜飲。

2358 唐生公孫賀傳贊，汝南朱言曰：「賢良茂陵唐生、文學魯國萬生之徒六十有餘人咸聚闕庭。〔三〕

2359 萬生儒林傳，梁項生從田何受易。

2360 項生儒林傳，田何授齊服生輩皆著易傳數篇。〔四〕

2361 服生見唐生下。

〔二〕「王」，山西書局本脫，據漢書補。

〔三〕「乃」，山西書局本脫，據漢書補。

〔三〕「闕庭」，山西書局本作「闕廷」，據漢書補。

〔四〕「易」，山西書局本脫，據漢書補。

2362 伏生 儒林，書，伏生，濟南人，本秦博士。秦焚書，生壁藏之。漢興，以二十九篇教於齊、魯間。

2363 徐生 儒林傳，魯徐生善爲頌，孝文時以頌爲禮官大夫。蘇林曰：「漢舊儀有二郎爲此頌貌威儀事。」[三]而諸禮言頌由徐氏。

2364 桓生 徐生弟子桓生亦爲禮官大夫。[三]

2365 賈生 淮南賈生受韓嬰詩。

2366 安其生 蒯通傳，初，通善齊人安其生。安其生嘗干項羽，[三]羽不能用其策。羽欲封此兩人，兩人卒不肯受。

2367 安期生 郊祀志，李少君言見安期生。

2368 高堂生 藝文志，魯高堂生傳士禮十七篇。又儒林傳。

2369 公檮生 藝文志，陰陽家，公檮生終始十四篇。檮，音疇。注：傳鄒奭始終書。

2370 成公生 名家，成公生，五篇。劉向云，與李斯子由同時，由爲三川守，成公生游談不仕。

2371 曹丘生 季布傳。

2372 魯兩生 叔孫通傳，通徵魯諸生三十餘人，有兩生不肯行云云。

[一]「頌」，山西書局本作「容」，據漢書改。

[二]「子」，山西書局本作「有」，據漢書改。

[三]「嘗」，山西書局本作「常」，據漢書改。

2373 張恢生

鼌錯傳，學申商刑名於軹張恢生所。[一]注：姓張，名恢，為儒生。

2374 王申生

李廣利傳，初，貳師起燉煌西，為人多，不能食，分校尉王申生別至郁城，郁城攻殺申生等。

2375 歐陽生

儒林傳，歐陽高授梁陳翁生，至信都太傅，家世傳業。

2376 魯許生

儒林傳，申公下有魯許生守學教授。

2377 陳翁生

儒林傳，歐陽高授梁陳翁生，至信都太傅，家世傳業。韋賢治詩，事之。

2378 胡母生

伏生教歐陽生字和伯，千乘人也。事伏生授倪寬，倪寬又授歐陽生，子世世相傳。[二]字子都，齊人也。治公羊春秋，為景帝博士，與董仲舒同業。年老，歸教於齊，齊之言春秋者宗事之，公孫弘頗受焉。

2379 軹儒生

郭解傳，客譽郭解，生日，解法公犯云云。解客聞之，即殺此生，斷舌。

2380 劉歸生

劉澤傳，哀帝時封澤玄孫之孫無終公士歸生為營陵侯，更始中為兵所殺。

2381 王先生

鄒陽傳，素知齊人王先生，年八十餘，多奇計。

2382 衛先生

鄒陽上梁王書，引衛先生為秦畫長平之事，太白食昴。[三]

2383 駟先生

淮陽憲王傳，張博曰：「聞齊有駟先生，善為司馬兵法，大將材也。」又曰：「駟先生積蓄道術書，無不有。」應劭曰：「隱者也，公孫敖難以無益世主之治。

2384 伯象先生

藝文志，雜家伯象先生一篇

[一]「商」，山西書局本脫，據漢書補。
[二]「子」，世世相傳。山西書局本脫，據漢書補。
[三]「昂」，山西書局本作「昂」，據漢書改。

2385 角里先生〔一〕 王貢傳序,四皓之一。

2386 東郭先生 齊處士,東郭先生、梁石君為田榮劫,榮敗,二人醜之,隱居深山。通言於蒯通傳,齊相曹參,皆為上賓。

2387 汝南朱生 公孫賀等贊曰:聞汝南朱生言。

2388 九江祝生 公孫賀等贊曰:九江祝生奮史魚之節,直而不撓。

2389 茂陵徐生 名福。霍光傳,徐生言,霍氏必亡,書三上,報聞。後人為徐生上書明曲突徙薪之策云云,賜生帛十疋也。

2390 蘭陵繆生 儒林傳,申公弟子蘭陵繆生,為長沙內史。

2391 涿郡韓生 詩,以易徵曰:「所受易即先太傅所傳也,嘗受韓詩,不如韓易深,故專傳之。」蓋寬饒見其易說而好之。

2392 膠東庸生 藝文志,傳齊論者有庸生。劉歆傳,成帝閔學殘文缺,〔二〕離其真,〔三〕發秘藏,較理舊文,得逸禮、古文尚書、左氏春秋三事,以考學官所傳,傳聞民間有魯國桓公、趙國貫公、膠東庸生之遺學與此同。張禹傳,從膠東庸生問論語。儒林傳,都尉朝以尚書授膠東庸生。

2393 劉弘 高后紀,惠帝後宮子。高后元年,立為襄城侯,弘本名義,四年五月立為帝。

〔一〕「角」,山西書局本作「角」,據漢書改。
〔二〕「缺」,山西書局本作「殘」,據漢書改。
〔三〕「真」,山西書局本作「陳」,據漢書改。

卷一百六十七 西漢書姓名韻(四) 平聲 十八庚

二三五

2394 劉 諸侯王表，廣陵王胥少子，宣帝立爲高密王，表謚哀。與前後宮子同名。

2395 劉 王子侯表，都梁節侯弘嗣。無年。

2396 劉 王子侯表，東陽節侯弘嗣。清河綱王子，本始四年封。

2397 劉 王子侯表，武陶臺侯弘嗣。

2398 劉 王子侯表，昌慮康侯弘，魯孝王子，甘露四年封。

2399 劉 王子侯表，茲鄉孝侯弘，城陽荒王子，甘露四年封。

2400 劉 王子侯表，容鄉侯弘嗣，免。同名八。

2401 程 功臣表，歷侯黑之六世孫，〔二〕元康四年長安簪裏詔復家。

2402 高 功臣表，即祝阿之玄孫，元康四年長陵上造詔復家。〔三〕

2403 蘇 功臣表，海常嚴侯，以伏波司馬得南粵王建德，侯。元鼎六年封，亡後。南粵傳，伏波司馬蘇弘得王建德，封弘爲海常侯。

2404 趙 功臣表，營平侯充國之子，甘露三年嗣，諡質。

2405 魏 功臣表，高平侯相之子，神爵三年嗣，甘露元年坐酎宗廟騎至司馬門，不敬，削爵爲關內侯。

2406 鄭 弘 百官公卿表，初元三年，淮陽相鄭弘爲右扶風，四年遷。永光二年爲御史大夫，五年

〔二〕「黑」，山西書局本作「墨」，據漢書改。

〔三〕「上」，山西書局，本作「土」，據漢書改。

2407 睅弘 有罪自殺。又見五行志。有傳，字穉卿，爲南陽太守，遷淮陽相，入爲右扶風，代韋玄成爲御史大夫，坐與京房論議免官。韋玄成傳，〔二〕西羌彡姐反，召御史大夫鄭弘等議，漠然莫有應者。京房傳，房作考課法，馮奉世傳，〔二〕西羌彡姐反，召御史大夫鄭弘等議，漠然莫有應者。京房傳，房作考課法，皆以煩碎不可行，惟御史大夫鄭弘、光祿大夫周堪初言不可，後善之。藝文志，睅弘賦一篇，即睅孟也。

2408 宋弘 長乃變節，從嬴公受春秋。孝昭元鳳三年上書請求賢，〔三〕擅位，霍光惡之，坐大逆誅。息夫躬傳，夫躬、孫寵共因常侍宋弘上變告東平王。〔三〕又王嘉傳，上掇去宋弘，更言

2409 宋弘 因董賢以聞。〔四〕

2410 韋弘 莽傳，乃遣幷州牧宋弘將兵擊匈奴。

2411 冉弘 韋賢傳，賢次子，至東海太守。

匈奴傳，田廣明至雞秩山，逢漢使匈奴還者冉弘等，言雞秩山西有虜衆，廣明戒弘使言無虜，欲還。

2412 王弘 元后傳，禁弟弘，至長樂衞尉。又王章每召見，上輒辟左右。時太后從弟長樂衞尉弘子侍中音獨側聽，具以語鳳。

2413 孔弘 莽傳，殷後宋公孔弘，運轉次移，更封爲章昭侯，位爲恪。

〔一〕「世」，山西書局本脫，據漢書補。
〔二〕「書」，山西書局本脫，據漢書補。
〔三〕「柬」，山西書局本作「康」，據漢書改。
〔四〕「因」，山西書局本作「言」，據漢書改。

2414 乘弘

乘弘，〈儒林〉、〈易〉，京房授河南乘弘，爲郎、博士。

2415 莨弘

莨弘，〈兵陰陽家〉，莨弘十五篇。

2416 公孫弘

公孫弘，有傳，平津獻侯，以丞相詔所褒侯三百七十三戶。元朔二年封。菑川薛人，少時爲獄吏，有罪，免。家貧，牧豕海上。外戚恩澤侯表。一歲至左內史，奏事，有所不可，不肯廷辨。嘗與主爵都尉汲黯請間，黯先發之，弘推其後。上常說，所言皆聽。上使朱買臣等難置朔方之便，發十策，弘不得一。代薛澤爲丞相。殺主父偃，徙董仲舒。義縱傳，上欲用寗成爲郡守，〔二〕公孫弘曰：不可令治民。西南夷傳，公孫弘往視巴蜀通西南夷道，還報不便。

2417 百官公卿表，五鳳二年，衛尉弘。無姓。

2418 衛尉弘

軍侯弘渠犂傳，輪台詔曰：曩者朕之不明，以軍侯弘上書言「匈奴縛馬前後足，置城下，馳言『秦人，我匄若馬』」云云。〔三〕

2419 王泓

王泓外戚恩澤侯表，紅陽侯立之曾孫。建武元年以父丹爲將軍戰死，往與上有舊，侯，是爲武桓侯。元后傳，王丹子泓上封爲武桓侯，〔三〕至今。互見丹下。有傳，武帝子，齊王，諡懷，亡後。

2420 劉閎

劉閎王子侯表，被陽節侯閎嗣。亡年。名同齊懷王。

2421 劉閎

〔一〕「守」，山西書局本作「日」，據漢書改。
〔二〕「匄」，山西書局本作「勺」，據漢書改。
〔三〕「侯」，山西書局本作「將軍」，據漢書改。

2422 劉閎 王子侯表，甘露元年，稻頃侯閎嗣。名同齊懷、被陽。
2423 劉閎 王子侯表，都陽侯劉閎嗣，免。名同齊懷、被陽、稻頃。
2424 黽閎 五行志，成帝使中常侍黽閎詔王音云云。
2425 正閎 衞青傳，蘇建敗歸青，青問其罪正閎、長史安，議郎周霸等云何，霸請斬之，閎與安不然云云，歸而斬之是示后無反意，不當斬。師古曰：「正，軍[一]也。」
2426 孫閎 翟方進傳，奏罷牧守九卿孫閎之屬。互見震韻信下。
2427 楊閎 董賢傳，册免丁明曰：「東平王雲，舅伍宏與較書郎楊閎結謀反逆。」
2428 箕閎 莽傳，胡騎校尉箕閎等當世名士，咸爲莽言。
2429 趙閎 莽傳，孫建死，以司命趙閎爲立國將軍，[二]莽敗，降漢，殺之。
2430 王閎 董賢傳，哀帝復進王去疾之弟閎爲中常侍，閎妻父蕭咸，咸惶恐不敢云云。後侍宴上有酒所，閎進曰：「天子無戲言」云云。於是遣閎出，不得侍宴。王莽時爲牧守，所居見紀，閎敗去官。世祖下詔曰：「武王克殷，表商容之閭，閎修善謹飭」云云。
2431 常侍王閎 莽傳，詔卒正王閎進州郡兵，迫措青、徐事。見壽良下。
成紀，永始二年，詔常侍閎前爲大司農中丞，奏昌陵不可成，賜爵關內侯，又食五百戶。師古曰：王閎也。

〔一〕「軍」，山西書局本作「車」，據漢書改。
〔二〕

卷一百六十七 西漢書姓名韻（四） 平聲 十八庚

二三九

2432 落下閎 律曆志，巴郡，〔二〕落下閎與治曆，閎運算轉曆，以律起曆，與鄧平所治同。

2433 公孫閎 敍傳，莽行風俗，采頌聲，琅邪太守公孫閎言災害於公府，〔三〕甄豐劾閎空造不祥，下獄誅。

2434 利家兄子 王尊傳，利家摔搏楊輔頦，兄子閎拔刀欲頸之。輔以深怨云云。互見姥韻輔、麻韻家下。

2435 閎 莽傳，太后使長信太僕閎承制召莽。

2436 長信太僕 莽傳，太后使長信太僕閎承制召莽。

2437 任宏 藝文志，成帝時，步兵校尉任宏較兵書。

2438 任宏 哀紀，成帝使執金吾守大鴻臚任宏，持節徵定陶王為太子。百官公卿表，元延三年，護軍都尉任宏偉公為太僕，二年徙，綏和元年為執金吾，十一月貶為代郡太守。

2439 劉宏 諸侯王表，居攝二年，廣陵王宏嗣，莽篡貶為公，廢。

2440 劉宏 平王皇后傳，宗正劉宏納采。〔三〕

2441 劉宏 翟義傳，莽以宗伯忠孝侯劉宏為奮衝將軍。莽傳，班符命云：「至丙寅暮，漢氏高廟有金匱圖策」云云。明旦，宗伯忠孝侯劉宏以聞。

〔一〕「郡」，山西書局本作「都」，據漢書改。
〔二〕「琅」，山西書局本作「郎」，「公府」作「政府」，據漢書改。
〔三〕「納」，山西書局本作「内」，據漢書改。

2442 曹宏 功臣表，參十世孫宏。建武二年以本始子舉兵佐軍，紹封平陽。

2443 董宏 功臣表，高昌侯忠之子，初元二年嗣。建平元年坐佞邪，免。二年，復封。諡煬。杜鄴傳，高昌侯宏，去蕃自絕，猶茅土。杜業傳，業又言宜爲定陶恭王立廟京師，[二]以章孝道。時高昌侯董宏亦言宜尊帝母定陶王后丁后爲帝太后。大司空師丹劾宏誤朝不道，免爲庶人，業上書訟宏。師丹傳，董宏上書言：「秦莊襄王母本夏氏，而爲華陽夫人所。子，即位后，俱稱太后」云云。丹與王莽共劾奏之。又見莽傳。又見傅昭儀傳。外戚恩澤侯表，安昌侯禹之子，建平二年嗣，更始元年爲兵所殺。百官公卿表，元始二年，張宏子夏爲太常，二年貶爲越騎校尉。[三]禹長子嗣，侯，至太常。

2444 張宏 息夫躬傳，躬與孫寵謀曰：「東平王后舅伍宏因方術以醫技得幸，出入禁門」云云。

2445 伍宏 坐誅。董賢傳，册免丁明之文。

2446 段宏 汲黯傳，濮陽段宏始事蓋侯信，信任宏，官亦再至九卿。然衞人仕者皆嚴憚黯出其下。

2447 孫宏 杜欽傳，杜業奏，方進奏王立黨友鉅鹿太守孫宏等，前方進舉掾隆爲侍御史。[三]宏奏隆奉使欺謾，方進以此怨宏。

2448 馬宏 匈奴傳，衞律廼更謀歸漢使不降者蘇武、馬宏等。馬宏者，前副光祿大夫王忠使西國，爲匈奴所遮，忠戰死，宏生得，亦不肯降。

[一] 「恭」，山西書局本作「共」，據漢書改。
[二] 「年」，山西書局本作「月」，據漢書改。
[三] 「侍御史」，山西書局本作「御史大夫」，據漢書改。

2449 大司農宏　百官公卿表，初元元年。無姓。

2450 中尉宏　淮南王安傳，遣中尉宏即訊驗王。

2451 項聲〔一〕　英布傳，英布畔楚，楚使項聲攻英布，後彭越與項聲戰下邳。

2452 公孫敬聲　功臣表，平曲侯賀之子。太初二年，賀以丞相封葛繹侯。征和二年，子敬聲有罪，下獄死。賀傳，代父賀爲太僕，以皇后姊子，驕奢不奉法。朱安世告敬聲與陽石公主私通，咒詛有惡言死。

2453 劉伯升　莽傳，世祖與兄伯升攻拔棘陽。

2454 劉乘　王子侯表，臨朐戴侯乘嗣。無年。

2455 劉乘　王子侯表，定敷定侯乘嗣，莽篡絕。

2456 劉乘　景十三王傳，景帝子，清河王，諡哀，亡後。

2457 枚乘　藝文志，枚乘賦九篇。有傳，字叔，淮陰人，爲吳郎中。奏書諫濞，吳不納，〔二〕去之梁，從孝王遊。濞反，又自梁說吳，不用。漢既平七國，乘由是知名，景帝拜爲弘農都尉。不樂郡吏，以病去官。武帝自爲太子聞乘名，即位以安車徵，道死。

2458 甯乘　霍去病傳，甯乘說青曰：「將軍所以功未甚多，身食萬戶，三子爲侯，以皇后故也。今王夫人幸，而宗族未貴，願將軍奉所賜千金爲王夫人親壽。」青以五百金壽之。上

〔一〕「項」，山西書局本作「頂」，據漢書改。

〔二〕「納」，山西書局本作「内」，據漢書改。

2459 劉承　王子侯表，沒侯承嗣。無年。

2460 劉承　王子侯表，壽泉侯承，楚思王子，元始五年封，免。

2461 鉤町承　西南夷傳，鉤町王邯弟承攻殺周欽。

2462 許縣聾丞　黃霸傳，許丞老，病聾，督郵白逐之。霸曰：許丞廉吏，雖老，尚能拜起迎送，正頗重聽，[三]何傷？互見「欽」、「邯」下。又見莽傳。

2463 陳程　功臣表，高胡侯夫迄之子，文五年嗣，謚煬，亡後。

2464 劉固城　王子侯表，朝侯固城嗣。無年。

2465 張連城　功臣表，平侯瞻師之六世孫，元康四年，坐酎金少四兩免。

2466 商丘城　匈奴傳，御史大夫商丘城將三萬餘人出西河。

2467 呂宜城　功臣表，中水侯馬童之玄孫，元光元年侯，元鼎五年坐酎金免。

2468 紀城　功臣表，襄平侯通之父，戰好時，死事。

2469 劉稱　王子侯表，新昌頃侯稱嗣。無年。

2470 劉稱　王子侯表，高郭共侯稱嗣。

2471 劉明　武紀，武帝建元三年，濟川王明坐殺太傅、中傅廢，[三]遷防陵。諸侯王表，孝景中六年，濟川王明以孝王子桓邑侯立，後坐殺中傅，廢徙房桓邑侯。梁孝王武之子，先爲

〔二〕「正」，山西書局本作「止」，據漢書改。
〔三〕「傅」，山西書局本作「尉」，據漢書改。

卷一百六十七　西漢書姓名韻（四）　平聲　十八庚

二四三

2472 劉明 陵。〔二〕景十三王傳，與中山靖王同朝。

2473 劉明 王子侯表，河間獻王子，元光五年封茲侯，元朔三年殺人自殺。

2474 劉明 王子侯表，元鼎五年，辟土侯明嗣，坐酎金免。

2475 劉明 王子侯表，西熊侯明，廣川惠王子，元朔三年封，亡後。

2476 劉明 王子侯表，廣鄉孝侯明，平干頃王子，神爵三年封。

2477 丁明 景十三王傳，廣川王齊告中尉蔡彭祖捕其子明。

外戚恩澤侯表，哀帝舅封陽安侯。綏和二年封，元始元年爲莽殺。又見丁姬傳。百官公卿表，建平二年爲大司馬衛將軍，元壽元年更爲大司馬，二年免。董賢傳，丞相王嘉死，明甚憐之，上恨明，册免云云。

2478 傅明 功臣表，陽陵侯清子，文十五年嗣侯，謚共。史記表、傳皆作共侯則。

2479 周明 功臣表，汾陰侯昌曾孫，元康四年沃侯國土詔復家。

2480 孫明 功臣表，堂陽侯赤之曾孫，元康四年，霸陵公乘詔復家。

2481 黃明 功臣表，卽榮成之子，文後元五年嗣謚共。

2482 徐明 藝文志，河內太守徐明賦三篇。

2483 徐明 王尊傳，涿郡太守徐明薦尊不宜久在閭巷。

2484 金明 金安上傳，安上子，亦爲諸曹中郎將。

〔二〕「房」，山西書局本作「防」，據漢書改。

2485 屬明 匡衡傳，陸賜與屬明舉計云云。
2486 薛明 薛宣傳，宣弟明至南陽太守。
2487 楊明 薛宣傳，宣子況令楊明遮斫咸。〔一〕互見漾韻「況」下。
2488 侯明 史皇孫王夫人傳，賈長兒妻等言：往二十歲，〔二〕太子舍人侯明從長安來求歌舞者。
2489 趙明 翟義傳，三輔聞翟義起，自茂陵以西至汧二十三縣盜賊並發，〔三〕趙明、翟鴻自稱將軍，攻燒官寺云云。莽傳，槐里男子趙明等起兵以和翟義。
2490 開明 王莽傳，莽爲侯就國時，幸侍者開明生女捷。
2491 劉開明 諸侯王表，平帝元始元年，立故東平王太子開明爲王。又見王雲傳。
2492 田廣明 昭帝紀，始元四年，〔四〕大鴻臚田廣明擊益州，秋再擊。又與韓增共擊氏人。宣紀，封昌水侯爲祁連將軍，本始三年，坐逗留自殺。又霍光傳。外戚恩澤侯表，與大將定策，封昌水侯，二千七百戶，本始元年封。酷吏傳，字子公，鄭人也。爲淮陽太守，捕斬公孫勇之客胡倩等，封昌水侯。姦受降都尉之寡妻云云，太僕杜延年薄責，〔五〕自殺。田延年傳，田廣明謂太僕杜延年曰：「廢昌邑王時，非田子賓之言，不成良定論也。」西南夷

〔一〕「斫咸」，山西書局本作「斫甲咸」，據漢書改。
〔二〕「二十歲」，山西書局本作「二十歲時」，據漢書改。
〔三〕「至」，山西書局本脫，據漢書補。
〔四〕「始元」，傅山全書初版本誤作「元始」，據山西書局本改。
〔五〕「責」，山西書局本作「之」，據漢書改。

卷一百六十七 西漢書姓名韻（四） 平聲 十八庚

二四五

2493 劉廣明

傳，大鴻臚廣明破益州。互見平下。又與韓增擊武都氏夫田廣明爲祁連將軍，[1]四萬餘騎出西河，出塞千六百里。至雞秩山，斬首捕虜十九級，獲牛馬羊百餘，引兵還。下吏自殺。百官公卿表，征和四年，淮陽太守田廣明爲大鴻臚，五年遷。元鳳三年爲左馮翊，四年遷。

2494 王公明

王子侯表，神爵元年，獱恭侯劉廣明嗣。

2495 呂建明

功臣表，卽馬童之七世孫，元康四年，長安公士詔復家。

2496 劉廣明

莽傳。地皇二年，孫公明、公壽病死，與子臨及子安，旬月四喪焉。

2497 劉興

有傳。元帝子，建昭二年立爲信都王，徙中山，謚孝。成帝以爲不才，又兄弟，不得相入廟。並封王萬戶，以慰其意。

2498 劉興

光以爲中山王興，元帝之子，宜立。成帝議立太子也，御史大夫孔光

2499 韓興

成綏和元年，中山王劉興薨。與前信都同名。

2500 楊興

功臣表，劜侯興嗣，[3]爲人所殺，無年。

2501 楊興

王子侯表，劜侯說之子，延和三年嗣，坐咀咒上，要斬。

楊興

功臣表，按道侯說之子，延和三年嗣，坐咀咒上，要斬。

楊興

鴻嘉元年，遣中郎將楊興弔匈奴單于雕陶莫皋之死。

楊興

孝元后傳，黃霧四塞終日。天子以問諫大夫楊興、博士駟勝等，對皆以爲「陰盛侵陽之象，太后諸弟皆以無功爲侯」云云。

[二]「田廣明」，傅山全書初版本誤作「廣田明」，據山西書局本改。

[三]「劜」，山西書局本作「扨」，據漢書改。

2502 楊興

劉向傳，上重周堪，又患眾口之浸潤，時長安令楊興以材能幸，常稱譽堪。上欲以為助，乃問興："朝臣斷斷不可光祿勳，何也？"興者傾巧士，謂上疑堪，因順旨曰："堪非獨不可於朝廷，自州里亦不可也。"貢捐之傳，長安令楊興以材能得幸，與捐之相善，欲得召見，謂興曰："京兆尹缺，使我得見，言君蘭，京兆尹可立得。"興曰："縣官嘗言興瘉薛大夫，我易助也。"君房下筆，言語妙天下。使君房為尚書令，勝五鹿充宗遠甚。"又共為薦興云："下筆屬文，則董仲舒；進談動辭，則東房生；置之爭臣，則汲直；用之介冑，則冠軍侯；施之治民，則趙廣漢；抱公絕私，則尹翁歸。"又匡衡傳，楊興說史高薦衡。

2503 辛興

慶忌傳，陳崇舉辛通、次兄、宗親隴西辛興等侵凌百姓。辛興，莽殺之。又鮑宣傳，時名捕隴西辛興。

2504 公乘興

王尊傳，湖三老公乘興等上書訟尊治京兆功效。

2505 費興

莽傳，費興等以敢擊大臣，信任。互見仁、博韻。

2506 費興

莽傳，以大司馬司允費興為荊州牧，問方略，對曰："到部欲闊租賦"云云。莽怒，免興官。

2507 郭興

莽傳，大司軍護軍郭興擊蠻夷若豆等。又曰，遣國師和仲、曹放助郭興擊鉤町。[二]見放韻。

〔一〕"國師"下，山西書局本衍一"師"字，據漢書刪。

2508 王 興

王興莽傳，哀章作圖書取令名王興。互見章韻。建國元年，京兆王興爲衛將軍，奉新公王興者，故城門令史，莽按符命求得此姓名十餘人。又宗姊妨爲衛將軍王興夫人，妨與興皆自殺。詳「妨」下。

2509 王 興

莽侍者懷能生。互見能下。王安病且死，莽封興爲功修公。[一]

2510 夜郎王興

西南夷傳，河平中，夜郎王興與鉤釘王禹，漏臥侯俞更舉兵相攻。興立爲王。

2511 趙 興

南粵傳，嬰齊取邯鄲摎氏女，生子興，嬰齊死，興立下。

2512 劉 登

諸侯王表，孝文後三年，代共王登嗣，參之子。又文三王傳，梁王武之子也。武自代徙淮陽，登自太原徙代，都晉陽如故。景十三王傳，與中山靖王同朝。傅山曰：旣云

2513 劉 登

參子，又云武子，有疑。

2514 衞 登

王子侯表，景七年，懷侯登嗣。[三]

2515 宋 登

外戚恩澤侯表，元朔五年，以青功封發干侯，[三]坐酎金免。青傳，元朔五年，封青子登爲發干侯。

2516 樂成侯登

百官公卿表，河平二年，楚相齊宋登爲京兆尹，三年貶爲東萊都尉，未發，坐漏泄省中語下獄自殺。

郊祀志，樂成侯登，上書言巒大。樂成侯姊爲膠東康王后，有淫行。功臣表有兩樂成

[一]「封」，山西書局本作「修」，據漢書改。
[二]「懷侯」，山西書局本作「紅懷侯」，據漢書改。
[三]「發干侯」，山西書局本作「發于侯」，據漢書改。下同。

2517 犂汙王子 匈奴傳,莽誘犂汙王子登至,傳送助、登長安,後代助爲順單于,後斬之。[一]侯,一丁禮,世次無登名:一則許延壽,非武帝時人也。

2518 登 王子侯表,胡孰頃侯胥行,江都易王子,元朔元年封。

2519 劉胥行 王子侯表,平度康侯行,菑川懿王子,元朔元年封。

2520 劉行 功臣表,高陵圉侯虞人之孫,文十三年嗣,景三年謀反,誅。

2521 王行 王子侯表,陸成侯貞,中山靖王子,元朔元年封,酎金免。

2522 劉貞 王子侯表,南城節侯貞,城陽共王子。

2523 妻貞 史皇孫王夫人傳,賈長兒妻貞。互見「遂」下。

2524 劉京 王子侯表,蒲領侯京嗣,莽篡,免。

2525 劉京 王子侯表,武陶侯京嗣,莽篡,免。

2526 劉京 莽傳,廣饒侯劉京言:七月中,臨淄縣昌興亭辛當一暮數夢,云:「天公使我告亭長,攝皇帝當爲眞,[三]即不信我,亭中當有新井。」亭長起視亭中,誠有新井。

2527 劉關兵 王子侯表,西梁節侯關兵,廣川戴王子,神爵四年封。

2528 辟兵 霍光傳,司隸校尉臣辟兵。師古曰:不知姓。

2529 孺子妾冰 藝文志,有詔賜中山靖王子噲及孺子妾冰歌詩四篇

[一]此條「汙」,山西書局本作「污」,據漢書改。
[三]「眞」,山西書局本作「眞人」,據漢書改。

卷一百六十七 西漢書姓名韻(四) 平聲 十八庚

二四九

2530 李冰蜀守，溝洫志引之。

2531 劉萌王子侯表，式侯萌，元延元年，以侯霸弟紹封，十九年免。

2532 劉萌王子侯表，富陽侯萌，東平思王子，鴻嘉元年封。

2533 郭萌功臣侯表，成安侯忠之玄孫，嗣，諡釐，亡後。

2534 梁萌功臣表，合陽侯喜之孫，元始五年紹封，莽敗，絕。

2535 翟萌百官公卿表，元壽元年，京兆尹南陽翟萌幼中。

2536 任萌莽傳，遣游擊都尉任萌與宋弘將兵擊匈奴。

2537 朱萌莽傳，鄧曄于匡攻武關，都尉朱萌降。

2538 趙萌莽傳，將軍趙萌亦至。總見王憲下。

2539 王萌莽敗，九江連率賈萌不降，漢兵斬之。

2540 王萌莽傳，平狄將軍王萌與王嘉出代郡。

2541 賈萌匈奴傳，單于執西域句姑，唐兜付使者，詔使中郎將王萌待西域惡都奴界上逆受。〔二〕

2542 劉釘王子侯表，有利侯釘，城陽共王子，元朔二年封，元狩元年，〔三〕坐遺淮南書稱臣，棄市。

2543 靳亭功臣表，歙子，高后六年嗣，爲信武侯。孝文後三年，坐事國人過律，免。

〔二〕「受」，山西書局本作「送」，據漢書改。

〔三〕「元」，山西書局本作「三」，據漢書改。

2544 郭亭 功臣表，河陵頃侯，以連敖前元年從起單父以塞路入漢，還定三秦，屬周呂侯，[二]以都尉擊羽，功侯。

2545 馮亭 奉世傳，其先馮亭，為韓上黨守。後入上黨城守於趙，趙封亭為華陽君。

2546 呂騰 功臣表，涅陽嚴侯，以騎士漢三年從出關，以郎中共擊斬羽，侯，千五百戶，比杜衍侯。項羽傳作呂勝。史記亦作勝，云封勝為涅陽侯，而表無名，但云涅陽莊侯也。當是此表訛。互詳「勝」下。

2547 張悍 功臣表，平侯瞻師之子，惠五年嗣，謚慶侯。謚「慶」者最少，此獨是。

2548 呂瑩 外戚恩澤侯表，祝茲侯，以皇太后昆弟子侯。高后八年封，反，誅。

2549 呂朋 功臣表，江陽康侯息之孫，建元二年嗣。

2550 蘇朋 功臣表，煇渠忠侯，以校尉從驃騎再擊匈奴得王，侯，從驃騎虜五王，益封。故匈奴歸義。

2551 鄭朋 張敞傳，元帝即位，待詔鄭朋薦敞先帝名臣，宜輔皇太子。蕭望之傳，鄭朋上望之書云云，望之見納接待以意。朋數稱述望之，短車騎將軍史高，言許、史過失。後朋行傾邪，望之絕不與通。朋與大司農李宮俱待詔，周堪獨白宮為黃門郎。朋，楚士，怨恨，更求入許、史云云。與華龍同看。

2552 匡衡 外戚恩澤侯表，樂安侯，以丞相侯，六百四十戶，建昭三年封，建始四年，坐潁地盜

[一]「周」，山西書局本作「固」，據漢書改。

2553 王能 土免。字稚圭，東海承人也。梅福傳，時匡衡議封二王後，宜以孔子爲殷後，上以其語不經，寢。陳湯傳，同石顯議不賞湯、延壽之功。又韋玄成傳有匡衡禱廟之文。王尊傳，丞相匡衡皆阿附畏事石顯。儒林傳，后蒼授匡衡。有傳。

2554 百官公卿表，綏和二年，衛尉王能爲侍中光祿勳，二年貶爲弘農，坐呂寬自殺。

2555 懷能 成帝宮人，見五行志。即曹宮也。互見趙皇后傳下。

2556 劉丁 莽傳，爲侯就國，時幸侍者懷能生男興。

2557 緹縈 百官公卿表，五鳳二年，宗正劉丁。

2558 臣彭 刑法志，倉公女，上書願沒入爲官婢，以贖父罪。

2559 守陘 藝文志，臣彭四篇。無姓。

2560 白贏 周勃傳，擊盧綰下薊得守陘。無姓。

2561 若零 衡山王賜傳，王上書請廢太子爽，〔二〕立孝。爽使所善白贏之長安，告王與子謀逆。

2562 辛次兄 趙充國傳，若零二人爲帥衆王，以斬楊玉來降。

2563 朱英 慶忌傳，辛通長子次兄，與平帝舅衛子伯善。甄豐言諸辛與衛子伯爲心腹云云，皆誅殺之。書中，「兄」字皆讀作「況」，此註不音。

王尊傳，尊爲東郡太守，河水盛溢，老弱奔走，尊躬率吏民，投沈白馬，請以身填金

〔二〕「廢」，山西書局本脫，據漢書補。

2564 馮英　莽傳。白馬三老朱英等奏狀。隄云云。就都大尹馮英言廉丹、史熊懼于自詭期會云云，莽怒，免英官。後頗寤曰：「英亦未可厚非。」復以爲長沙連率。

2565 君寧　游俠傳，宣帝賜遂璽書云云，妻君寧時在旁知狀。

2566 丁令　匈奴傳，郅支北降丁令。國名也，非人名。

2567 烏夷泠　匈奴傳，遣左大當戶烏夷泠擊烏孫。互見「夐」下。

2568 呼屠徵　莎車傳，莎車王弟呼屠徵殺萬年。互見「年」下。

2569 盤庚　又湯盤庚陰道二十卷。

十九尤

2570 李由　高紀，秦二年，沛公與羽西略地，至雍丘，斬三川守李由。陳勝傳，由守滎陽，吳廣圍之，不能下。

2571 劉由　王子侯表，成陵侯由，楚思王子，元始元年封。

2572 劉由　王子侯表，桃安侯襄之孫，建元元年嗣，謚厲。

2573 劉由　景十三王常山王傳，真定孝王由，烈王偃之子也。

2574 畢由　百官公卿表，元壽三年，大鴻臚畢由爲右扶風，六月貶爲定襄太守。建平二年作畢申。

2575 大鴻臚由　梁孝王附傳，哀帝使廷尉賞大鴻臚由即訊。

2576 國由　郊祀志，王莽議復長安南北郊列名有議郎國由。莽傳，長安國由爲講易。

2577 蕭由，蕭望之傳，望之子字子驕，歷官至江夏太守，增秩爲陳留太守。元始中徵爲大鴻臚，會病，不及賓贊，還故官，復爲中散大夫。

2578 張由，馮昭儀傳，遣中郎謁者張由將醫治中山小王，由素有狂易病，病發怒去，西歸長安。尚書薄責擅去狀，由恐，因誣言中山太后祝咀上及傅太后云云。後以先告賜爵關内侯。

2579 周陽由，酷吏傳，其父趙兼以淮南王舅侯周陽因氏焉。後爲河東都尉，與勝屠公爭權，勝屠公自殺，而由棄市。

2580 王𫖯，功臣表，安國侯陵孫，文元年嗣，諡終。

2581 奉常𫖯，百官公卿表，景二年，奉常𫖯。不著姓。

2582 班𫖯，敍傳，況生三子，次𫖯，博學有俊才。早卒。

2583 史游，藝文志，元帝時，黄門令史游作急就篇。

2584 謝游，薛宣傳，櫟陽令謝游貪猾不遜云云，自以大儒有名，輕宣。宣移書顯責之。[二]

2585 漕少游，游俠傳，漕仲叔子也，復以俠聞。

2586 段猶𫖯，師丹傳，黄門令段猶等言定陶共皇后不宜復引蕃國之名云云。互見爻韻「褒」下。

[二]「宣」，山西書局本脱，據漢書補。

2587 蘇猶　車師傳，王與貴人蘇猶議欲降漢，恐不信。猶教王擊匈奴邊國小蒲類，略人民，降鄭吉。

2588 劉千秋　王子侯表，始元六年象氏康侯千秋嗣。

2589 劉千秋　王子侯表，地節三年，脩市頃侯千秋嗣。

2590 任千秋〔二〕　功臣表，弋陽侯任之子，初元二年嗣，謚剛。元紀，永光二年，太常任千秋爲奮威將軍，並擊西羌。百官公卿表在初元四年。四年爲左將軍，三年薨。

2591 張千秋　功臣表，拜太常弋陽侯任千秋爲將軍以助焉。三年爲右將軍，〔三〕一年遷。

2592 張千秋　功臣表，留侯六世孫，元康四年，陽陵公乘詔復家。

天子大爲發兵六萬餘，張安世傳，子千秋皆中郎將侍中。初，千秋與霍光子禹俱爲中郎將，隨范明友擊烏桓還，謁光。光問千秋戰鬬方略、山川形勢，張千秋對兵事，畫地成圖，無所忘失。問禹，禹不能記，光嘆曰：霍氏衰，張氏興矣。

2593 宣千秋　功臣表，南安侯虎之孫，文後四年嗣，戶二千一百，〔三〕元鼎五年酎金免。

2594 陳千秋　功臣表，槀祖侯錯之玄孫，元狩二年嗣，景中元年傷人，免。

2595 陳千秋　功臣表，紀信匡侯倉之六世孫，元康四年長安公士詔復家。

〔一〕「任」，傅山全書初版本誤作「劉」，據山西書局本改。
〔二〕「右」，山西書局本作「左」，據漢書改。
〔三〕「二」，山西書局本作「元」，據漢書改。

卷一百六十七　西漢書姓名韻（四）　平聲　十九尤

二五五

2596 吳千秋 功臣表，便頃侯淺之曾孫嗣，元鼎五年酎金免。

2597 韓千秋 功臣表，成安侯延年之父死事，而侯其子南粵傳，故濟北相韓千秋奮曰：「以區區之粵，又有王應，獨呂嘉爲害，願得勇士三百人，必斬嘉以報。」爲粵擊滅之。

2598 車千秋 本傳，富民定侯，本姓田。訟戾太子冤，云「夢見白頭翁教臣言。」以年老朝見，得乘小車入宮殿，因號曰「車丞相」。侯八百戶，以遺詔益封凡千六百戶，征和四年封。渠犂傳曰，由是不復出軍，而封丞相車千秋爲富民侯，以明休息，思富養民也。杜延年傳，少府徐仁除侯史吳罪，仁卽車千秋女壻，故車千秋數爲侯史吳言。公孫賀等贊曰：「車丞相當軸處中，括囊不言，容身而去，彼哉！彼哉！

2599 蔡千秋 儒林，穀梁學，榮廣弟子沛蔡千秋爲學最篤，又事浩星公。宣帝問韋賢、夏侯勝、史高，皆穀梁魯學也，公羊氏齊學也，宜立穀梁。復求能爲穀梁者，莫及千秋，迺以爲郎中戶將，〔二〕選郎十人從受。可對東漢劉萬歲。

2600 夏侯千秋 儒林傳勝傳，建子千秋，亦爲少府、太子少傅。

2601 謁者千秋 王吉傳，昌邑王傳謁者千秋，賜中尉牛肉五百斤，酒五石，脯五束。

2602 鄂千秋 功臣表，安平敬侯，以謁者漢三年初從，定諸侯，有功秋，擧蕭何，因故侯，二千戶。蕭何傳作鄂千秋。

2603 薛歐 功臣表，廣平敬侯，以舍人從起豐，至霸，爲郎，入漢以將軍擊將鍾離眛，侯，四千

〔二〕「戶」，山西書局本作「左」，據漢書改。

2604 劉歐 五百戶。高紀漢元年九月，遣將軍薛歐出武關，因王陵兵，從南陽迎太公、呂后於沛。

2605 召歐 百官公卿表，五年爲典客。又有韻。

王子侯表，元康四年，景成頃侯歐嗣。又有韻。

功臣表，廣嚴侯，以中涓從起沛，至霸上，爲連敖，入漢，以騎將定燕、趙，得燕將軍，侯，二千二百戶。又有韻。

2606 郭歐 功臣表，河陵侯亭之子，文三年嗣，[二]謚惠。

2607 張歐 功臣表，宣平侯敖之孫，高后二年嗣，謚哀。百官公卿表，元光四年，宣平侯張歐爲太常。

2608 張歐 百官公卿表，景五年，安丘侯張歐爲奉常。按：安丘侯下無張歐名。又建元元年中尉，九年遷。又元光四年九月中尉爲御史大夫，五年老病免，食上大夫祿。與宣平同姓名。

2609 廷尉歐 百官公卿表，景元年，廷尉歐。無姓。

2610 劉不周 諸侯王表，河間獻王子，元光六年嗣，謚共。

2611 許周 功臣表，嚴敬侯猜之曾孫，元光五年嗣，謚哀。

2612 吳周 功臣表，沉陵侯陽之孫，景中五年嗣，謚節。

2613 趙周 功臣表，商陵侯，父夷吾以楚太傅、王戍反不聽、死事，子侯。百官公卿表，建元二

〔二〕「三」，山西書局本作「二」，據漢書改。

卷一百六十七　西漢書姓名韻（四）　平聲　十九尤

二五七

2614 殷周

年，周爲太常，四年免。元鼎五年，坐爲承相知列侯酎金輕，下獄自殺。〈申徒嘉傳，趙周爲丞相，備員而已。

2615 杜周

本傳，南陽杜衍人，義縱爲南陽守，以周爲爪牙，薦之張湯，與減宣更爲中丞十餘歲。百官公卿表，太初元年，左馮翊殷周。酷吏傳贊曰，杜周以少言爲重，子孫貴盛。藝文志，曆譜有傅周五星行度三十九卷，不知傅周是姓名否。

2616 傅周

減宣傳，宣死而杜周任用。

2617 劉修

諸侯王表，地節元年，中山懷王修嗣。

2618 劉修

王子侯表，樊輿節侯修，中山靖王子，元朔二年封。

2619 劉修

王子侯表，高樂頃侯修，元始元年以東平思王孫封，免。

2620 趙修

功臣表，深澤侯頭之子，景三年嗣，有罪，耐爲鬼薪。

2621 許修

功臣表，樂成侯延壽之後，嗣，莽敗，絕。

2622 左修

廣陵王傳，胥子寶奪爵還廣陵與姦事發。

2623 張修

昌邑王傳，臣敞言：「昌邑哀王歌舞者張修等十人無子，又非姬，當罷歸。」

2624 常山后修

景十三王傳，常山憲王舜后修，生太子勃。王多幸姬，王疾，后以媢妒不常在，輒歸舍。王薨，不分與長男梲財物，梲告后及太子。

2625 薛修

鮑宣傳，始郭欽奏免京兆尹薛修等。〈薛宣傳，宣弟修歷郡守、京兆尹、少府，善交接，得州郡之稱。後母常隨修居官。宣爲丞相時，修爲臨淄令，宣迎後母，不遣。後母死，修去官持服。宣謂三年服少能行之者，兄弟相駮不可，修竟服之，由是不和。〈王嘉傳，

2626 御史修 薦能吏薛修等。張延壽傳，前御史修至放家，逐名捕賊。

2627 陽成修 莽傳，郎陽成修獻符命，言「繼立民母，黃帝以百二十女致神仙」云云。

2628 陽成修舟 王子侯表，鄗侯舟，趙敬肅王子，不得封年，坐咀咒斬。

2629 劉曜丘 王子侯表，五據侯曜丘，濟北式王子，元朔二年封，酎金免。

2630 劉丘 王子侯表，山鄉侯丘嗣，免。

2631 劉丘 王子侯表，都平愛侯丘，城陽荒王子，甘露四年封。

2632 大行令丘 百官公卿表，元光六年，大行令丘。無姓。

2633 虞丘 藝文志，有虞丘說一篇。

2634 周丘 吳濞傳，周丘者，下邳人，酤酒無行。請王一漢節，有以報王，夜馳入下邳，斬其令，一夜得三萬人。遂將其兵北略，比至城陽，兵十餘萬。濞敗引歸下邳，發背死。

2635 番丘 段會宗傳，元延中，復遣會宗誅末振將太子番丘。會宗選精兵三十弩，往至昆彌所責斬之。烏孫傳，漢恨不自責，誅末振將，復使段會宗卽斬其太子番丘。

2636 劉裘 王子侯表，唐陵虒侯裘，城陽共王子，元朔二年封。

2637 劉休 王子侯表，高鄉節侯休，城陽惠王子，甘露四年封。

2638 劉休 王子侯表，復昌侯休，楚思王子，元始元年封。

2639 孔休 莽傳，始莽就國，南陽太守以莽貴重，選門下掾宛孔休等守新都相。休謁見莽，莽盡

2640 蟲皇柔

禮自納，後莽進玉具劍，休不肯受。莽因曰：「見君面有瘢」云云，[二]即解琢，椎碎之，進休。及莽徵去，欲見休，休稱疾不見。

功臣表，曲成侯達之孫，建元二年嗣。元鼎二年，坐爲汝南太守知民不用赤側錢爲賦，爲鬼薪。

2641 趙頭

功臣表，深澤侯將夕之子，文後二年嗣，諡戴。

2642 姑瞀樓頭

匈奴傳，屠者單于以其少子姑瞀樓頭爲右谷蠡王。[三]後屠耆兵敗自殺，都隆奇與姑瞀樓頭亡歸漢。

2643 趙彪

百官公卿表，元延元年，侍中光祿大夫趙彪大伯爲侍中、水衡都尉，三年卒。

2644 班彪

敍傳，《釋生彪字叔皮，與從兄嗣共遊學。家有賜書，內足於財，好古之士自遠方至，父黨楊子雲以下莫不造門。隗囂問曰：「縱橫之事復起於今乎？」彪論對之「今民皆謳吟思漢，鄉仰劉氏已可知矣」云云。復著王命論。知囂終不寤，避地河西，竇融訪問焉。舉茂才，爲徐令，病去，數應三公之召。仕不爲祿，所如不合。

2645 剛武侯

高紀，秦三年十二月，沛公引兵至栗遇剛武侯，奪其軍四千餘人，並之。史失名。

2646 奉車子侯

郊祀志，天子獨與奉車子侯上太山。奉車子侯暴病，一日死。服虔曰：霍去病子也。

2647 魏文侯

藝文志，魏文侯六篇。

2648 繇王閩侯

景十三王傳，江都王建，遣人通越繇王閩侯，繇王閩侯亦遺葛、珠璣二屬。

────────

[一] 「見君面」，山西書局本作「君見面」，據漢書改。

[二] 「右」，山西書局本作「左」，據漢書改。

2649 竇安成侯　竇后父，早卒，追封之。外戚傳。

2650 周陽侯　曹參傳，柱天侯反于衍氏，進破取衍氏，無姓名。

2651 梁父侯　朱建傳，鯨布聽父侯，遂反。

2652 柱天侯　張湯傳，湯為長安吏，周陽侯為諸卿時，常繫長安，湯傾身事之，及出為侯，大與湯交，徧見貴人。師古曰：姓趙。

2653 如侯　劉屈氂傳，太子使長安囚如侯持節發長水及宣曲胡騎，會侍郎莽通使長安，遂斬如侯。

2654 且鞮侯　匈奴傳，句黎胡單于死，其弟左大都尉且鞮侯立為單于。

2655 左安侯　匈奴傳，單于自將精兵，左安侯度姑且水。

2656 闔陵侯　匈奴傳，漢恐車師兵遮重合侯，乃遣闔陵侯將兵別圍車師。功臣表，建成，闔粵傳曰敖，是有兩闔陵也。又闔粵介和王降者。

2657 醯諧屠奴侯　匈奴傳，復株參若鞮單于，遣子右致盧兒王醯諧屠奴侯入侍。

2658 胊留斯侯　匈奴傳，且麋胥立為單于，遣子左祝都韓王胊留斯侯入侍。

2659 馳義侯　西南夷傳。又南粵反，天子使馳義侯因犍為發南夷兵。[三] 又曰歸義粵侯，不書名。

〔二〕「追」，山西書局本作「近」，據漢書改。

〔三〕「因犍為發南夷兵」，山西書局本作「因捷為蜀南夷兵」，據漢書改。

2660 許留 功臣表，宋子侯之子，十二年嗣，謚共。

2661 宋留 陳勝傳，初，令銍人宋留將兵定南陽，入武關。勝死，南陽為秦，留不能入，降秦，秦裂之。

2662 離疇 趙充國傳，封羌離留，且種二人為侯，以斬楊玉降功。

2663 宋疇 百官公卿表，宣本始二年，詹事東海宋疇翁壹為大鴻臚，四年為少府，六年坐議鳳凰下彭城未至、京師不足美貶為泗水太傅。

2664 公子牟 藝文志，公子牟四篇。

2665 開牟 儒林傳，易，田王孫授施讎字長卿，沛人也。謙讓，常稱學廢，不教授。後梁丘賀薦讎，詔拜讎為博士。甘露中與五經諸儒雜論同巽石渠閣。[三] 張禹傳，從沛郡施讎受易。[三]

2666 施讎 陳湯傳，捕得康居貴人具色子男開牟以為導。[二]

2667 孔求 光傳，帛生子家求。

2668 馬適求 莽傳，鉅鹿男馬適求等謀舉燕趙兵以誅莽。

2669 朐臑 東平王宇傳，朐臑，姬也，數嘆息呼天云云。朐臑私疏宇過失，令家告之，宇絞殺朐臑。

〔一〕「導」，山西書局本作「遵」，據漢書改。

〔二〕「五經」，山西書局本作「王經」，據漢書改。

〔三〕此條「讎」，山西書局本作「雖」，據漢書改。

2670 羅哀 貨殖傳，成都羅哀，初哀賈京師，爲平陵石氏持錢。令往來巴蜀，哀賜遺曲陽、定陵，依權力賒貸

2671 朱浮 董賢傳，賢所厚吏朱翊之子也，建武中貴顯，至大司馬，司空，封侯。

2672 去胡來王 匈奴傳，去胡來王唐兜皆怨都護校尉，亡降匈奴。又車師傳，唐兜怨都護但欽云云，

2673 唐兜 後匈奴付莽使，莽竟死之。

2674 姑句〔二〕 匈奴傳，會西域車師後王句姑、去胡來王唐兜皆怨恨都護校尉，降匈奴。註：姑音鉤。

2675 股紫陬 車師傳，徐普欲開新道，車師後王姑句心不便。普欲分明其界，召姑句證之，姑句不肯，繫之，〔三〕其家矛端生火云云。後匈奴付莽，莽殺之。

2676 岑陬 車師傳，姑句妻股紫陬謂姑句曰：「矛端生火，兵氣也，利以用兵。」即馳突出高昌壁，〔三〕入匈奴。

2677 高句驪侯 烏孫傳，昆莫太子之子曰岑陬。太子死，謂昆莫曰：「必以岑陬爲太子。」昆莫哀許之。大祿怒，畔，謀攻岑陬。昆莫與岑陬萬餘騎，令別居，國分爲三。本名軍須靡，互見「靡」下。

莽傳，高句驪兵爲寇，州郡歸咎於高句驪侯騶，嚴尤言：「貉人犯法，不從侯騶起。」

〔一〕「姑句」，山西書局本作「姑勾」，據漢書改。下同。
〔二〕「繫」，山西書局本作「擊」，據漢書改。
〔三〕「馳」，山西書局本作「馳出」，據漢書改。

2678 驤
嚴 尤

互見田譚下。尤竟誘高句驪侯驤而斬之。[二]

楊雄贊，大司空王邑、納言嚴尤聞雄死，問桓譚曰：「雄書當傳於後世乎？」莽傳，大司馬陳茂以日食免，武建伯嚴尤為大司馬。又賜姓徵氏，與廉丹為二徵將軍，擊荊州匈奴。嚴尤言邊三篇，以為匈奴可且以為後，莽敗死，嚴尤、陳茂敗昆陽下，走至沛郡，自稱漢將，召會吏民。尤為稱說莽篡天時所亡聖漢復興狀。聞漢故鍾武侯劉聖稱尊號汝南，與茂降之。以尤為大司馬，十餘日敗，尤、茂皆死。匈奴傳，莽將嚴尤上書論禦匈奴三策。莽傳，討穢將軍嚴尤與陽俊出漁陽。

2679 蚩尤
2680 解憂

藝文志，兵形勢家，蚩尤二篇。

烏孫傳，江都主死，復以楚王戊之孫解憂為公主，妻岑陬。岑陬死，以歸與翁歸靡。翁歸靡復尚解憂，生三男兩女。翁歸靡死，呢靡立，是為狂王，復尚解憂，生一男，暴惡，不與主和。傅山曰：婦人恁地狼狼。

2681 孫心

二十侵

高紀，秦二世二年六月，沛公與項梁共立楚懷王孫心為楚懷王。籍傳，孫心在民間，為人牧羊，范增說項梁立之。

2682 季心

季布傳，布弟季心氣蓋關中，遇人恭謹，為任俠。嘗殺人，亡吳，從爰絲匿。又見爰

[二]「侯驤」，山西書局本脫，據漢書補。

2683 董無心 益傳。藝文志，董子一篇，名無心，難墨子。傅山曰：名不知是書名，是人名，具存之。

2684 劉欽 宣紀，元康三年，立皇太子欽爲淮陽王。表諡憲。

2685 劉欽 王子侯表，平度頃侯欽嗣。亡年。

2686 劉欽 王子侯表，新市侯欽嗣。無年。

2687 劉欽 王子侯表，即來侯欽嗣，免。

2688 劉欽 王子侯表，溧陽侯欽，梁敬王子，建昭元年封。

2689 劉欽 王子侯表，密鄉侯欽，密鄉頃侯林之子，嗣。

2690 劉欽 王子侯表，桃山侯欽，城陽孝王子，永始四年封。同名七。

2691 趙欽 外戚恩澤侯表，成陽侯臨子。哀帝綏和二年，以皇太后弟侍中、光祿大夫趙欽爲新成侯。建平元年，罪免爲庶人，徙遼西也。又見趙后傳。

2692 趙欽 外戚恩澤侯表，營平侯充國之孫，建始四年嗣，諡考。趙充國，傳子至孫趙欽，尚敬武公主。傅山曰：敬武公主，張臨尚之矣，何此又尚？

2693 金欽 功臣表，都成侯安上之孫，元始元年紹封，爲王莽誅。金日磾傳，封都成侯，[二]平帝以家世忠孝，爲金氏京兆尹，六月爲侍中、光祿大夫。金日磾傳，涉之從父弟欽舉明經，爲太子門大夫，後爲甄邯庭叱之，劾奏其罪，友。又曰碑傳。

［二］「都成侯」，山西書局本作「成都侯」，據漢書改。

2694 杜欽

五行志，載杜欽日食地震之對。

2695 於陵欽

茂陵杜鄴子夏同姓字，衣冠謂欽爲「盲杜子夏」，由是京師更謂之爲「小冠杜子夏」。進，由王鳳。既病免，復徵鳳幕府，國家政謀，鳳常與慮之。馮奉世傳，上書追頌奉世前功，書極好。又馮野王傳，欽奏記於王鳳，令送王言。西南夷傳，杜欽說大將軍王鳳選任職太守往觀蚵云云。翟方進傳，陰米赴使者但至皮山而還，從之。又孝成許后傳，杜欽說王鳳尊敬后父嘉，方進爲丞相，陳咸內懼不定，迺令小冠杜子夏往觀其意，微自解脫，揣知其指[二]不敢言。匈奴傳，谷永，杜欽言，伊邪莫演降，不宜受。藝文志，蓍龜家，於陵欽易吉凶二十三卷。[三]

2696 郭欽

鮑宣傳，丞相司直郭欽奏宣舉錯煩苛。又曰，平帝時爲南郡太守，莽居攝，欽以病免，臥不出戶，卒於家。

2697 郭欽

車師傳，焉耆襲殺王駿等，[三]唯戊已校尉郭欽別將兵，後至焉耆，焉耆兵未還，郭欽擊殺其老弱，還。莽封欽爲劉胡子。又見莽傳，與何封同事。與鮑宣傳中丞相司直自殺竟自殺。

[一]「指」，山西書局本作「盲」，據漢書改。

[二]「二十三」，山西書局本作「三十三」，據漢書改。

[三]「王駿」，山西書局本作「王俊」，據漢書改。

2698 郭欽 莽傳，四虎亡，三虎郭欽、陳鞏、成重收散卒保京師倉。聞莽死，乃降，更始封侯。

2699 陳欽 儒林傳，左氏學，賈護授蒼梧陳欽，字子佚，以左氏授王莽。

2700 陳欽 莽傳，遣厭難將軍陳欽與王巡出雲中。又徵還諸將在邊者，免陳欽等十八人。後自殺。

2701 欬欽 匈奴傳，莽以厭難將軍陳欽等屯雲中葛邪塞。[二]

2702 桑欽 儒林傳，許商以門人齊欬欽幼卿爲文學[三]，莽時爲博士。師丹傳，給事中博士申咸、欬欽上書言，丹經行無比云云。互見覃韻「咸」下。

2703 王欽 儒林傳下，胡常又傳毛詩，授塗惲。塗惲授河南桑欽，字君長。

2704 周欽 莽傳，賞都大尹王欽及郭欽守京師倉，聞莽死，乃降，更始義之，封侯。

2705 但欽 西南夷傳，牂牁大尹周欽詐殺鈎町王邯，邯弟承攻殺周欽。又車師傳，唐兜怨但欽亡降匈奴，車師後王須置離謀降匈奴，都護但欽斬之。又匈奴傳，又曰焉耆國叛殺都護但欽。又雜見莽傳。

2706 眞欽 又互見須置離下。東漢桓譚傳，董賢風太醫令眞欽求傅氏罪過。西漢書遂不載此名事。

2707 陳臨 成帝紀，建始四年中謁者陳臨殺司隸校尉轅豐於殿中。外戚恩澤侯表，成陽節侯婕好父，成永始元年以皇后父封。

2708 趙臨

2709 劉臨 王子侯表，平曲釐侯臨嗣。亡年。

[二]「中」，山西書局本脫，據漢書補。
[三]「文學」，山西書局本作「政事」，據漢書改。

2710 劉臨，〈百官公卿表〉，永光四年宗正劉臨。

2711 劉臨，〈百官公卿表〉，平昌侯無故之孫，永光三年嗣，諡釐。〈翼奉傳〉，平昌侯王臨，以宣帝外屬欲從奉學其術，奉不肯與言。

2712 王臨，〈外戚恩澤侯表〉，莽子，元始四年以莽功爲賞都侯。莽篡後爲太子，後又貶爲統義陽王，自刺殺。互見碧韻。元紀，莽子，元始四年爲賞都侯。〈莽傳〉，封臨爲賞都侯，後進爲襃新公，建國元年爲皇太子。

2713 王臨，〈百官公卿表〉，河平三年爲太常，六年薨。

2714 王臨，〈外戚恩澤侯表〉，陽都侯延壽之孫，富平侯安世曾孫也，初元二年嗣陽都，諡共。〈張延壽傳〉，臨，勃之子，亦謙儉，每登閣殿，常嘆曰：「桑、霍爲我戒。」尚元帝妹敬武公主。

2715 張臨，

2716 便臨，

2717 師臨，〈百官公卿表〉，永始四年光祿大夫潁川師臨子威爲水衡都尉，八月遷，三年爲沛郡都尉。

2718 梁丘臨，〈爰氏侯樂成之孫，地節元年嗣，諡哀。〈百官公卿表〉，賀爲少府，事多，乃遣子臨分將門人張禹等從施讎問。臨爲黃門郎，學精熟，專行京房法，王吉使其子駿受易，臨代五鹿充宗爲少府。〈外戚恩澤侯表〉，安陽敬侯，以皇太后從弟大司馬車騎將軍，侯，千六百戶，子舜益封。元后傳，鳳死薦音，音敬鳳卑恭如子。互

2720 劉音 見譚下。鳳死，竟代爲大司馬車騎將軍。王氏爵位日盛，唯音爲脩整，數諫正，有忠節，輔政八年薨，謚敬，子舜嗣侯。又以侍中太僕弘子侍中音獨側聽王章言。又見敍傳，出張放。百官公卿表，河平三年侍中中郎將王音爲太僕，三年遷，陽朔二年爲御史大夫，一年遷。五行志，上書言雉雊事。諸侯王表，始元五年膠東頃王音嗣。景十三王傳，通平之子。

2721 劉音 平紀，元始四年立，梁孝王玄孫之子音爲王。莽篡，貶公，廢。表作五年。

2722 劉音 王子侯表，都陽節侯音，永光三年封。

2723 劉音 五行志，長安男子石良、劉音與同居，有如人狀在其室中云云。詳良下。同名四。

2724 劉音 匈奴傳，單于收陳良、終帶等四人及手殺刀護賊芝音付使者。[二]又見車師傳，莽皆燒殺之。

2725 公乘音 匈奴傳，漢遣中郎將丁野林、副校尉公乘音責讓單于。互見「林」下。

2726 劉歆 外戚恩澤侯表，紅休侯，元始五年封。元后傳，王鳳頡，上欲拜劉歆爲中壘校尉，左右皆曰：「未曉大將軍。」叩頭爭之。上於是語鳳，鳳以爲不可，乃止。莽傳，劉歆典文章，建國元年，少阿、羲及譜，推法密要。歆治左氏，韋宣成傳，中壘校尉劉歆與太僕王舜同爭武帝功德不宜毀。歆左氏師方進，翟方進傳，歆左氏師方進。翟義傳，爲揚武將軍。元后傳，王鳳頡，上欲拜劉歆薄而篤矣。」律曆志，作三統曆及譜，推法密要。歆治左氏，韋宣成傳，中壘校尉劉歆與太僕王舜同爭武帝功德不宜毀。

[一]「刀護」，山西書局本作「丁護」，據漢書改。

2727 劉　歆

和紅休侯劉歆爲國師，〔二〕嘉新公。又公孫祿議曰，嘉新公顛倒五經云云。又莽傳，王涉與歆謀劫莽東降南陽天子。劉歆亦怨莽殺其三子，又畏大禍至，遂與涉及董忠謀欲發。歆曰：「當待太白星出。」後爲孫伋、陳邯告之，自殺。

2728 劉　歆

莽傳，封劉歆爲祁烈伯，奉顓頊後。註：「師古曰：上言紅休侯歆爲國師，嘉新公，下又云國師劉歆子疊爲伊休侯，是則祁烈伯，自別一劉歆也。

2729 諫大夫林

天文志，河平二年夜郎王歆，大逆不道，遣諫大夫林等循行天下，不著姓。

2730 劉　林

成帝紀，密鄉頃侯林，膠東頃王子，成帝建始二年封。

2731 劉　林

王子侯表，樂望釐侯林嗣。

2732 竇桑林

功臣表，南皮侯彭祖之孫，元光五年嗣，元鼎五年酎金免。

2733 冀州刺史林

梁孝王傳，刺史林奏清河王年與女弟姦事。

2734 杜　林

杜鄴傳，鄴子林，清淨好古，亦有雅才，建武中歷位列卿，至大司空，其正文字過於鄴、竦，故世言小學者由杜公。又見莽傳，營築事文。藝文志，杜林蒼頡訓纂一篇、蒼頡故一篇。又張敞傳，至外孫之子杜林爲作訓。

2735 唐　林

鮑宣傳，清名之士，沛郡則唐林子高，仕王莽，封侯貴重，歷公卿位。又曰，數上書

〔二〕「義」，山西書局本作「義」，據漢書改。

2736 王林 諫正，有忠直節。傅山曰：「不知所謂忠直何謂也。」儒林傳，許商號其門人唐林為德行，莽時林為九卿，表上師塚。莽傳，尚書令唐林為胥附。又保成師祭酒唐林封為建德侯。孫寶傳，上順傅太后旨，下寶獄，唐林爭之。上以林比周，左遷。又師丹傳，林上書言免丹爵大重，上從之，賜丹爵關內侯。

2737 任林 莽傳，封舜子林為說德侯，莽敗降漢，殺之。

2738 丁野林 臨死，使侍中驃騎將軍同說侯林賜魂衣璽载，[一]後又以林為衛將軍。

2739 任岑 匈奴傳，烏孫卑援疐子趨質匈奴，漢遣中郎將丁野林、副校尉公乘音責讓單于。

2740 任岑 功臣表，弋陽侯宫之曾孫，陽朔元年嗣，諡孝。

2741 劉岑 平紀，執金吾任岑東迎中山，爵關內侯。百官公卿表，平元始元年，中郎將任岑為執金吾，一年卒。若卽弋陽侯之陽塑元年，二十六年矣。

2742 劉岑 王子侯表，臨朐六世侯岑嗣。無年。

2743 劉岑 百官公卿表，元始三年城門校尉劉岑子張為太常，二年徙為宗伯。

2744 趙岑 楚元王傳，岑嗣矣。[三]為諸曹中郎將，列校尉，至太常，薨。當卽前元始三年者。

同說侯林 外戚恩澤侯表，營平侯欽之子，陽朔三年嗣。元延三年，坐父欽詐以長安女子王君俠子為嗣，免。戶二千九百四十四。[三]又見陌韻良人「習」下。

[一]「魂」，山西書局本脫，據漢書補。
[二]「矣」，傅山全書初版本脫，據山西書局本改。
[三]山西書局本作「一」，據漢書改。

卷一百六十七 西漢書姓名韻（四） 平聲 二十侵

二七一

2745 史岑　外戚恩澤侯表，樂陵侯高之曾孫，元始四年紹封。莽敗，絕。

2746 王岑　外戚恩澤侯表，陽平侯禁之曾孫，建平四年嗣，謚康。

2747 尹岑　外戚恩澤侯表，百官公卿表，永始四年護羌校尉尹岑子河爲執金吾，一年遷。元延元年，爲右將軍，薨。尹翁歸傳，少子岑，歷位九卿，至後將軍。

2748 韓岑　韓王信傳，封增兄子岑爲龍頟侯。

2749 金岑　安上傳，子爲郎，使主客。

2750 劉壬　王子侯表，平鄉孝侯壬，平干頃王子，神爵四年封。

2751 張壬　功臣表，宜平侯敖之曾孫，景中三年嗣，有罪免。

2752 陸逯任　匈奴傳，莽以其庶女陸逯任妻後安公奢。

2753 劉恁　王子侯表，膠東侯恁，高密頃王子，建始二年封。

2754 史恁　外戚恩澤侯表，平台侯玄之孫，建昭元年嗣，謚威。

2755 李尋　五行志。翟方進傳，方進以尋爲議者。綏和二年，熒惑守心，尋奏記言之。本傳，字子長，平陵人。治尚書，好洪範災異，以王根薦〔二〕待詔黃門。尋又白夏賀良等皆待詔，賀良等坐左道誅，尋減死一等，徙燉煌。儒林傳，張山拊授同縣李尋。

2756 王尋　莽傳，建國元年，丕進侯王尋爲大司徒、章新公。莽傳，又遣司徒王尋將十餘萬屯雒陽，後漢兵乘勝殺尋昆陽。匈奴傳，副校尉王尋使匈奴，頒四條。互見昌阜駿下。

〔二〕「王根」，山西書局本作「王祀」，據漢書改。

2757 甄尋　莽傳，豐子尋以材能幸於莽。為尋之妻。尋怒，收捕尋。尋亡，隨方士入華山，歲餘捕得，放尋於三危。

2758 李棽　莽拜中郎將李棽爲厭難將軍。莽傳，相威將軍李棽與李翁出西河。又因王況讖書，拜侍中、掌牧大夫李棽爲大將軍、揚州牧，賜名聖，使將兵奮擊。[二]

2759 韋沉　玄成傳，育之子，節侯沉嗣。

2760 臨妻愔　莽傳，臨妻愔，國師公女，能爲星，語臨曰：宮中且有白衣會云。王臨死，愔亦自殺。互見碧韻。

2761 史諶　王莽傳，封杜陵史氏父諶爲和平侯，拜爲寧始將軍。又曰，更始將軍諶行諸署，告郎吏曰：「大司馬有狂病，已誅。」謂董忠也。莽敗降漢，後殺之。

二十一覃

2762 章邯　異姓諸侯王表，秦將，降楚。項籍傳，楚立爲雍王，都廢丘。後漢拔其隴西、北地郡。屬漢爲隴西、北地郡。項籍傳，章邯軍棘原，二世使人讓邯，邯恐，且嫉功，不免於死。陳餘亦遺邯書云。後使使約羽，羽立之。

2763 常邯　功臣表，長羅侯惠之孫，建始三年嗣，謚愛。

[二]「將兵奮擊」，山西書局本「將兵擊上谷」，據漢書改。

[三]「走」，山西書局本作「卒」，據漢書改。

2764 史邯 功臣表，武陽侯丹之子，永始四年嗣，諡惠。

2765 甄邯 外戚恩澤侯表，承陽侯，以侍中、奉車都尉定策安宗廟功，侯，二千四百戶。元始元年封。莽篡，為承新公。翟義傳，以邯為大將軍，屯霸上。百官公卿表，孝平元始元年，奉車都尉甄邯子心為光祿勳，一年為右將軍光祿勳。雜見莽傳。又見金日磾傳，劾金當、金欽罪。又見孝平王后傳。又曰以甄豐、甄邯主擊斷。建國元年，太保後丞承陽侯甄邯為大司馬、承新公，四年死。

2766 王邯 師丹傳，上書言，諒闇不言，出侍中王邑、射聲校尉王邯等。詔書比下，變動政事云云。

2767 張邯 儒林傳，詩，滿昌授九江張邯，至大官。又公孫祿議曰：「德盛者文縟，宜崇其制度」云云。莽營長安城南，將作崔發、張邯說莽曰：「漢兵戰勝昆陽，莽開所為平帝請命金縢，命明學男稱說其德，因言易伏戎於莽云云。後更始兵入都門，張邯行城門，逢兵見殺。

2768 邯 莽傳，孫伋以董忠之謀告其妻，妻告弟陳邯云云。詳見孫伋下。

2769 陳邯 莽篡，貶鉤町王為侯，邯怨恨。牂牁太守周欽詐殺邯。

2770 鉤町王邯 西南夷傳，莽篡，貶鉤町王為侯，邯怨恨。

2771 田儋 高紀，秦二世元年九月，田儋與從弟橫起齊，後章邯破殺。

2772 劉擔 郊祀志，引周太史儋見秦獻公曰：「周始與秦國合而別，別五百載當復合。」王子侯表，重侯擔，元朔二年封。元狩二年，坐不使人為秋，請免。

2773 曹參 功臣表，平陽侯，以中涓從起沛，至霸上，侯。以將軍入漢，以假左丞相定魏、齊，

2774 劉參
以右丞相侯，萬六百戶。有傳。謚懿。

2775 馮參
文三王傳，文帝子，太原王，更為代王。
綏和元年封中山王舅，諫大夫馮參為宜鄉侯。又附奉世傳，字叔平，野王弟，通尚書，為人矜嚴。以中山王舅封宜鄉侯。以中山太后同產當相坐，自殺。又見馮昭儀傳。

2776 湄清侯參
成紀，為人矜嚴。以朝鮮尼谿相使人殺其王右渠，降，侯，千戶。元封元年封，天漢二年坐匿朝鮮亡虜，下獄病死。朝鮮傳，尼谿相參與路人等謀降漢，路人等亡降漢，尼谿相參乃使人殺朝鮮王右渠來降，漢封為湄清侯。互見入陶唊下。

2777 成參
功臣表，開陵侯婕之曾孫，嗣，莽敗，絕。

2778 荀參
百官公卿表，陽朔三年，左曹、水衡都尉河內荀參威神。元后傳，后母李親，荀氏生一男名參，后憐參，欲以田蚡為比而封之。上曰:「非正也。」后傳，后母李親，荀氏生子伋未封，湯受其金五十斤，許為求比上奏。陳湯傳，王商按驗湯所犯，有皇太后同母弟荀參，為水衡都尉，死，參妻欲為參子伋求封，湯受其金五十斤，許為求比上奏。

2779 杜參
藝文志，博士弟子杜參賦二篇。別錄云:「臣向謹與長社尉杜參校中秘書。」[二]歆云:「杜陵人，陽朔元年病死，年二十餘。」

2780 金參
金安上傳，敞子，使匈奴，拜匈奴中郎將，歷至安定、東海太守。

2781 陳參
莽傳，受禮經，師事沛郡陳參。

[二]「校」，山西書局本作「較」字，據劉向別錄改。

2782 參 莽傳，講易祭酒戴參，爲寧始將軍。

2783 中常侍王 莽敗，中常侍王參，死於漸台上。

2784 莊 參 南粵傳，呂嘉爲亂，欲使莊參以二千人往。參曰：「以好往，數人足，以武往，二千人無足爲也。」辭不可，天子罷參兵。

2785 王 譚 外戚恩澤侯表，宜春侯訢之子，元鳳六年嗣，諡康。宣紀，諫大夫宜春侯是。

2786 王 譚 成帝紀，賜舅王譚爵關內侯。與宜春同名。外戚恩澤侯表，平阿安侯，河平二年以皇太后弟爵關內侯，二千一百戶。孝元王皇后傳，禁八男，三譚，字子元，封平阿侯。鳳病且死，天子親執其手曰：「將軍如有不可言，平阿次將軍矣。」鳳頓首曰：「譚等雖與臣至親，皆奢僭，無以率導百姓，不如御史大夫音謹勑。」言譚等五人必不可用。初，譚倨，不肯事鳳，而音敬鳳如子，故薦之。譚死，上悔其不輔政而薨也。樓護傳，譚舉護方正。

2787 李 譚 成帝紀，永始三年，徙李譚等五人格殺樊並，皆爲列侯。功臣表，延鄉節侯，千戶，尉氏男子。

2788 劉 譚 王子侯表，蘭陵共侯譚嗣。

2789 劉 譚 王子侯表，北鄉侯譚，菑川孝王子，建昭四年封。

2790 劉 譚 王子侯表，柏鄉侯譚嗣，免，同名三。

2791 呂 譚 功臣表，陽信侯青六世孫，景中三年嗣，後坐酎金免。

2792 楊譚 功臣表，赤泉侯喜之七世孫，代〔一〕譚功臣表，安平侯敞之孫，元康三年嗣。五鳳四年，坐爲典屬國季父惲有罪，〔二〕譚言誹謗，免。

2793 楊譚 功臣表，與赤泉侯同姓名。楊惲傳，惲兄子安平侯譚爲典屬國，謂惲曰：「西河太守建平杜侯，前以罪過出，今爲御史大夫。侯罪薄，又有功，且復用。」惲曰：「縣官不足爲盡力。」惲素與蓋寬饒、韓延壽善，譚即曰：「縣官實然，蓋司隸、韓馮翊皆盡力吏也，俱坐事誅。」云云。

2794 張譚 百官公卿表，永光四年，光祿大夫琅邪張譚仲叔爲京兆尹。四年，不勝任免。

2795 張譚 百官公卿表，竟寧元年，太子太傅張譚爲御史大夫。〔三〕三年，坐選舉不實，免。馮奉世傳，詔曰：「廉潔節儉，太子太傅張譚是也。」郊祀志，成帝初即位，丞相匡衡、御史大夫張譚言：「河東后土、甘泉泰畤之祠宜徙置長安。」〔三〕大司馬車騎將軍許嘉等八人以爲宜如故。右將軍王商、博士師丹、議郎翟方進謂如禮便。王尊傳，御史大夫張譚阿附畏事石顯。元帝崩，成帝初即位，顯徙爲中太僕，不復典權，衡、譚乃奏顯舊惡。匡衡傳作甄譚。

2796 弘譚 百官公卿表，元壽元年，光祿大夫沛弘譚巨君爲右扶風，〔四〕爲衛尉，一年遷。元壽三

〔一〕「典」，山西書局本脫，據漢書補。
〔二〕「太傅」，傅山全書初版本誤作「少傅」，據山西書局本改。
〔三〕「河東后土、甘泉泰畤」，山西書局本作「河東秦時、甘泉后土」，據漢書改。
〔四〕「君」，山西書局本作「男」，據漢書改。

2797 桓　譚　年爲大司農。

2798 桓　譚　溝洫志，桓譚爲司空掾，[二]典河議。翟義傳，莽作大誥，遣大夫桓譚頒行。楊雄自序，桓譚以爲絕倫。又曰：雄書必傳。[三]又見莽傳。

2799 太僕譚　百官公卿表，竟寧元年，太僕譚。無姓。

2800 太守譚　五行志，朔方女子趙春死復活，出棺外，太守譚以聞。無姓。

2801 右師譚　息夫躬傳，與中郎右師譚上變告東平王。

2802 蓋主孫譚　楚元王傳，蓋長公主孫譚遮德自言，德數責以公主起居無狀。

2803 尚書令譚　平當傳，使尚書令譚賜君養牛一，上尊酒十石。[三]

2804 馮　譚　奉世傳，長子，奉世擊西羌，譚爲校尉，從軍有功，未拜病死。

2805 鞠　譚　王嘉傳，初廷尉梁相疑東平王雲冤，獄有飾辭，奏欲傳之長安。尚書令鞠譚、僕射宗伯鳳以爲可許。

2806 田　譚　莽傳，發高句麗兵，亡出塞，爲寇，遼西大尹田譚追擊之，[四]爲所殺。

2807 趙　譚　佞幸傳，孝文時宦者，趙譚以星氣幸。

趙　談　季布傳，曹丘生數招權顧金錢，[五]事貴人趙談等。爰盎傳，宦者趙談常害盎，患之。

[二]「掾」，山西書局本脱，據漢書補。

[三]「雄書」，山西書局本作「雄傳」，山西書局本脱，據漢書補。

[三]「酒」，山西書局本脱，據漢書改。

[四]「尹」，山西書局本作「西」，據漢書改。

[五]「顧」，山西書局本作「願」，據漢書改。

2808 劉談 談騎乘,盎請下之,談泣下車也。與上似一,但譚、談之別。

2809 楊談 王子侯表,庸蟄侯談,城陽荒王子,初元元年封。

2810 司馬談 功臣表,吳房侯武之孫,元康四年霸陵公乘詔復家,賜黃金十斤,亡子,絕。

郊祀志,太史令談與祠官寬舒議。遷傳曰:喜生談,爲太史公。

2811 劉咸 遷父,[二]太史公也。

2812 劉咸 王子侯表,本始六年,稻戴侯咸嗣。

2813 劉咸 王子侯表,建陽節侯咸,魯孝王子,甘露四年封。

2814 左咸 王子侯表,東茅侯到曾孫,元康四年嗣,鮦陽公乘詔復家。同名三。

平紀,大鴻臚左咸迎中山王爲平帝,賜爵關內侯。建平元年,爲大司農,元壽三年爲大鴻臚,一年徙。百官公卿表,建平三年,大司農左咸爲左馮翊,三年爲復土將軍,元壽三年爲大鴻臚,一年病免。

2815 左咸 元始五年仍之。

2816 左咸 莽傳,左咸爲講春秋。

2817 左咸 儒林,公羊,泠豐授瑯邪左咸,爲郡守九卿。

2818 王咸 韋玄成傳,博士左咸等五十三人,皆以爲孝武親盡宜毁。[三]

王訢傳,宜春侯譚之子嗣,侯。莽妻卽咸女。莽篡,宜春氏以外戚寵,敗絕。

澤侯表,宜春侯訢之孫,建始三年嗣,諡孝。

百官公卿表,河平三年爲太常,一年病免。

[一]「父」,山西書局本脫,據文意補。

[三]「宜」,山西書局本作「言」,據漢書改。

2819 王咸 百官公卿表，綏和元年，執金吾王咸爲右將軍，二年爲左將軍，十月免。孝宣王皇后傳，章從弟咸至右將軍云云。

2820 王咸 鮑宣傳，博士弟子濟南王咸舉幡太學下，曰：「欲救鮑司隸者會此下。」諸生會者千餘人。朝日，遮丞相孔光言，丞相車不得行。

2821 王咸 匈奴傳，天鳳二年，莽復遣王歙與五威將王咸率伏黯、丁業等六人，送右廚唯姑夕王，及前所斬登及諸貴人喪。又見莽傳，咸到單于庭，應敵縱橫，單于不能詘，入塞死。王莽傳，莽召董忠，忠方講兵都肆。護軍王咸謂忠謀久不決，恐漏泄，不如遂斬使者，勒兵入，忠不聽。傅山曰：此好個王咸！同名五。

2822 王咸 百官公卿表，平元始元年，中郎將蕭咸爲大司農，一年卒。望之傳，子字仲，官至大司農。

2823 蕭咸 又張禹傳曰：「老臣女遠嫁張掖太守蕭咸妻，思與相近。」上即時徙咸爲弘農太守。

2824 蕭咸 王嘉傳，薦能吏蕭咸等。

2825 蕭咸 董賢傳，王閎爲賢弟寬信求蕭咸女爲婦，咸惶恐不敢當云云。

2826 蕭咸 百官公卿表，元始三年，左馮翊匡咸子期。

2827 匡咸 匡衡傳，衡子，亦明經，歷九卿。

2828 匡咸 百官公卿表，元始五年，大司農尹咸，儒林傳，尹更又受左傳以爲章句，傳子咸，至大司農。

2829 尹咸 劉歆傳，丞相史尹咸以能治左氏，與歆共校之。

2830 尹咸 藝文志，成帝時，太史令尹咸校數術。

2831 陳　咸　陳萬年傳，萬年子，為郎，遷左曹。萬年營病，召咸教戒於牀下。咸睡，萬年怒，咸謝曰：「大要教咸諂也。」頗言石顯短，顯恨之。後坐為王章薦，免官。咸

2832 陳　咸　數賂遺陳湯曰：「得蒙子公力，得入帝城，顯恨之。」方進復奏免之。翟方進傳，為御史大夫，與丞相宣事連。上使雜問之，咸詰責方進，冀得共處。方進奏罷陳咸等。後奏咸

2833 申　咸　與逢信「邪枉貪污，與陳湯親交賂遺」云云。咸心恨之。互見震、庚韻。又石顯傳，見杜欽傳，杜業奏中，方進奏王立黨友有故少府陳咸。莽傳，沛郡陳咸為講禮。

2834 衡　咸　薛宣傳，哀帝初即位，博士申咸給事中，亦東海人，毀薛宣不供養行喪服云云，後楊明斫申咸，斷鼻唇身八創云云。互見漾韻況、庚韻明下。又師丹傳，給事中博士申咸、炔卿上書言「丹經行無比」云云，尚書劾咸等「初傳經義，以為當治，乃復上書妄稱譽丹，不敬。」

2835 慶　咸　儒林傳，易，五鹿充宗授齊衡咸字長賓，為王莽講學大夫。

2836 呼韓邪子　咸　儒林傳，禮，慶普傳族子咸，為豫章太守。

2837 左犂汗王　咸　匈奴傳，大閼氏四子，少子咸、樂皆小於囊知牙斯。互見「樂」下。

匈奴傳，莽所遣將率還到左犂汗王咸所居地云云。後莽誘左犂汗王咸及子登、助三人，

咸[二] 至，拜咸爲孝單于。後歸囊知。單于更以爲於粟置支侯，匈奴賤官也。囊知死，立爲烏累若鞮單于。

2838 劉堪 王子侯表，都平侯堪嗣，免。

2839 劉堪 景十三王傳，河間王堪，諡剛。

2840 韋堪 外戚恩澤侯表，扶陽侯賢之玄孫嗣，元始中户千四百二十。莽敗，絕。

2841 周堪 百官公卿表，初元三年，光祿大夫周堪爲光祿勳。三年貶爲河東太守，詳劉向傳。儒林傳，堪字少卿，齊人也。夏侯勝爲光祿大夫，與蕭望之並領尚書事，爲石顯所譖，望之自殺。上愍之，擢堪爲光祿勳。語在劉向傳。石顯傳，與顯迕，廢錮。又諸葛豐傳，豐告光祿勳堪，上不直豐。蕭望之傳，周堪用受遺詔。京房傳，房考課法，周堪初言不可，後善之。詳庚韻「弘」下。

2842 謝君男 天文志，黄龍二年，客星見昴分，居卷舌東可五尺，炎長三寸，占曰：「天下有妄言者。」十二月，鉅鹿都尉謝君男詐爲神人，論死，父免官。孟康曰：姓謝，名君男，男者兒也，不記名，直言男耳。

2843 姬南 廣陵王胥傳，胥聞漢立太子，謂姬南曰：我終不得立矣！

2844 李南 趙后傳，宮長李南以詔書取張棄所養兒。互見棄下。

2845 金當母南 金日磾傳，金當母南即王莽母功顯君同產弟也。當上南大行爲太夫人。師古曰：南，名也。

[二]「汗」，山西書局本作「污」，據漢書改。

二十二鹽

2846 趙兼 外戚恩澤侯表，周陽侯，以淮南王舅侯，文元年封，六年罪免。其子爲周陽由。

2847 蔡兼 功臣表，以睢陽令高祖初從阿，以韓家子還定北地，用故常山丞相爲樊侯。師古曰：本六國韓家諸子，後更姓蔡。

2848 夏侯兼 夏侯勝傳，勝之子，爲左曹大中大夫。

2849 臧兼 趙后傳，驗問昭儀御者臧兼等，皆曰云云。

2850 歸義越侯 武紀，元鼎五年，出零陵，故越人降爲歸義侯，爲戈船將軍。

2851 劉嚴 嚴 王子侯表，元鳳元年，參戶敬侯劉嚴嗣。

2852 靳嚴 孝成趙后傳，解光奏，驗問知狀，有故中黃門靳嚴。許美人生子，詔使嚴持乳醫及五種和藥丸三，送美人所。後詔使嚴持綠囊書予許美人云云。

2853 殷嚴 元后傳，解光劾奏王根，公取掖庭女樂殷嚴等。互見飛君下。

2854 劉恬 王子侯表，寧陽節侯恬，元朔二年封，魯共王子。

2855 杜恬 功臣表，長脩平侯，以漢王二年用御史初從出關，以內史擊諸侯，攻項昌，以廷尉死事，侯，千九百戶。位次曰信平侯。百官公卿表，高五年殷內史杜恬。

2856 田恬 外戚恩澤侯表，武安侯蚡之子，元光四年嗣，元朔三年，坐衣襜褕入宮，不敬，免。

2857 于恬 外戚恩澤侯表，西平侯定國之孫，鴻嘉元年嗣，更始元年絕。傳曰：不肖，薄於行。

2858 荼恬　景十三王江都王建傳，建異母錢使男子荼恬告建淫亂，下廷尉。治荼恬受人錢財爲上書，棄市。

2859 王恬　張釋之傳，周亞夫與梁相山都侯王恬見釋之持議平，乃結爲親友。

2860 蒙恬　迺使蒙恬北築長城，而守藩籬。匈奴傳引之。

2861 龐恬　莽傳，西羌龐恬、傅幡等怨莽奪其地作西海郡，反攻西海太守程永。

2862 公孫渾邪　功臣表，禾成侯昔之子，文五年嗣。

2863 王眞粘　功臣表，景嚴侯競之子，惠七年嗣，諡戴。名是何義？

2864 滿黔　百官公卿表，鴻嘉二年，泗水相茂陵滿黔子橋爲左馮翊，四年貶爲漢中都尉。

2865 姬廉　景十三王傳，河間王元取故廣陵厲王、厲王太子及中山懷王故姬廉等以爲姬，後逮召廉等，[三]元迫脅令自殺凡七人。

〔二〕「逮」，山西書局本作「建」，據漢書改。

卷一百六十八　西漢書姓名韻（五）

上聲

一董

2866 劉　勇　房山侯勇，城陽荒王子，初元元年封，五十六年薨。〔一〕

2867 越巫勇〔二〕　厭勝，起建章宮。

2868 公孫勇　征和三年九月，反者公孫勇，發覺，誅。田廣明傳，公孫勇，故城父令，謀反，止陳留傳舍云云。賈捐之傳，對：關東公孫勇等詐爲使者，是皆廓地泰大，征伐不休之過。

2869 劉　寵　安衆侯寵，建武二年以崇從父弟紹封。〔三〕

2870 劉　寵　元始二年，平陸侯寵以淮陽憲王封，八年免。

2871 孫　寵　南陽太守方陽侯孫寵以騎都尉與息夫躬告東平王封，千戶。建平四年封。元壽二年，坐前爲姦讒免，徙合浦。鮑宣傳，方陽孫寵與息夫躬，奸人之雄，宜以時罷退。

〔一〕「五十六年薨」，山西書局本作「十六年免」，據漢書改。
〔二〕「勇」，漢書作「勇之」。
〔三〕「從父弟」，山西書局本作「從父昆弟」，據漢書改。

2872 待詔寵　五行志，鴻嘉二年，待詔寵等上言雄異。無姓。

2873 劉種　元封五年，易安康侯種嗣。

2874 昭涉種　平州共侯掉尾之子，文二年嗣，謚戴。

2875 盧種　亞谷侯它之子，後元元年嗣。

2876 呂種　建成侯釋之子，高后元年封，奉呂宣王國。七年，更爲不其侯。八年，反，誅。

2877 爰種　爰盎傳，盎患趙談，盎兄子種爲常侍騎，勸盎衆辱談，後雖惡，上不書告君。盎用其計，吳王厚遇盎，盎從之，下談驂乘。又盎遷爲吳相，種謂盎曰：吳王久驕，今絲欲刻治，彼不上書告君，則利劍刺君矣。南方卑溼，絲能日飲，亡何，說王毋反而已。[三]盎用其計，吳王厚遇盎。

2878 且種　且種等斬先零大豪楊玉首，[三]封且種、兒庫二人爲侯。

2879 彡姐旁種　充國傳，隴西羌彡姐旁種反。姐音紫。又列紙韻末。

2880 煎鞏　馮奉世傳，趙充國傳，羌楊玉，此羌之首帥名王，[三]將騎四千，煎鞏騎五千，阻石山木，侯便爲寇。又曰：「煎鞏、黃羝亡者不過四千人。」

2881 張竦　敞傳，孫竦，王莽時至郡守，封侯，杜鄴傳，鄴從張敞子吉學，吉子竦又少孤，從鄴學，尤長於小學。又見陳遵傳，字伯松，[四]莽封淑德侯。莽傳，竦博通士，爲陳崇草

　　[二]「毋」，山西書局本作「母」，據漢書改。
　　[三]「首」，山西書局本作「降」，據漢書改。
　　[三]「王」，山西書局本作「玉」，據漢書改。
　　[四]「伯松」，山西書局本作「伯封」，據漢書改。

奏，稱莽功德。又爲劉嘉作奏。詣闕自歸，封竦爲淑德侯。

二紙

2882 病已〔一〕 宣帝。

2883 劉陽已 柳康侯陽已，齊孝王子，元朔二年封。

2884 桀病已 襄城侯龍之子，太初三年嗣。後坐咀咒，下獄死。

2885 益已 周勃傳，西擊益已軍，破之。如淳曰：「章邯將也。」〔二〕益已，史記作盜巴，未知孰是。

2886 孟已 霍去病傳，騎士孟已有功，賜爵關內侯，邑二百戶。〔三〕

2887 成已 朝鮮傳，故右渠之大臣成已又反，左將軍荀彘使右渠子長，降相路人子最，〔四〕告諭其民，誅成已。

2888 劉箕子 平帝本名箕子。

2889 傅介子 義陽侯，以平樂廐監史誅樓蘭王，斬首，侯，七百戶，〔五〕元鳳四年封。元康元年薨，嗣子有罪不得代。

〔一〕「已」，傅山全書初版本作「己」，據山西書局本改。以下同。

〔二〕「章」，山西書局本作「鄣」，據漢書改。

〔三〕「二」，山西書局本作「三」，據漢書改。

〔四〕「降」，山西書局本脫，據漢書改。

〔五〕「七百戶」，山西書局本作「七百五十戶」，據漢書改。

2890 許報子 博望侯舜之曾孫，元延二年紹封。〔二〕莽敗，絕。

2891 蓼太子 伍被傳，淮南王曰：「蓼太子知略不出。」服虔曰：淮南太子也。文穎曰：食采於此也，或曰外家姓也。師古曰：外家姓，近為得之。

2892 史通子 遷傳，王莽求封遷後，為史通子。無名。李奇曰：史通國子爵也。

2893 貝色子 陳湯傳，捕得康居貴人貝色子以為導。貝色子即屠墨母之弟，皆怨單于。

2894 樊仲子 游俠傳，關中長安樊中子、〔三〕槐里趙王孫、長陵高公子、西河郭翁中、太原魯翁孺、臨淮兒長卿、〔三〕東陽陳君孺等，雖為俠，而恂恂有退讓君子之風。

2895 田八子 孝成許后上疏曰：故杜陵梁美人歲時遺酒一石，肉百斤。妾甚少之，遺田八子誠不可若是。

2896 于客子 趙后傳，驗問有故昭儀御者于客子，許美人生子。詔使籍嚴取所生兒，帝與昭儀坐，使客子解篋緘〔四〕。未已，帝使客子、王偏、臧兼皆出。

2897 劉盆子 莽傳，更始政教不行。明年，赤眉樊崇等入關，立劉盆子，稱尊號。

2898 趙襄子 匈奴傳引之。

〔二〕「元延」，山西書局本作「延」，據漢書改。
〔三〕「樊中子」，山西書局本作「樊仲子」，據漢書改。
〔三〕「兒」，山西書局本作「倪」，據漢書改。
〔四〕「篋緘」，山西書局本作「緘篋」，據漢書改。

2899 漆雕子 十三篇。[一] 孔子弟子啓之後。
2900 王孫子 藝文志，王孫子一篇。一曰巧心。[二]
2901 宮孫子 二篇。
2902 吳孫子 兵家，八十二篇。武也。
2903 齊孫子 兵家，八十九篇。臏也。
2904 關尹子 藝文志，關尹子九篇。名喜。
2905 長盧子 藝文志，長盧子九篇。楚人。
2906 王狄子 藝文志，王狄子一篇。
2907 臣君子 藝文志，道家，臣君子二篇。蜀人。
2908 老成子 藝文志，老成子十八篇。
2909 務成子 小說家，務成子十一篇。註：[三] 無世代、姓名。稱「堯問」，非古語。
2910 務成子 災異應十四卷
2911 務成子 陰道三十六卷
2912 別成子 兵陰陽家，別成子望軍氣六篇。
2913 容成子 陰陽家，容成子十四篇。

[一]「十三篇」，山西書局本作「十篇註」，據漢書改。
[二]「巧心」，山西書局本作「巧曰」，據漢書改。
[三]「十八」，山西書局本作「十一」，據漢書改。

2914 乘丘子　陰陽家，乘丘子五篇。
2915 閭丘子　陰陽家，十三篇。六國時。
2916 鄒奭子　陰陽家，十二篇。名快，在南公前。
2917 將鉅子　陰陽家，將鉅子五篇。六國時，先南公。
2918 老萊子　十六篇。
2919 黔婁子　四篇。齊隱士。
2920 鶡冠子　法家。一篇。
2921 游棣子　名家，尹文子一篇。說齊宣王。
2922 尹文子　三篇。墨家。
2923 田俅子　六篇。墨子弟子。
2924 隨巢子　三篇。墨子弟子。
2925 胡非子　十七篇。〔二〕縱橫。
2926 國筮子　小說家，青史子五十七篇。
2927 青史子　兵陰陽家，鵠冶子一篇。
2928 鵠冶子　五篇。
2929 公勝子

〔二〕「十七」，山西書局本作「七十」，據漢書改。

2930 蒲苴子 弋法四篇。

2931 昭明子 雜占家，有昭明子釣種生魚鱉八卷，種樹臧果相蠶雜十三卷。

2932 杜公子 何武傳，莽誅不附己者南陽杜公子。

2933 劉公子 儒林傳，大中大夫劉公子修左氏傳。〔二〕

2934 高公子 見上樊中子下。〔三〕

2935 廣漢鉗子 五行志，成帝鴻嘉三年，廣漢鉗子謀攻牢，篡囚鄭躬等，自號曰山君。師古：「鉗子，鉗徒也。」無姓名。

2936 佗羽公子 游俠傳，若東道佗羽公子等。〔三〕見「北道姚氏」下。

2937 魏公子 魏公子無忌二十一篇。

2938 車丞相子〔四〕 魏相傳，車千秋子為武庫令，千秋死，令自見失父，而相治郡嚴，恐獲罪，自免去。相使掾追呼之，不肯還。大將軍霍光果責過相，以為淺薄也。無名。

2939 北宮伯子 孝文時佞幸宦者。北宮伯子長者愛人，故見幸。

2940 歐侯氏子 許皇后年十四五，〔五〕當為內者令歐侯氏子婦。臨當入，〔六〕歐侯氏子死。

〔一〕「修左氏傳」，山西書局本作「為左化傳」，據漢書改。

〔二〕「中」，山西書局本作「仲」，據漢書改。

〔三〕「佗」，山西書局本作「它」，據漢書改。

〔四〕「車丞相子」，山西書局本作「車丞相公」，據文意改。

〔五〕「年十四五」，山西書局本作「十四年」，據漢書改。

〔六〕「臨當入」，山西書局本作「當人」，據漢書改。

2941 孫建世子 莽欲更嫁孝平后，令成新公孫建世子襐飾將醫往問疾，后大怒。

2942 魯仲連子 藝文志，魯仲連子十四篇。

2943 公孫龍子 名家，公孫龍子十四篇。

2944 園 子 梁王立傳，荒王女弟園子爲立舅任寶妻，立數過寶曰：「我好翁主，欲得之。」寶曰：「翁主，姑也，法重。」立曰：「何能爲！」遂與園子姦。

2945 淖 子 景十三王趙敬肅王，彭祖取江都易王寵姬者，生子名淖子。彭祖死，淖姬兄爲漢宦者。上召問：「淖子如何？」對曰：「爲人多欲。」上曰：「是不宜君國子民。」

2946 趙 子 儒林，詩，趙子，河內人也，事燕韓生嬰。

2947 羊 子 趙后傳，昭儀以大婢羊子等賜王業各且十人，以慰其意，屬無道我過失。

2948 羊 子 藝文志，羊子四篇。故秦博士。

2949 鬲 子 平帝妹，賜號尊德君。

2950 晏 子 八篇。

2951 曾 子 十八篇。

2952 宓 子 十六篇。

2953 景 子 三篇。說宓子語，似其弟子。

2954 景 子 兵形勢家，景子十三篇。

2955 世 子 二十一篇。名碩，陳人也，七十子之弟子。

2956 董子藝文志,董子一篇。名無心,難墨子。

2957 侯子藝文志,一篇。李奇曰:或作牟子。

2958 徐子藝文志,徐子四十二篇。宋外黃人。

2959 鬻子藝文志,鬻子二十二篇。〔一〕名熊,周文王師,楚之祖。又小說家,鬻子十九篇。

2960 管子藝文志,八十六篇。

2961 文子藝文志,文子九篇。老子弟子,而稱周平王問。

2962 蜎子藝文志,蜎子十三篇。老子弟子,名淵。

2963 田子藝文志,田子二十五篇。卽駢也,號天口駢。

2964 鄒子藝文志,陰陽家,鄒子四十九篇,〔二〕卽衍,又有終始五十六篇。〔三〕

2965 莊子藝文志,五十二篇。齊人,武帝時說。

2966 列子藝文志,六篇。六國時。此道家。

2967 孫子藝文志,十六篇。

2968 捷子藝文志,二篇。齊人,武帝時說。

2969 楚子三篇。

〔一〕「二十二」,山西書局本作「二十三」,據漢書改。

〔二〕「四十九」,山西書局本作「十九」,據漢書改。

〔三〕「終始」,山西書局本作「始終」,據漢書改。

2970 李子 兵家十篇。[一]

2971 李子 法家,李子三十二篇。名悝。

2972 商子 法家,六篇。名不害。註:相韓昭侯,終其身,諸侯不敢侵。

2973 申子 法家,處子九篇。師古曰:史記趙有處子。

2974 處子 法家,四十二篇。名到,申、韓稱之。

2975 慎子 法家,五十五篇。名非。

2976 韓子 名家,惠子一篇。名施。

2977 惠子 一篇。[三]墨家。

2978 我子 墨家,七十一篇。

2979 墨子 縱橫家,三十一篇。秦。

2980 蘇子 十篇。縱橫家。儀。

2981 張子 一篇。縱橫家。

2982 闕子 二十篇。名家,魯人,秦相商君師之。鞅死,逃入蜀。

2983 尸子 雜家,解子簿書三十五篇

2984 解子

[一]「十」,山西書局本作「七」,據漢書改。

[二]「名」,山西書局本作「不」,據漢書改。

[三]「二」,山西書局本作「三」,據漢書改。

2985 吳子 雜家，吳子一篇。

2986 宋子 小說家，宋子十八篇。無名。註：孫卿道宋子，其言黃老意。

2987 丁子 兵形勢家，丁子一篇。

2988 孟子 兵陰陽家，孟子一篇。

2989 猛子 五行家，有猛子閭昭二十五卷。

2990 鮑子 十篇。

2991 伍子 胥也，十篇。

2992 苗子 五篇。與鮑子、伍子、公勝子四皆兵技巧家。

2993 齰 汁防肅侯，以趙將前三年從定諸侯，侯，二千五百戶，〔一〕功比平定侯。齰故沛豪，有力，與上有隙，故晚從。

2994 劉齰 山州侯齰城陽共王子。〔二〕元朔二年封，酎金免。又閩粵傳，使故山州侯齰將屯，坐畏懦誅。

2995 劉齰 五鳳三年，昌成頃侯劉齰嗣。〔三〕

2996 南陽守齰 高紀，南陽守齰降，封殷侯。曹參傳，典齰戰於陽城郭東，虜齰。師古曰：紀、傳不同，疑傳誤。

〔一〕「二」，山西書局本作「三」，據漢書改。
〔二〕「王」，山西書局本脫，據漢書補。
〔三〕「成」，山西書局本作「城」，據漢書改。

2997 丙齮　高宛侯猜之七世孫。元康四年，高宛大夫詔復家。

2998 賴齮　《季布傳》，漢王顧謂丁公曰：「兩賢豈相戹哉！」註：孟康曰：丁公及彭城賴齮追上，故曰兩賢也。師古曰：孟說非也。雖與賴齮俱追，而高祖獨與固言耳。

2999 張耳　大梁人，少時及公子無忌爲客。常亡命遊外黃，故趙將羽立爲常山王，都襄國。漢復立爲趙王。陳勝令張耳狗趙。

3000 泠耳　下相嚴侯，以客從起沛，入漢，用兵擊破齊田解軍，以楚丞相堅守彭城拒布軍，功侯，二千戶。

3001 南郞侯起　以信平君封，坐後父故削爵一級，爲關內侯。師古曰：「會於廷中而隨父，失朝廷以爵之序，故削爵也。」郞音貞。或云當作鄭，非。不著姓。

3002 劉起　神爵四年，平望侯起嗣。

3003 劉起　繁安侯六世起嗣。

3004 劉起　猇節侯起，趙敬肅王子。征和元年封。

3005 劉起　樂望侯起嗣，免。

3006 高起　以越王子謀反者，爲蒲侯蘇昌捕得。

3007 鄒起　故越王子謀反者，爲蒲侯蘇昌捕得。

3008 史起　溝洫志，引魏以史起爲鄴令。

3009 吳起　兵家，四十八篇。

3010 呂更始　滕侯，爲舍人郞中十二歲，以都尉屯霸上，用楚丞相侯。高后元年封，八年，反，誅。

3011 尹更始 韋玄成傳，諫大夫尹更始等七十人議郡國廟宜無修。又曰，諫大夫尹更始等十八人以為悼皇廟序於昭穆，非正禮，宜毀。儒林，穀梁學，汝南尹更始字翁君，本自事蔡千秋，能說，為諫大夫、長樂戶將。又曰，又受左氏傳，取其變理合者以為章句，傳子咸。

3012 劉廼始 東陽頃侯廼始嗣。

3013 劉廼始 洨節侯廼始嗣。無年。

3014 劉廼始 平隄侯廼始嗣，免。

3015 渠乃始 昆侯復參之子嗣，亡後。

3016 江廼始 陳湯傳，郅支困辱漢使者江廼始等。谷吉上書曰：議者見前江廼始無應敵之數，智勇俱困，以致恥辱。

3017 王廼始 史皇孫王夫人傳，王媪言嫁王更得，死，嫁為廣望王廼始婦，產子男無故、武，女翁須。後追賜諡曰思成侯。

3018 劉革始 高鄉侯革始嗣，免。

3019 曹本始 元壽二年，曹本始以參玄孫之孫杜陵公士詔封，千戶，元始元年益滿二千戶。

3020 陶元始 開封侯舍之七世孫。元康四年，長安公士詔復家。

3021 劉始 廣戚侯始嗣，坐酎金免。

3022 劉始 神爵二年，松滋共侯始嗣。[二]

〔二〕「始」，山西書局本作「女」，據漢書改。

3023 劉 始 高鼇侯始嗣。〔一〕孝文後三年，封塞侯。九年，坐謀殺人，會赦，免。景中五年，復封。

3024 陳 始 博陽侯濞之子。後元年，有罪，免。

3025 呂 始 甯陵侯臣之孫，景四年嗣，諡惠。

3026 䣓 始 孔光傳，淳于長小妻䣓始等已棄去，或更嫁。翟方進、何武論當坐，光云云不當坐，是光議。

3027 更 始 皇孫王夫人傳，問王媼鄉里知識者廣望三老更始辭，皆驗。

3028 霍徵史 宣元康四年，河東霍徵史等謀反，誅。見梁喜下。

3029 魏內史 魏內史賦二篇。

3030 尉小史 田廣明傳，〔三〕魏不害等四人俱拜於前，小史竊言。曰：「汝欲不？貴矣。女鄉名爲何？」對曰：「名遺鄉。」上曰：「遺汝矣。」於是爵關內侯，食遺鄉六百戶。

3031 爰盎從史 盎傳，盎爲吳相時，〔三〕從史盜私盎侍兒。盎遇之如故。後以侍者賜之，復爲從史。及盎使吳見守，〔三〕從史適在守盎較爲司馬，〔四〕䣓以其裝賣醉西南陬卒，而引盎起，曰：「君

〔一〕「始」，山西書局本作「女」，據漢書改。
〔二〕「廣」，山西書局本作「光」，據漢書改。
〔三〕「及」，山西書局本作「見」，據漢書改。
〔四〕「從史」，山西書局本作「卒使」，據漢書改。

3032 鴈門尉史

可去矣。」乃以刀決帳，道從醉卒直出。〔二〕司馬與分背，馳去。〔三〕

3033 師史

東平王太后名也，奏王尊「爲相倨慢不臣」云云。

3034 師史

貨殖傳，周人既孅，〔三〕而師史尤甚，轉轂百數，致十千萬。

3035 弟史

烏孫傳，肥王復上楚主，生兩女，長弟史爲龜茲王絳賓妻。

3036 鴈門尉史

匈奴傳，單于得鴈門尉史，欲刺之。尉史知漢謀，具告單于。曰：「吾得尉史，天也。」以尉史爲天王。

貳師軍長史

匈奴傳，軍長史與煇渠侯謀曰：「將軍懷異心。」謀共執貳師。貳師聞之，斬之。

3037 代王劉喜〔四〕

高帝兄。高帝六年壬子立。七年，爲匈奴攻，棄國歸，廢爲郃陽侯。諸侯王表作郃陽。〔五〕王子侯表作合陽也。

3038 劉喜

城陽王章子，嗣爲王。後孝文十二年，徙淮南，又復還王城陽。

3039 劉喜

葉平侯喜，長沙定王子。〔六〕元朔二年封，酎金免。

3040 劉喜

高平侯喜，中山靖王子。元朔二年封，酎金免。

〔一〕「從」，山西書局本作「後」，據漢書改。

〔二〕「馳」，山西書局本作「各」，據漢書改。

〔三〕「孅」，山西書局本作「殲」，據漢書改。

〔四〕「代」，山西書局本脫，據漢書補。

〔五〕「郃」，山西書局本作「邰」，據漢書改。

〔六〕「王」，山西書局本脫，據漢書補。

卷一百六十八　西漢書姓名韻（五）　上聲　二紙

二九九

3041 劉喜 沂陵侯喜，廣川惠王子。不得封年。酎金免。

3042 劉喜 成獻侯喜，中山康王子。元鳳五年封。

3043 劉喜 安鄉孝侯喜，趙哀王子。竟寧元年封。

3044 蕭喜 成元延元年，封相國後蕭喜爲鄲侯。何六世孫南蠻長，永始元年紹封，鄲諡釐。

3045 曹喜 元康四年，參玄孫之孫、杜陵公乘曹喜詔家復。

3046 楊喜 赤泉嚴侯，以郎中騎漢王二年從起杜，屬淮陰，從灌嬰斬羽，侯。千九百戶。羽傳，楊喜爲郎騎，追羽，羽還叱之，喜人馬俱驚，辟易數里。

3047 江喜 轑陽侯，以圉嗇夫捕反者故城父令公孫勇侯，千一百二十戶。征和二年封。〔一〕

3048 梁喜 合陽愛侯，以平陽大夫告霍徵史、徵史子信，家監迥倫，故侍郎鄭尚時謀反，侯。千五百戶。元康四年封。

3049 傅喜 高武貞侯，以帝祖母皇太后從父弟大司馬侯，二千三百戶。〔二〕綏和二年，〔三〕爲右將軍，十一月賜金罷。李尋傳，使侍中衞尉傅喜問尋水出地動等異字稺游，河内溫人。孫寶傳，下寶獄。喜固爭。又傅昭儀傳，子孟之子。傅太后始與政事，喜數諫之，由是不欲令喜輔政。於是以光祿大夫養病。何武、唐林皆上書言：「喜行義修潔」云云。

〔一〕〔三〕，山西書局本作〔三〕，據漢書改。
〔二〕〔十〕，山西書局本作〔百〕，據漢書改。
〔三〕〔三〕，山西書局本作〔三〕，據漢書改。

3050 王喜　韓王信傳，七年，上自擊信軍銅鞮，斬其將王喜。

3051 陳喜　衡山王賜傳，王遣子孝客枚赫、陳喜作輣車鍛矢，刻天子璽，將、相、軍吏印。

3052 孔喜　

3053 孟喜　儒林，易，從田王孫受易。喜好稱譽，得易家侯陰陽災變書，詐言田生死時枕喜䧿，獨傳之。同門梁丘賀證之，曰：「田生絕於施讎手中，喜歸東海，安得此？」事喜舉孝廉為郎，曲臺署長，又為丞相掾。博士缺，衆人薦喜。上聞喜改師法，遂不用。

田王孫授孟喜，字長卿，東海蘭陵人。父孟卿以禮經多，春秋煩雜，使喜從田王孫受易。

3054 孫喜　莽傳，大傅犧叔士孫喜清潔江湖之盜賊。又曰：犧叔士孫喜，複姓有士孫，此不知為「孫」耶，「士孫」耶。

3055 董喜　莽傳，假號稱漢將者有茂陵董喜。〔二〕總見嚴春下。

3056 劉喜　萹鄉侯逢喜嗣，免。

3057 工師喜　平悼侯，初以舍人從擊破秦，〔三〕以郎中入漢，以將軍定諸侯，守雒陽，功比費侯賀，千三百戶。位次作聊城侯。

3058 司馬喜　遷傳，司馬氏在衛者，相中山。張晏曰：司馬喜為中山相。又曰：毋懌生司馬喜，為五大夫，卒。與在中山者同名。

3059 司馬喜　

3060 穀梁喜　藝文志，穀梁子。師古曰：「名喜。」不言名赤。

〔一〕「陵」，山西書局本作「林」，據漢書改。

〔二〕「人」，山西書局本脫，據漢書補。

3061 涉都侯喜 以父棄故南海太守，漢兵至，以粵邑降，子侯，二千四十戶。〔二〕元封元年，亡後。

3062 衍功侯喜 莽傳，後日殿中鈎盾土山僞人掌旁有白頭公青衣，郎吏見者私謂之國師公。衍功侯喜素善易，曰：「莽使篡之，曰：『憂兵火。』」莽曰：「小兒安得此左道？是乃予之皇祖叔父子僑欲來迎我也。」

3063 劉昆侈 元封元年，中山靖王昆侈嗣。又景十三王傳。

3064 張侈 宣平侯敖之孫，高后八年，以魯太后子封，爲信都侯。文元年，以非正免。

3065 衛侈 樂平侯毋擇之孫，景後三年嗣。建元六年，坐買田宅不法，有請求吏，死。

3066 劉請士 高城頃侯請士嗣。宣表又有之，作諸士。士又實韻。

3067 劉菲 高郭頃侯菲嗣。師古曰：菲音斐。

3068 魏指 甯侯遬之孫，文後元年嗣。

3069 翁指 西南夷傳，夜郎王興妻父翁指迫脅旁二十二邑反。後蠻夷共斬翁指出降。

3070 昭涉掉尾 平州共侯，漢四年以燕相從擊臧荼，侯，千戶。

3071 周止 魏其嚴侯，以舍人從起沛，以郎中入漢，爲周信侯。定三秦，以爲騎郎將，破羽東城，侯，千戶。

3072 應疕 煇渠愼侯，以匈奴王降，侯。元狩元年封，亡後。見霍去病傳，作雁疕。文穎曰：雁音鷹。疕音庇。師古曰：疕，匹履反。

〔二〕「十」，山西書局本作「百」，據漢書改。

3073 呂 㿧 台之子，高后八年爲東平侯。後反，誅。

3074 趙王姊 武臣姊也，醉謝李良，李良殺之。

3075 大姊 外戚傳，王皇太后所爲金王孫女在長陵小市，車駕自往迎之。曰：「大姊，何藏之深也？」是爲修成君。

3076 司馬良姊

3077 周市 元皇后傳，太子所幸司馬良姊病，且死。「姊」疑爲「娣」訛。

魏人周市略地豐沛，使人謂雍齒以豐下魏，魏地已下，欲立市爲王，市不肯。曰：「天下昏亂，忠臣乃見。」卒迎咎於陳，五反，立之。

陳勝令魏人周市狥魏地。魏咎爲魏王，周市爲相。陳勝傳，魏咎爲魏王，周市爲相。

3078 田市 故齊王羽分齊爲膠東王，都卽墨。田榮擊殺之，屬齊。項羽傳，田榮立儋子市爲王。

3079 衛尉王氏 百官公卿表，高帝十一年，衛尉王氏。不著名。

3080 濮陽周氏 賦六篇。藝文志。

3081 南陽孔氏 季布匿濮陽周氏。

3082 南陽暴氏 義縱爲南陽，桉甯成[二]破碎其家。及孔、暴之屬皆奔亡。

3083 宣曲任氏 義縱爲南陽，桉甯成[三]破碎其家。及孔、暴之屬皆奔亡。

貨殖傳，以獨窖倉粟起富。

[二]「桉」，山西書局本作「按」，據漢書改。
[三]「桉」，山西書局本作「按」，據漢書改。

3085 濟南瞯氏　游俠傳，濟南瞯氏亦以豪聞。

3086 北道姚氏　游俠傳，北道姚氏，西道諸杜，南仇景，東道佗羽公子，南陽趙調之徒，盜跖而居民間者耳。

3087 邯鄲摎氏　南粵傳，趙嬰齊在長安時，取邯鄲摎氏女，及即位，立摎氏為后。

3088 魏郡李氏　孝元后傳，禁適妻，魏郡李氏女也。以妬去。

3089 東平陵終氏　孝元王皇后傳，王翁孺既免，與東平陵終氏為怨。

3090 杜陵史氏　莽聞更始立，愈恐。外視自安，迺染其鬚髮，進所徵天下淑女杜陵史氏為皇后。

3091 韋家栗氏　貨殖傳，關中富商有韋家栗氏、安陵杜氏皆鉅萬。

3092 安陵杜氏　貨殖傳，自元帝訖莽，有平陵如氏、苴氏。

3093 平陵如氏

3094 苴氏　郅都傳，濟南瞯氏宗人三百餘家豪猾，〔二〕拜都為濟南太守，〔三〕誅其首惡。

3095 瞯氏

3096 穰氏　義縱傳，為河內都尉。族滅其豪穰氏之屬。

〔二〕　此條「瞯」，山西書局本作「䦧」，據漢書改，下同。

〔三〕　「濟」，山西書局本作「齊」，據漢書改。

3097 焦氏 田延年傳,〔一〕茂陵富人焦氏、賈氏陰積炭葦下里物云云。後二家告田延年詐增儲直,〔二〕

3098 賈氏 田延年傳,〔三〕茂陵富人焦氏、賈氏陰積炭葦下里物云云。後二家告田延年詐增儲直,卒自刎死。

3099 丙氏 魯人也,父子兄弟約,俯有拾,仰有取。

3100 左氏 陳遵傳,與弟級過淮陽王外家左氏作樂。又曰左阿君。

3101 質氏 貨殖傳,質氏以灑削而鼎食。〔四〕

3102 濁氏 貨殖傳,濁氏以胃脯而連騎。

3103 張氏 貨殖傳,張氏以賣醬而踰侈。〔五〕

3104 張氏 藝文志,春秋,張微十篇,虞傳二篇。虞卽虞卿。又曰:虞氏春秋十五篇。

3105 虞氏 藝文志,漢興,樂家有制氏以雅樂聲律,世世在太樂官,但能紀其鏗鏘鼓舞,〔六〕而不能言其義。

3106 制氏

〔一〕「延年」,山西書局本作「廣明」,據漢書改。

〔二〕「延年」,山西書局本作「廣明」,據漢書改。

〔三〕「延年」,山西書局本作「廣明」,據漢書改。

〔四〕「洒」,山西書局本作「洗」,據漢書改。

〔五〕「醬」,山西書局本作「漿」,據漢書改。

〔六〕「鏗鏘」,山西書局本作「鑑鏘」,據漢書改。

卷一百六十八　西漢書姓名韻(五)　上聲　二紙

三〇五

3107 孟氏藝文志，孟氏京房十一篇，災異孟氏京房六十六篇。
3108 鄒氏藝文志，春秋傳十一卷。有錄無書矣。
3109 夾氏藝文志，春秋傳十一卷。有錄無書矣。
3110 鐸氏藝文志，春秋傳各十一卷。有錄無書矣。
3111 顏氏藝文志，春秋鐸氏微三篇。註：楚太傅鐸椒也。
3112 孔氏藝文志，公羊，有顏氏十一篇。
3113 江氏藝文志，孝經古孔氏一篇。
3114 翼氏即江翁。
3115 后氏即翼奉。
3116 李氏皆說孝經。
3117 鄴氏藝文志，李氏春秋二篇。
3118 傅氏藝文志，鄴氏老子經傳四篇。
3119 徐氏藝文志，老子傅氏經說三十七篇。
3120 呂氏藝文志，老子徐氏經說六篇。字少季，臨淮人。
3121 宰氏藝文志，雜家不韋二十六篇。[二]
3122 趙氏農家宰氏十七篇。不知世。
農家趙氏五篇。不知世。

〔二〕「六」，山西書局本脫，據漢書補。

3123 王氏　農家王氏六篇。不知世。
3124 魏氏　射法六篇。[二]
3125 白氏　醫家有白氏內外經七十四篇。
3126 長孫氏　藝文志，詩學。皆無名。后當即蒼也。
3127 齊后氏　藝文志，禮經二十一篇。註：七十子後學者。
3128 齊孫氏　藝文志，禮經二十一篇。註：七十子後學者。別錄：六國時人。
3129 王史氏　藝文志，禮經二十一篇。註：七十子後學者。
3130 醫脩氏　馮昭儀傳，徐遂成言習，君之曰：「武帝時醫脩氏刺治武帝，得二千萬耳。」
3131 宛孔氏　貨殖傳，宛孔氏有游閒公子之名，然贏得過當，愈纖嗇。[三]
3132 毋鹽氏　貨殖傳，吳楚兵起，時唯毋鹽氏出捐千金貸，其息十之。用富關中。
3133 公乘氏　趙苦陘富人公乘氏以女妻餘。
3134 頌張氏　儒林傳，徐生，註：蘇林曰：徐氏後有張氏。張氏不知經，但能盤辟爲禮容。天下郡國有容史，皆詣魯學之。
3135 呼衍氏
3136 蘭氏

[二]「六」，山西書局本作「十六」，據漢書改。
[三]「嗇」，山西書局本作「濇」，據漢書改。

3137 須卜氏 匈奴傳，三姓皆其貴種也。

3138 范蠡 兵家，二篇。

3139 馮奉世傳，羌彡姐旁種反，註：姐音紫。

三薺

3140 啓 景帝名。

3141 劉禮 山都貞侯，漢五年禮爲郎中柱下令，[二]以衛將軍擊陳豨，用梁相侯。

3142 劉禮 文後六年，宗正劉禮爲將軍，次霸上。

3143 劉禮 元王子也，初封平陸侯，景三年，立劉禮爲楚王，續元王後。謚文。百官公卿表，景元年，爲宗正。[三]

3144 劉禮 平城侯禮，河間獻王子。元朔二年封。元狩三年，坐恐揭取雞以令買償免，後欺漫爲城旦。同名三。

3145 丁禮 樂成節侯。以中涓騎從起碭，爲騎將入漢，定三秦，爲正奉侯，以都尉擊羽，屬灌嬰，殺龍且，更爲樂成侯，千戶。

3146 鄭禮 定陶丁姬傳，定陶王后姓張氏，其母鄭禮，卽傅太后同母弟也云云。然終無子。

3147 劉理 臨衆節侯理嗣。無年。

[一]「郎中」，山西書局本作「中朗」，據漢書改。

[二]「宗正」，山西書局本作「宗正百官」，據漢書改。

3148 劉理 石鄉煬侯理，膠東頃王子。永光三年封。

3149 劉理 平城侯理嗣，免。

3150 諫大夫理 成帝鴻嘉元年，臨遣諫大夫理舉三輔、三河冤獄。

3151 伏理 儒林詩，匡衡受伏理，字斿君，爲高密傅，家世傳業。不著姓。

3152 劉鯉 新鄉侯鯉，東平煬王子。元始元年封，八年免。

3153 孔鯉 光傳，孔子生伯魚鯉。

3154 劉俚 成永始元年，立城陽孝王子爲王。表作元始元年封，王莽篡，貶爲公，廢。高五王傳，俚爲城陽王。

3155 張里 貨殖傳，張里以馬醫而擊鍾。

3156 趙弟 新時侯以貳師將軍騎士斬郁成王首，侯。太初四年封。太始三年，坐爲太常鞠獄不實，入錢百萬贖死，完爲城旦。百官公卿表合。詳李廣利傳曰：上邽騎士趙弟拔劍斬郁成王。西域國名也。

3157 車丞相弟 孝元王皇后傳，禁四女君弟，後莽白尊爲廣施君。

3158 君弟 莽傳，更始兵入城，城中少朱弟、張魚等恐見鹵掠，趨讙並和，斧敬法闥，呼曰：「反虜王莽，何不出降！」

3159 朱弟 魏相傳，霍光曰：「以車丞相弟爲關都尉。」無名。

3160 劉侯 元鼎元年，都梁頃侯侯嗣。師古曰：侯，戶禮反。

抵

牛抵

盧綰大將

奚涓母底 重平侯底，魯侯奚涓之母也。[一]高祖六年，涓亡，子封，母爲重平侯，十九年薨。

百官公卿表，武建元元年，[二]齊相牛抵爲御史大夫。[三]

周勃傳，綰反，勃擊下薊，得大將抵。無姓。又，樊噲傳，綰破其丞相抵薊南。

四語

諸邑公主 瑯邪縣。

鄂邑公主 北海縣，皆衛皇后女，皆坐蠱誅。

陽石公主 即蓋長公主，[四]昭帝姊，反，誅。燕王旦，鄂邑公主與霍光有隙，知旦怨光，即私與燕交通。張晏曰：「食邑鄂，蓋侯王信妻也。」[五]師古曰：「爲蓋侯妻是也，非王信。

當利公主 信，武帝舅，孟康曰：「衛太子妹。」如淳曰：姊也，武帝以妻五利將軍，更名其邑曰當利。

成陽公主 天文志，景中四年，成陽公主死。

[一]「侯」，山西書局本作「國」，據漢書改。
[二]「元年」，山西書局本作「二年」，據漢書改。
[三]「相」，山西書局本作「國」，據漢書改。
[四]「長」，山西書局本作「蓋」，據漢書改。
[五]「王信」，山西書局本作「王姓」，據漢書改。

3169 館陶公主　江充傳，公主行馳道中，充呵問之。

3170 館陶公主　東方朔傳，即竇太主，竇太后之女也。堂邑陳午尚之。私董偃。又鄧通傳，長公主賜鄧通，吏輒隨沒入之。註：即館陶公主也。

3171 平陽公主　中山衞姬傳，父子豪，長女又爲元帝婕妤，生平陽公主，與景王皇后生同。

3172 平陽公主　外戚傳，景帝王皇后三女，長平陽公主，次南宮，次隆慮。

3173 南宮公主　次。

3174 隆慮公主　又次。

3175 隆慮公主　東方朔傳，武帝妹也。子昭平君。[二]

3176 平陽隆慮　景十三王，趙王彭祖入朝，因帝姊平陽、隆慮公主求復立丹爲太子，不許。

3177 公　主　衞青傳，陳皇后，武帝姑，大長公主女也，后妒無子。大長公主聞衞子夫幸，有身，妒之，執囚衞青，欲殺之。去病傳，曹壽有惡疾歸國，主笑曰：「此出吾家，常騎從我，奈何？」長公主問：「列侯誰賢？」左右皆言大將軍。主笑曰：「此出吾家，常騎從我，奈何？」左右言之，皇后言之，上詔青尚平陽主。如淳曰：本陽信主，爲平陽侯所尚，故稱平陽主。

大長公主　衞青傳，陳皇后，武帝姑，大長公主女也，后妒無子。

[二]「昭平君」，山西書局本作「昭君平」，據漢書改。

3178 陽信長公主　武帝姊。衞青傳，平陽侯曹壽尚之。傅山曰：卽大長公主。旣曰「帝姊」矣，又曰「陳皇后大長公主女」，則於帝爲姑，又似與大長公主爲兩人者。

3179 敬武長公主　宣帝女，元帝妹。張臨尚之，見張延壽傳。又趙充國傳，趙欽亦尚敬武公主，何也？

3180 敬武公主　薛宣傳，宣後封爲侯時，妻死，而敬武公主寡居，上令宣尚焉。及宣歸故郡，公主留京師。後宣卒，主上書願還宣葬延陵，奏可。後主附丁、傅，出言非莽。莽發其罪，使者以太皇太后詔賜主藥，死，梟首於市。又見莽傳。傅山曰：按此公張臨尚之，趙欽尚之，薛宣又尚之，何也？

3181 潁邑公主　杜業尚成帝妹潁邑公主。主無子，薨。後業家上書求還京師與主合葬，不許。

3182 夷安公主　武帝女，卽昭平君尚者。

3183 平都公主　傅昭儀生一女，卽平都公主。

3184 河陽主　五行志，成帝與張放過河陽主作樂。

3185 紀翁主　高五王傳，齊厲王次昌紀太后取弟紀氏女爲王后，令其女紀翁主入宮正其後宮，無令得近王，欲令愛紀氏女。王因與紀公主奸。

3186 孫公主　夏侯嬰傳，嬰曾孫頗尚主，隨外家姓，號孫公主，故滕公子孫更爲孫氏。

3187 楊季主　游俠傳，郭解徙茂陵，諸公送千餘萬。軹人楊季主之子爲掾，禹之，解兄子殺之，邑人又殺楊季主。

3188 范主　滅宣傳，盜賊滋起。燕、趙間有堅盧、范主之屬。

3189 霍禹　光子。地節二年嗣博陸侯，四年反，要斬。張延壽傳，從擊烏桓。還，光問禹，禹無

3190 貢禹 所記。又光傳，山謀廢宣帝而立禹。
3191 貢禹 魏相傳，高祖時貢禹舉冬。師古曰：高帝時自有一貢禹。食貨志，貢禹言：「宜罷采珠玉金銀鑄錢之官，租稅祿賜皆以布帛及穀，使百姓一意農桑。」石顯傳，顯聞匈匈，言已殺前將軍蕭望之。時明經著節士貢禹爲諫大夫，使致意，深自結納。因薦禹云云。字少翁，琅琊人。爲御史大夫，奏欲罷郡國廟，定漢朝宗廟迭毀之禮。見玄成傳。
3192 劉禹 州鄉侯六世禹嗣，莽篡，絕。
3193 劉禹 瑕丘侯六世禹嗣。無年。
3194 劉禹 元鼎五年，夫夷節侯禹嗣。
3195 劉禹 虛水康侯禹嗣，城陽頃王子。
3196 劉禹 景成釐侯禹嗣。
3197 劉禹 平利釐侯禹嗣。
3198 劉禹 甘露三年，魏其孝侯禹嗣。〔二〕
3199 劉禹 元始元年，樂安侯禹以東平思王孫封。
3200 張禹 安昌節侯以丞相侯，六百一十七戶，益戶四百。河平四年封。杜業奏張禹奸人之雄。朱雲請斷其頭。傳，字子文，河内軹人也。儒林，易，施讎、張禹。
3201 張禹 儒林傳，左氏學，貫長卿授清河張禹，字長子，與蕭望之同時爲御史。後望之薦於宣

〔二〕「魏」，山西書局本作「槐」，據漢書改。

3202 王禹

帝，徵待詔。未及問，病死。與安昌同名。

3203 丙禹〔二〕

神爵元年，大司農王禹，四年遷。五鳳元年，爲大鴻臚。

3204 王禹

建昭四年，中郎將丙禹爲水衡都尉。

3205 丁禹

禮樂志，成帝時，謁者常山王禹世受河間樂，能說其義。藝文志，樂記有王禹記二十四篇。又禹，成帝時爲謁者。

3206 李禹

樂成侯禮之七世孫。元康四年，長安公士詔復家。李敢之男有寵於太子，好利，有勇。嘗與侍中貴人飲，〔三〕侵凌之，莫敢應。禹從落中以劍斫絕繫，〔三〕欲刺虎。上詔禹，使刺虎，縣下圈中，未至地，有詔引出之。禹從壯之，救止焉。後人告禹謀欲亡從陵，下吏死。

3207 丙禹

吉中子，水衡都尉。

3208 大禹

藝文志，大禹三十七篇。

3209 徐禹

律曆志，長安徐禹治太初曆亦第一。

3210 趙禹

百官公卿表，元光六年，中大夫趙禹爲中尉。又元鼎四年，故少府趙禹爲廷尉，四年以老貶爲燕相。刑法志，酷吏擊斷，姦軌不勝，於是招張湯、趙禹之屬，作見知故縱、監臨部主之法。張湯傳，與趙禹共定律令，務在深文，後上使趙禹責湯曰：「君何不

〔一〕「丙」，山西書局本作「王」，據漢書改。下同。

〔二〕「飲」，山西書局本作「欲」，據漢書改。

〔三〕「繫」，山西書局本作「纍」，據漢書改。

3211 廷尉禹

知分也」云云。酷吏，犛人也，以佐史補中都官，[二]爲周亞夫丞相史，遷爲御史，至中大夫，與張湯定律令。亞夫嘗曰：「禹文深，不可居大府。」已爲廷尉，酷急。[三]至晚節，加緩，名爲平。以老徙爲燕相，壽終，幸矣。贊曰：「趙禹拒法守道，百官公卿表，元狩三年，廷尉禹。無姓。當即趙禹。

3212 梁相禹

梁王立傳，永始中，梁相禹奏立封外家怨望，有司案驗，因發淫亂事。

3213 尉史禹

趙廣漢傳，廣漢使長安丞按男子蘇賢，尉史禹故劾賢爲騎士屯霸上，不詣屯所，乏軍興。賢父上書告廣漢，禹坐要斬。

3214 水衡都尉

陽朔四年。無姓。

禹

3215 大鴻臚禹

景十三王傳，大鴻臚禹奏：「趙王元暴虐無道，不宜立嗣。」奏可。

3216 鈎釘王禹

西南夷傳，河平中，鈎町王禹與夜郎王舉兵相攻。[三]互見「興」、「俞」下。

3217 劉宇

宣帝子，甘露二年立爲東平王。成帝建始二年有罪，削二縣，諡思。

3218 劉宇

茲鄉侯宇嗣，免。

3219 劉宇

廣侯宇嗣，免。

3220 劉宇

南昌侯宇，河間惠王子。建平二年封，十二年免。[四]

[二]「史」，山西書局本作「師」，據漢書改。
[三]「急」，山西書局本作「極」，據漢書改。
[三]「町」，山西書局本作「釘」，據漢書改。
[四]「二」，山西書局本作「三」，據漢書改。

3221 劉宇 翟義與東郡都尉劉宇等謀。同名五。

3222 王宇 莽子。

3223 蕭禹〔二〕 何九世孫，莽居攝元年嗣鄧，〔三〕建國元年更爲蕭鄉侯。莽敗，絕。

3224 朱宇 藝文志，驃騎將軍朱宇賦三篇。註：別錄云「驃騎將軍史朱宇」。

3225 朱禹 蒯成侯緤之曾孫，元康四年長安公士詔賜黃金十斤復家。無子。

3226 石詡 沛郡太守石詡與建策迎中山，爵關內侯。

3227 劉詡 折泉侯詡嗣，免。

3228 蔣詡 鮑宣傳，蔣詡元卿爲兗州刺史，亦以廉直爲名。莽居攝，以病免，臥不出戶，卒於家。

3229 嚴詡 何並傳，並代陵陽嚴詡爲潁川太守，以孝行爲官，謂掾史爲師友。莽徵詡，官屬祖道，詡據地哭，曰：「吾哀潁川民」云云。詡至，拜爲美俗使者。

3230 朱詡 董賢傳，賢所厚吏沛朱詡自劾去大司馬府，買棺衣收賢尸葬之。王莽怒，以它罪擊殺詡。

3231 劉地緒 樂鄉侯地緒嗣，免。

3232 李緒 李陵傳，陵謂使者曰：「吾爲漢將步卒五千人橫行匈奴，以亡救敗，何面目復對陵戶？且陛下何以責子卿？」陵曰：「李緒，非我也。」使者曰：「漢聞少卿教匈奴爲兵。」陵曰：「乃李緒，非我也。」李緒本漢塞外都尉，居奚侯城，匈奴攻之，緒降，而單于客

〔一〕「禹」，山西書局本作「宇」，據漢書改。

〔二〕「莽居攝」，山西書局本作「居莽攝」，據漢書改。

〔三〕「禹」，山西書局本作「宇」，據漢書改。

3233 曹羽 遇緒，常坐陵上。陵痛其家以李緒而誅，使人刺殺之。

3234 張羽 藝文志，道家曹羽兩篇。[二]楚人，武帝說於齊王。

3235 王章女 濞傳，梁使韓安國及楚死事相弟張羽爲將軍，頗敗吳兵。尚之弟也。鄭當時傳，脫張

3236 它羽 羽於陷。

3237 周陽氏女 章傳，小女年可十二，與母同係，夜起號哭，平生獄上呼囚，數常至九，今八而止。

3238 劉圉 游俠傳有它羽公子。注：姓它，名羽，字公子。又見子韻。

3239 畢取 我君素剛，必先死。果然。

3240 周聚 上官后傳，長公主內周陽氏女，令配耦帝。

3241 李沮 元始二年，外黃侯圉以淮陽憲王孫封，八年免。

3242 繇敍 為臍侯。[三]以南越將軍降，侯，五百一十戶。元鼎六年封。南粵傳，將軍畢取以軍降，

博陽節侯，以卒從豐，[三]擊羽成皋有功，爲將軍，布反，定吳郡，侯。

百官公卿表，元朔三年，[四]左內史李沮，四年爲將軍。衛青傳，將軍李沮等皆有功，賜爵關內侯。

藝文志，兵形勢家繇敍二篇。

[一]「道」，山西書局本作「通」，據漢書改。
[二]「臍」，山西書局本作「瞭」，據漢書改。下同。
[三]「率」，山西書局本作「卒」，據漢書改。
[四]「三」，山西書局本作「二」，據漢書改。

3243 程處　曹參傳，程處反于燕，往擊，破之。

3244 原涉　趙廣漢傳，潁川原、褚宗族橫恣，廣漢誅其首惡。師古曰：原、褚，二姓也。

3245 賈萬　王尊傳，長安大猾東市賈萬等，更數二千石，二十年莫能擒討，尊以正法案誅。

五姥

3246 善相老父　高紀。

3247 弔龔老父　兩龔傳。[二] 無姓名。

3248 甘父　張騫傳。騫以郎，使月氏，與堂邑氏奴甘父俱出隴西。徑匈奴得之。後騫與堂邑父俱亡歸漢。[三] 堂邑父爲奉使君。師古曰：堂邑父胡人，善射，窮急射禽獸給食。服虔曰：「堂邑，姓也，漢人，其奴名甘父。」下云堂邑父，蓋取主之姓以爲氏，而單稱其名。

3249 趙父　翟方進傳，方進從汝南蔡父相問已所宜。蔡父大奇其形貌，曰：「小史有封侯骨。」方進既厭爲小史，聞蔡父言，心喜，而至京師受經。

3250 蔡父　鉤弋傳，追尊外祖趙父爲順成侯。

3251 東父　兵陰陽家，東父三十一篇。

3252 柴武　孝惠侯宮子劉武，高后封爲壼關侯。

3253 劉武

[二]「兩」，山西書局本作「丙」，據漢書改。

[三]「堂」，山西書局本作「棠」，據漢書改。

3254 劉武 文帝子，代王，徙淮陽，又徙梁。又見外戚傳。與前後宮子同名。

3255 劉武 城陽王，元封三年嗣，諡惠。

3256 劉武 元始元年，膠鄉侯武，以東平思王孫封，八年免。

3257 劉武 新成侯武，楚思王子。元始元年封，八年免。

3258 劉武 文紀，郎中令議不願文帝入長安。又後六年爲將軍，屯北地。匈奴傳，文帝以郎中令張武爲將軍，軍長安，備胡寇。

3259 張武 敞傳，弟武爲梁相。敞問武：「何以治梁？」武曰：「馭黠馬者利其銜策」云云。敞笑曰：「武必辦治梁。」

3260 蘇武 子卿，天漢元年使匈奴，昭帝始元六年歸，凡十九年。畫麟閣。

3261 何武 字君公，蜀郡郫縣人，汜鄉侯。大司空莽誅不附己者，甄豐遣使者案治，大理正檻車徵武，自殺，諡曰刺。汜鄉侯，以大司空侯，千戶。哀帝即位，益封。綏和元年封，問張禹，元始三年爲莽所殺，賜諡曰刺。被莽殺卽賢者。朱博傳，武建議建三公官。博惡獨斥奏喜，遂並劾何武亦以爲然。後博承傳太后旨，欲奏免傅喜封侯。博惡獨斥奏喜，遂並劾何武前在位，皆無益於治，請皆免爲庶人云云。

3262 陳武 棘蒲剛侯，以將軍前元年將卒二千五百人起薛，別救東阿，[二]擊齊歷下軍臨菑，侯。

〔一〕「東阿」，山西書局本作「何東」，據漢書改。

3263 丙武 高宛侯猜之孫，文十六年嗣，諡平。

3264 杜武 棘陽侯得臣之孫，元光四年嗣，諡懷，亡後。

3265 室武 即中同之玄孫，元康四年高宛簪梟詔復家。

3266 秦武 彭侯同之孫，景三年嗣，有罪免。

3267 楊武 吳房嚴侯，以郎中騎將漢元年從起下邳，擊陽夏，〔二〕以騎都尉斬羽，侯，七百戶。〉籍傳，楊武得一體。

3268 公上武 汲紹侯不害之子，惠二年嗣，諡夷。

3269 馮武 穀陽侯谿之六世孫，元康四年穀陽不更詔復家。

3270 燕武 宜城侯倉之曾孫，陽朔二年嗣，諡煬。

3271 董武 高昌侯忠之孫，元壽元年嗣。二年，坐父宏前爲佞邪，免。

3272 呂武 以孝惠子封壺關侯。

3273 姬武 子南君之八世孫，建昭五年封，〔三〕爲承休侯，十三年更爲衛公。

3274 王武 樂昌共侯，以宣帝舅關內侯，六百戶。地節四年封。楊惲傳，指西閣上畫桀、紂謂王武曰：「天子過此，一二問其過，可以得師矣。」又見王夫人傳。魏相諫伐匈奴，云願陛下與樂昌侯詳議。

〔一〕「陽夏」，山西書局本作「楊夏」，據漢書改。

〔二〕「昭」，山西書局本作「武」，據漢書改。

3275 王　武　曹參傳，王武反於外黃，擊破之。服虔曰：「漢將也。」樊噲傳。灌嬰傳，王武、魏公申徒反，從擊破之。又灌嬰，擊破柘公王武軍燕西。顏師古曰：「柘，縣名。公者，柘之令也。前但言王武等反，此復加柘公兩字，豈又一人耶？」又見靳歙傳。

3276 廷尉武　百官公卿表，建元五年，廷尉武。無姓。

3277 左馮翊武　元平元年，左馮翊武。無姓。

3278 左馮翊武　河平三年，光祿大夫武爲左馮翊。無姓。

3279 景　武　禮樂志，黃門名倡丙彊、景武之屬富顯於世。

3280 景　武　張湯傳，[二]放使樂府音監景武强求男子李游君獻女。

3281 胡　武　陳勝以胡武爲司過，以苛察爲忠。

3282 孔　武　光傳，忠生武及安國。

3283 籍　武　孝成趙后傳，解光奏，臣遣掾史驗問知狀者掖庭獄丞籍武等。中黃門田客持詔記，盛綠綈方底，封御史中丞印，予武曰：「取牛官令舍婦人新產兒及婢六，盡置暴室獄。」武迎置獄。後三日，客持詔記，問「兒死未？」武對：「兒見在」云云。又因客奏封事，曰：「陛下未有繼嗣，子無貴賤，惟留意！」客又持詔記，予武，令持兒予王舜。後三日，客復持詔記，予武，令武以篋中物書予獄中婦人，自臨飲之。昭儀又殺

〔一〕「湯」，山西書局本作「延壽」，據漢書改。

3284 張彭祖 宣紀，封賀所子弟子侍中中郎將爲陽都侯。又見富平侯安世下，安世子爲張賀子，小與上同席研書物，先賜爵關内侯，後封爲陽都侯。蓋寬饒傳，劾彭祖不下殿門，彭祖實下殿門，並連及安世居位無補。[二]

3285 劉彭祖 許美人生子，令武埋屏處。[二]武穿獄樓垣下爲坎，埋之。互見「子」、「兼」、「嚴」下。

3286 劉彭祖 景十三王，趙敬肅王彭祖，景帝子，廣川王，徙趙。景十三王傳，趙敬肅王彭祖先爲廣川王，後徙趙。爲人巧佞，卑諂足恭，而心刻深，好法律，持詭辯以中人。彭祖不好治宮室、禨祥，好爲吏事。上無賢君之意，下讒諛以中傷於人，家語在傳。取江都易王寵姬、王建所姦淖姬者，甚愛之，最爲無行矣。淮南王安傳，彭祖議安罪。

3287 祕彭祖 初元五年，河南太守劉彭祖爲左馮翊，遷太子太傅。

3288 黎彭祖 戴敬侯，以卒從起沛，以卒開沛城門，爲太公僕，以中廄令擊豨，功，侯，千一百戶。[三]

3289 竇彭祖 軑侯倉之孫，文十六年嗣。南皮侯，以皇太后兄子封。文後七年封，竇太后兄長君之子。

3290 趙彭祖 元鳳四年，河内太守趙彭祖爲大司農，三年卒。

────────

[一]「屏」，山西書局本作「葬」，據漢書改。
[二]「連及」，山西書局本作「及連」，據漢書改。
[三]「一」，山西書局本作「二」，據漢書改。

3291 京兆尹彭 元鳳四年。無姓。

祖

3292 蔡彭祖 景十三王傳，廣川繆王齊告中尉蔡彭祖捕子明，罵曰：「吾盡汝種矣！」[一]有司驗，不如王言。[孟康曰：明，彭祖子明也。師古曰：孟說非也，明，即廣川王子也。]

3293 嚴彭祖 直不疑傳，塞侯傳子至孫彭祖，坐酎金，國除。

3294 直彭祖 韋玄成傳，太子太傅嚴彭祖等，議郡國廟宜無修，太子太傅傳子至孫彭祖，坐酎金，國除。儒林傳，字公子，東海下邳人。事睢孟，為公羊春秋，為宣帝博士，至河南、東郡太守。入為左馮翊，遷太子太傅。廉直不事權貴。以太傅官終。嚴延年傳，次弟彭祖。

3295 鄧彭祖 儒林，易，五鹿充宗授沛鄧彭祖，字子夏，至真定太傅。

3296 劉彭祖 東昌侯祖嗣，免。

3297 鍾祖 童鄉鳌侯，以捕得反者樊並侯，千戶。永始四年封。

3298 田祖 周陽侯勝之子，元光六年嗣。元狩三年，[二]坐當歸輒侯宅不與，免。

3299 胡組 邴吉使女徒復作渭城胡組更乳養宣帝。[三]又見吉傳。

3300 劉終古 元平元年，菑川思王終古嗣。

3301 劉終古 高五王傳，青州刺史使所愛奴與八子及諸御婢姦，詔削四縣。

[一]「汝」，山西書局本作「孺」，據漢書改。
[二]「三」，山西書局本作「二」，據漢書改。
[三]「邴」，山西書局本作「丙」，據漢書改。

3302 劉終古 博陽侯終古嗣，坐酎金免。

3303 劉終古 雲釐侯終古嗣。無年。

3304 劉終古 柏暢戴侯終古嗣，趙敬肅王子。[一]

3305 劉終古 御兒嚴侯，以軍卒斬東粵狗北將軍侯。元封元年封，亡後。又見閩粵傳，薊作語。

3306 轅終古 清侯中同之曾孫，元狩三年嗣，謚共。

3307 室 甘露二年送單于者，不知姓。

3308 武虎 梁鄒孝侯，兵初起，以謁者從擊破秦，入漢，定三秦，出關，以將軍擊定諸侯，比博

3309 騎都尉虎 陽侯，二千八百戶。[二]

3310 宣虎 南安嚴侯，以河南將軍漢王三年降晉陽，以重將破臧荼，侯，九百戶。

3311 劉輔 征和四年，中山頃王輔嗣。又景十三王傳。

3312 劉輔 元始元年，合昌侯輔以東平思王孫封，八年免。

3313 蕭輔 河間宗室也。成帝欲立趙婕妤爲后，先下詔封其父臨爲列侯。輔上書爭之，收輔擊掖庭祕獄。辛慶忌等言之，減死一等，爲鬼薪。

3314 杜輔 建平侯延年之曾孫，元始二年嗣。

何六世孫，甘露二年嗣酇，謚思。

[一] 「子」下，山西書局本衍一「元」字。

[二] 「三」，山西書局本作「三」，據漢書改。

3315 杜輔 元后傳，皇后使侍中杜輔、掖庭令濁賢交送政君太子宮。

3316 便輔 愛氏侯樂成之子，本始二年嗣，諡康。

3317 黃輔 建成侯霸之孫，陽朔三年嗣，諡忠，至衛尉九卿。居攝二年，侯輔嗣，莽敗，絕。無

3318 侯輔 父子俱名輔之理，當訛。

3319 朱輔 地節元年，水衡都尉朱輔爲右扶風。

3320 王輔 元壽三年，建成侯王輔子元爲衛尉。

3321 張輔 王尊爲安定太守，出教曰：「五官掾張輔貪汙不軌，一郡之錢盡入輔家，足以葬矣。」擊輔獄，數日死。

3322 楊輔 明統侯，元始五年，以騎都尉明爲右扶風。

3323 王尊傳，公乘興上書言御史中丞楊輔故爲尊書佐，建爲此議，傳致奏文。互見麻韻「家」下。

3324 大司農輔 利家云云。疑輔欲傷害尊，好以刀筆陷人於法。輔常過尊大奴

3325 執金吾輔 地節三年，大司農輔。無姓。

3326 梁太傅輔 河平元年，執金吾輔。無姓。

3327 東平相輔 梁王立傳，梁太傅輔奏王一日至十一犯法。

掖庭令輔 翟義傳，莽詔義始發兵，上書言宇、信等與東平相輔謀反。

趙飛燕傳，太后詔大司馬莽等曰：「掖庭令輔等在後庭左右，侍燕迫近，雜與御史、

〔二〕「義」，山西書局本作「儀」，據漢書改。

3328 大贅侯輔 莽傳，建國四年，大贅侯輔爲寧將軍，後免。

3329 竇甫 灌夫傳，夫爲太僕，與長樂衛尉竇甫飲，輕重不得，夫醉，搏甫。甫，竇太后昆弟也。

3330 程伯休甫 司馬遷傳，重黎氏世序天地。在周，程伯休甫其後也。

3331 劉普 陽朔三年，眞定共王普嗣。

3332 劉普 新昌侯普嗣，免。景十三王傳，安王雍之子。

3333 劉普 都安節侯普，河間孝王子，綏和元年封。

3334 劉普 扶鄉侯普，楚思王子，元始元年封，八年免。

3335 遼普 蒙鄉侯，以騎都尉與王惲功，侯。元始五年封，莽篡，爲大司馬。功臣表騏侯幾世次無普，何也？

3336 駒普 成帝建始元年，騏侯駒普爲太常，數月薨。

3337 嚴普 天文志，永始二年，尉氏男子樊並賊殺陳留太守嚴普。

3338 慶普 藝文志，高堂生弟子。

3339 慶普 儒林傳，后蒼授沛慶普，字孝公，爲東平太傅。

3340 朱普 儒林傳，平當授九江朱普字公文，爲博士。

3341 如普 莽傳，緣邊大饑，諫大夫如普行邊兵，還言宜罷兵。

3342 杜普 莽死，曹部監杜普守郡不降，漢兵誅之。

3343 徐普 車師傳，元始中，車師後王國有新道，出五船北，通玉門關，往來差近，戊己校尉徐普欲開以省道里半，避白龍堆之陀。

丞相、廷尉治問。」

3344 劉楚 胡母侯，濟北式王子，元朔二年封，酎金免。

3345 桓楚 項籍傳，梁謂會稽假守殷通曰：「吳有奇士桓楚，亡在澤中，請召籍，令召桓楚。」遂殺守。後羽殺宋義，使桓楚報命於懷王孫心。

3346 劉扈 寧陽孝侯扈嗣。無年。

3347 劉舞 黃龍元年，建陵節侯魯嗣。

3348 劉魯 神爵元年，虒葭夷侯舞嗣。[一]

3349 陳午 堂邑侯嬰之孫，孝文三年嗣，尚館陶公主。外戚傳，陳皇后午之女也。又見東方朔傳。

3350 戴午 臺侯野之子，文四年嗣。景三年，坐謀反，誅。

3351 其午 陽河侯石之孫，景中四年嗣。

3352 趙午 相貫高、趙午年六十餘，故耳客也。

3353 祝午 高五王傳，齊王與其郎中令祝午等陰謀發兵。以爲內史。

3354 居股 東城侯，以故東越繇王斬東越王餘善，侯，萬戶。元封元年封，征和三年，坐衛太子舉兵謀反，誅。閩粵傳，繇王居股俱殺餘善，降橫海軍。漢封爲東城侯，萬戶。

3355 李當戶 李廣傳，子當戶爲郎。上與韓嫣戲，嫣少不遜，當戶擊嫣，嫣走，於是上以爲能。早死。

3356 唯犂當戶 匈奴傳，呼揭王與唯犂當戶共讒右賢王。屠耆既殺右賢王父子，後知其冤，復殺唯犂

〔一〕「舞」，山西書局本作「無」，據漢書改。

卷一百六十八 西漢書姓名韻（五） 上聲 五姥

三二七

3357 毋鼓
陳湯傳，劉向書：李廣利雖斬宛王毋鼓之首。師古曰：西域傳作毋寡。

3358 翟母
方進傳，方進辭後母，至京師受學。母憐其幼，隨之長安，織屨以給。賢哉！此後母也。方進爲丞相，後母尚在，供養甚篤，及終旣葬，三十六日服除視事。

3359 西道諸杜
游俠傳有西道諸杜。總見姚氏下。

六解

當戶。

3360 劉買
梁孝王子，孝景後元年嗣，諡恭。先爲乘氏侯。

3361 劉買
長沙定王子，元朔二年封。

3362 陳買
春陵侯買。

3363 張買
曲逆侯平之子，孝文三年嗣，諡共。

3364 王買
南宮侯，以父越人爲高祖騎將從軍，以中大夫侯。

3365 鄂解
安平侯秋六世孫，元康四年，解大夫後詔復家。「解」不知是名否，姑列之。

3366 靳解
安平侯舜之曾孫，元始五年嗣，諡懷。莽敗，絕。

3367 田解
汾陽侯彊之子，高后三年嗣，諡共。

田解
泠耳擊田解。詳見下相侯下。田儋傳，齊使田解軍歷下距漢。又傅寬傳，屬淮陰擊田解。

3368 文解
藝文志，有文解六甲十八卷。文解二十八宿二十八卷。此未必爲人名。

3369 漁陽太守解
去病傳，漁陽太守解皆獲鼓旗，賜爵關內侯，食邑三百戶。

七賄

3370 解 解，游俠傳，郭解，河內軹人，溫善相人許負外孫也。字翁伯。

3371 郭 解，衡山王賜傳，后乘舒生女無采。無采嫁，棄歸，與客姦。太子數讓之，無采怒，不與太子通。后徐來聞之，即善遇無采及無采弟孝，共毀太子。後太子告王無采與奴姦。

3372 劉 廼，宋子侯廼之七世孫，元康四年宋子大夫詔復家。

3373 許 宰，廬鄉侯宰，六安頃王子，綏和三年封，十五年免。

3374 郭 偉，每成安侯忠之六世孫，居攝元年紹封，莽敗，絕。

3375 王 偉，百官公卿表，太初二年，少府王偉。

3376 姓 偉，食貨志，莽命義和置命士督五均六斡，郡有數人，皆用富賈。臨菑姓偉等，乘傳求利，交錯天下。貨殖傳，成、哀間，姓偉訾五千萬。師古曰：〔二〕姓姓，名偉也。

3377 彭 偉，何武傳，莽誅不附己者南陽彭偉。

3378 蔡 癸，食貨志，蔡癸以好農使勸郡國，至大官。

3379 祭 癸，藝文志，農家，祭癸一篇。註：「宣帝時，以言便宜，至弘農太守。」別錄云：「邯鄲人。」此當即前蔡癸。

3380 公孫 詭，梁孝王傳，齊人，多奇計。初見日，王賜千金，官至中尉，號公孫將軍。謀刺爰盎。

〔二〕「師古」，山西書局本作「如淳」，據漢書改。

3381 劉鮪翟義傳，莽詔曰：「已捕斷信子德廣侯鮪。」〔一〕

3382 朱鮪傳，新市朱鮪等皆聚衆攻擊。

八畛

3383 楊惲翟義傳

3384 王惲平帝初，太僕王惲等二十五人前議定陶太后尊號，守法不阿，賜爵關內侯。元始五年，太僕分行天下，齊同萬國，功爲常鄉侯。

3385 王惲元壽三年，長樂衛尉王惲子敬爲太僕，五年遷。元始五年，爲光祿勳。

3386 任惲弋陽侯宮之孫，河平三年嗣。諡惠。

3387 塗惲儒林，書，胡常，又傳毛詩，授塗惲、子眞。〔三〕

3388 鄭惲傅昭儀傳，昭儀母更嫁爲魏郡鄭翁，生男惲。

3389 甝惲莽傳，使中常侍甝惲責問宗姊妨及妨夫王興等。又見「妨」下。又，令甝惲責問劉歆、董忠、王涉。又，諸生小民會旦夕哭、甚悲哀及能誦策文者除爲郎，至五千餘人，甝

〔一〕「德廣侯」，山西書局本作「廣德侯」，據漢書改。
〔二〕「三」，山西書局本作「二」，據漢書改。
〔三〕「眞」，山西書局本作「夏」，據漢書改。

3390 盧惲

惲將領之。更始兵入城，甝惲戰死。匈奴傳，囊知以弟屠耆閼氏子盧惲爲右賢王。

3391 伊尹

藝文志，道家伊尹五十一篇。又小說家伊尹二十七篇。

3392 姚尹

成建始元年，右將軍長史姚尹等使匈奴還，〔二〕去塞百餘里，〔三〕暴風火發，燒死尹等七人。

3393 劉閔

景十三王，哀建平三年，立魯頃王子郚鄉侯劉閔紹封。莽篡，貶爲公。獻神書言莽功德，封列侯，賜姓王。

3394 劉閔

鉼侯閔嗣，莽篡，絕。

3395 劉閔

良成侯閔嗣，絕。

3396 劉閔

元始元年，平邑侯閔，以東平思王孫封，八年免。

3397 劉閔

元始元年，臨安侯閔，膠東共王子，永始四年封，十一年免。

3398 劉隱

元延三年，趙王隱嗣，莽篡，貶爲公，廢。又見景十三王傳。

3399 劉隱

高柴侯隱嗣，〔三〕免。

3400 劉畛

臺鄉侯畛，菑川孝王子，元延二年封，十八年免。

3401 朱軫

都昌嚴侯，以舍人前元年從起沛，以隊帥先降翟王，虞章邯，侯。

〔一〕「將」，山西書局本作「長」，據漢書改。
〔二〕「去」，山西書局本作「至」，據漢書改。
〔三〕「柴」，山西書局本作「樂」，據漢書改。

九旱

3402 祕軫 戴敬侯彭祖之曾孫，元朔五年嗣，謚安。

3403 劉軫 藝文志，兵形勢家，五篇。

3404 孫軫 藝文志，兵形勢家，五篇。

3405 成軫 燕王旦傳，郎中成軫謂旦曰：「大王一起，國中女子皆奮臂從大王。」

3406 劉允 春城侯允，東平煬王子，元始元年封，七年免。

嚴本 莽傳，假號稱漢將者，有陽陵嚴本。

3407 武滿 秦三年十二月，高祖與魏將武滿合攻秦軍。

3408 丁滿 哀帝封舅子丁滿爲平周侯，千七百三十九戶。元始三年，坐非正免。又見丁姬傳。

3409 朝鮮王滿 朝鮮傳，燕人也。盧綰反，滿亡命，聚黨千餘人，椎結蠻夷服東走出塞。

3410 劉煖 泗水王前遺腹子，昭帝立之。景十三王傳，戴王賀有遺腹子煖，相內史不以聞。太后上書，昭帝閔之，抵內史相罪，立，是爲勤王。

3411 龐煖 藝文志，從橫家，[二]有龐煖二篇。[三]師古曰：音許遠反。又許元反，依正韻收此。

3412 劉緩 元鼎四年，[三]河間頃王緩嗣。

3413 杜緩 建平侯延年之子。甘露二年嗣孝。延年傳，爲太常治諸陵縣，每冬月封具獄日，常去

[一]「從橫」，山西書局本作「兵」，據漢書改。

[二]「二」，山西書局本作「三」，據漢書改。

[三]「鼎」，山西書局本脫，據漢書補。

3414 緩

酒省食。元帝初，穀貴，永光中羌反，緩輒上書入錢穀助用，前後數百萬。

3415 臣管

伍被傳，王曰：「今我令緩先要成皋之口。」韋昭曰：「淮南臣名也。」不知姓。

霍光傳，臣管。不知姓。

3416 李款

何並傳，陽翟輕俠趙季、李款聞並至，皆亡去。後皆得趙、李他郡，〔二〕持頭還。

3417 盧

十產

綰豐人，與高祖同里。先爲長安侯，既虜臧荼，立爲燕王。後聽其臣張勝之言，與陳豨

3418 衛綰

奴，匈奴以東胡盧王，死胡中。〔一〕

武紀，建元元年，奏：「賢良治商、申、蘇、張之言，亂國政，請罷。」奏可。

3419 衛綰

綰有傳。大陵人也。建陵哀侯，以將軍擊吳、楚，用中尉，侯。中三年，〔三〕爲御史大夫

3420 衛綰

綰奏禁馬高五尺九寸以上，齒未平，不得出關。

刑法志，請箠制云云。

3421 趙綰

綰武建元二年，御史大夫趙綰坐請毋奏事太皇太后，〔四〕下獄，自殺。郊祀志，招賢良。

〔一〕「李」，山西書局本作「季」，據漢書改。

〔二〕「胡」，山西書局本作「蘭」，據漢書改。

〔三〕「三」，山西書局本作「四」，據漢書改。

〔四〕「母」，山西書局本作「毋」，據漢書改。

趙綰等欲議古立明堂城南。儒林傳，受詩申公。

3422 呂產
呂王澤之子，台之弟。高后元年封爲汶侯，六年爲呂王，七年爲梁王。八年，反，誅。

3423 中郎將綰
衛青傳，中郎將綰皆有功，爲關內侯。不具姓。

3424 劉綰
山鄉節侯綰，魯孝王子，甘露四年封。

3425 劉綰
離石侯綰，代共王子。元朔三年封，[二]後更爲涉侯，坐上書謾，耐爲鬼薪。

3426 呂產
又外戚傳。

3427 吳產
嗣若爲長沙王，諡靖。

3428 少府產
百官公卿表，元朔四年，[三]少府產。無姓。

3429 藉若產
霍去病傳，斬單于大父行藉若侯產。張晏曰：藉若，胡侯。[三]產，名。

3430 周簡
魏其侯止之子，高后五年嗣，景三年謀反，誅。

3431 犴反
梁平王襄傳，睢陽人犴反，人辱其父，其人與睢陽太守客俱出同車。犴反殺其仇車上，亡去。太守怒，讓梁二千石。以下求犴反急，犴反知國陰事，迺上告王與大母爭尊狀。

申輓
儒林傳，公羊博士申輓等與穀梁待詔並論

[一]「三」，據漢書改。
[二]「四」，據漢書改。
[三]「侯」，山西書局本作「姓」，據漢書改。
[三]「三」，山西書局本作「二」，據漢書改。
[四]「四」，山西書局本作「三」，據漢書改。